Alisa Childers
Ankern.

www.fontis-verlag.com

Für meine Eltern
Chuck und Karen Girard.
Danke, dass ihr mir
das wahre Evangelium mitgegeben habt.

Alisa Childers

Ankern.

Eine Verteidigung der biblischen Fundamente in postmodernen Gewässern

fontis

Bibliografische Information der Deutschen Nationalbibliothek
Die Deutsche Nationalbibliothek verzeichnet diese Publikation in der Deutschen Nationalbibliografie; detaillierte bibliografische Daten sind im Internet über www.dnb.de abrufbar.

Der Fontis-Verlag wird von 2021 bis 2024
vom Schweizer Bundesamt für Kultur unterstützt.

Originally published in English in the U.S.A. under the title:
Another Gospel?, by Alisa Childers

Ursprünglich auf Englisch in den U.S.A. veröffentlicht unter dem Titel:
«Another Gospel?», von Alisa Childers

3. Auflage 2024

Übersetzung: Christian Rendel, Witzenhausen
Beratend: Írisz Sipos
Umschlag: Spoon Design, Olaf Johannson, Langgöns
Gestaltung Illustration S. 148: René Graf, Fontis (Grafiken: PiXXart Photography/stock.adobe.com & Forgem/stock.adobe.com)
Satz: InnoSet AG, Justin Messmer, Basel
Druck: Drukarnia ARKA
Gedruckt in Polen

ISBN 978-3-03848-206-2

Inhalt

Vorbemerkung der Verfasserin

Dieses Buch enthält meine Erinnerungen an Gespräche aus einem Kurs, an dem ich vor über zehn Jahren teilgenommen habe. Während dieses Seminars wurden meine Überzeugungen infrage gestellt, mein Glaube erschüttert und mein Innerstes in Aufruhr versetzt. Mir ist klar, dass vielleicht andere Seminarteilnehmer manche Details anders in Erinnerung haben, aber da unsere Gespräche den Leitfaden für die Nachforschungen lieferten, mit denen ich nach jenen vier Monaten des Lernens begann, war es mir wichtig, einige dieser Dialoge nach bestem Wissen aus der Erinnerung wiederzugeben. Daraus ergibt sich der Kontext für meine Nachforschungen und die Schlussfolgerungen, die ich in Bezug auf das historische und progressive Christentum gezogen habe. Dem Erzählfluss zuliebe habe ich auch die zeitlichen Abläufe an einigen Stellen gestrafft.

Vorwort von Lee Strobel

Ein Freund nahm mich und einige andere auf einen Segeltörn rund um die herrlichen Britischen Jungferninseln mit. Als Segelanfänger war ich fasziniert davon, wie ernsthaft es abends beim Verankern des Bootes zur Sache ging.

Wir segelten in eine ruhige Bucht und warfen den Anker. Um ganz sicherzugehen, dass der Anker wirklich griff, tauchte jemand ins Wasser und inspizierte ihn. Saß der Anker nicht sicher fest, konnte er sich womöglich nachts, während wir schliefen, unbemerkt lösen. Anfangs wäre das kein Problem – das Boot würde zunächst mehr oder weniger da bleiben, wo wir geankert hatten. Während der langen Nacht aber würde das Boot durch die sanfte Strömung und den unmerklichen Wellenschlag allmählich wegtreiben und womöglich auf die nahe gelegenen Felsen prallen oder auf den Sandstrand auflaufen.

Mir hält die Szenerie das dringende Anliegen dieses Buches vor Augen. Im christlichen Glauben ist die solide biblische Lehre der Anker. Was passiert, wenn er lose ist oder wenn sein Tau absichtlich durchtrennt wird? Nun, so der Philosoph Mark Mittelberg: anfangs nicht viel. Eine Weile wird der Glaube nicht allzu weit abdriften. Dank Tradition und Gewohnheit dümpelt er zumindest eine Zeit lang in derselben geistlichen Umgebung weiter. Richtig gefährlich wird es auf Dauer: Die Strömung der Kultur lässt das Christentum an den Felsen der Irrlehre zerschellen und in der Bedeutungslosigkeit versinken.

Dieses Alarmsignal lässt Alisa Childers in diesem eindringlichen und überzeugenden neuen Buch ertönen. Auf gewinnende wie überzeugende Weise entlarvt sie das falsche Evangelium, das etliche «progressive» christliche Wortführer propagieren, deren abweichlerische Überzeugungen die Ankertaue im Glauben allzu vieler Menschen durchtrennen – auch wenn diese es nicht gleich merken. Infolgedessen steuert das Christentum auf eine Katastrophe zu – ein Trend, der sich nur aufhalten lässt, wenn wir zur grundfesten biblischen Lehre zurückkehren, in der unser Glaube seit jeher verankert war.

Mit diesem Buch leistet Alisa etwas Bedeutendes. Es gelingt ihr, elegant und persönlich zu schreiben und zugleich alles gründlich mit Fakten und Beweisen zu belegen. Wo es angebracht ist, macht sie Zugeständnisse, tritt aber den Verzerrungen und Falschaussagen furchtlos entgegen, die die progressive Theologie allzu oft befeuern. Klar, leidenschaftlich und mit unnachgiebigem Charme entlarvt Alisa das oft subtile Blendwerk, das viele Christen unkritisch für bare Münze nehmen. Ihr Urteilsvermögen ist messerscharf, ihr Kompass ist unbeirrbar auf den wahren Jesus gerichtet, und ihre Schlussfolgerungen ruhen auf soliden Fundamenten.

Es wäre eine Untertreibung, zu sagen, dieses Buch sei wichtig. Es ist lebenswichtig. Es ist das richtige Buch zur richtigen Zeit. Es ist vielleicht sogar das bedeutendste Buch, das Sie in diesem Jahr lesen werden. Bitte studieren Sie es, arbeiten Sie es mit Unterstreichungen und Markierungen durch, sprechen Sie mit anderen darüber, verteilen Sie Exemplare an Freunde und Gemeindeleiter, verwenden Sie es in Ihren Diskussionsgruppen, zitieren Sie daraus in den sozialen Medien. Nehmen Sie sich seine mahnenden Worte zu Herzen. Lassen Sie Ihren Glauben davon festigen, sodass Sie andere mit Zuversicht auf das unveränderliche Evangelium der Erlösung und der Hoffnung hinweisen können.

Kurz, tun Sie das Ihre, um den Anker der biblischen Orthodoxie aufs Neue zu sichern – damit die Gemeinde nicht durch theologisches Abdriften in Gefahr gerät.

Lee Strobel
Autor von «Der Fall Jesus»
und «In Defense of Jesus»

1
Glaubenskrise

Man weiß nie, wie sehr man an eine Sache wirklich glaubt, bis deren Wahrheit zu einer Frage von Leben oder Tod wird.
C. S. Lewis, «Über die Trauer»

Es war dunkel. Ich saß alles andere als bequem in einem Schaukelstuhl, dessen Armlehnen sich mir unangenehm in die Hüfte drückten. Mein unruhiges Kleinkind in den Armen wiegend, sang ich leise eine Hymne in die Dunkelheit – eine Dunkelheit, die mir so undurchdringlich vorkam, als könne sie meine Schluchzer in dem Moment ersticken, in dem sie meine Kehle verließen. Ich wandte mich an einen Gott, von dem ich nicht mehr länger wusste, ob es ihn überhaupt gab.

«Gott, ich weiß, du bist real», flüsterte ich. «Bitte lass mich deine Gegenwart spüren. Bitte.»

Nichts.

Kein Anflug von Gänsehaut oder von der vertrauten Wärme, die mich sonst seiner Gegenwart vergewisserte. Busen und Bauch waren geschwollen, mein ganzer schwangerer Körper tat weh, während mein Töchterchen auf mir herumturnte und versuchte, es sich in meinem Schoß bequem zu machen. Obwohl mir die Worte im Hals stecken bleiben wollten, schaffte ich es irgendwie, sie singend herauszustoßen:

«Im Himmel dort vor Gottes Thron
Tritt jemand anders für mich ein …»

Alles schmerzte. Aber ich protestierte nicht. Ich erinnerte mich an das, was ich mir mitten in den heftigsten Wehen vor der Entbindung meiner Tochter fest vorgenommen hatte. *Ich werde mich nie wieder beklagen, wenn mal irgendetwas scheußlich unangenehm ist.* Während man so abgrundtiefe Schmerzen wie die einer Geburt erduldet, würde man alles dafür geben, es nur «scheußlich unangenehm» zu haben.

Nach achtzehn Stunden Rücken- und fünf Stunden Presswehen kam Dyllan in einer Notgeburt zur Welt. Als «Willkommensgruß» in diese Welt nahm man sie mir aus den Armen, fixierte sie auf einen kalten Metalltisch und schob ihr Schläuche in die Luftröhre. Diese Schläuche retteten ihr das Leben. Aber es war eine Rosskur. Ihre Geburt hatte uns beide traumatisiert.

Dennoch war ich überwältigt von Gottes Frieden, und als man sie mir endlich wieder in die Arme legte, *wusste* ich es beim ersten Blick. Ich denke, tief in mir hatte dieses Wissen schon immer geschlummert und nur auf den Moment gewartet, da ich es abrufen würde. Ich wusste, dass es nichts gab, was ich für sie nicht tun würde. Kein Berg konnte so hoch sein, dass ich ihn für sie nicht besteigen würde. Kein Meer konnte so tief sein, dass ich es für sie nicht durchschwimmen würde. Und kein Kampf konnte so schwer sein, dass ich ihn für sie nicht kämpfen würde.

Dass ich derart schnell auf die Probe gestellt werden würde, hatte ich jedoch nicht geahnt. Als ich an jenem Abend meine kleine Tochter in den Armen wiegte, hatte ich wieder Wehen, aber diesmal keine körperlichen. Es waren geistliche Wehen. Und den Kampf musste ich nicht nur um meinetwillen kämpfen. Das Schicksal zweier zusätzlicher Seelen hing davon ab, wie dieser Glaubenskonflikt ausgehen würde.

«Der Hohepriester, Gottes Sohn,
Er kann allein mein Mittler sein.»

Aber ist er das wirklich?

Sitzt Gott wirklich irgendwo da draußen, jenseits der Weiten des Alls, auf einem mystischen Thron?

Nimmt er mich überhaupt wahr?

Ist all das, was ich von ihm je geglaubt habe, nur eine Lüge?

Was geschieht, wenn wir sterben?

«Mein Name steht in seiner Hand,
Er betet für mich immerfort …»[1]

Aber stimmt das denn?

Ist die Bibel wirklich Gottes Wort?

Ist die einzige Identität, die ich je kannte, in Wirklichkeit nur leerer Trug?

Was soll ich meinen Kindern sagen?

Ist Religion am Ende wirklich nur Opium fürs Volk?

Existiert Gott überhaupt?

«Weißt du noch, Gott, als Dyllan geboren wurde? Weißt du noch, wie mich damals der Friede unwiderstehlich überflutete? Ich weiß es noch. *Dein* Friede. – Und weißt du noch in New York, Gott? Jener Tag? Ich brauchte dich. Ich weiß es noch. Ich weiß noch, wie du mich in deiner Gegenwart geborgen hieltest, als ich dort im Bett lag und dachte, ich müsste sterben.»

Oder handelte es sich bei all diesen Erfahrungen in Wirklichkeit um etwas anderes? Vielleicht war das alles nur das Feuerwerk der Synapsen in meinem Hirn, das meinen gestressten Körper mit einem Cocktail aus Endorphinen und Adrenalin flutete? Was, wenn es nicht *mehr* war? Gilt das für jeden Gottesdienst, jede Freizeit, jede Bibelarbeit?

Ich glaube. Hilf meinem Unglauben.

Mir war, als tauchte ich in einen stürmischen Ozean und die Wellen schlügen über mir zusammen. Kein Rettungsboot. Keine Hilfe in Sicht. Eines der Schlussbilder aus dem Film *Der Sturm* aus dem Jahr 2000 (Vorsicht: Spoiler) zeigt ein riesiges, kenterndes Schiff, das von einer Welle, so hoch wie ein Wolkenkratzer, unter Wasser gedrückt wird. Für einen Sekundenbruchteil ragt der winzige Kopf eines Menschen aus dem Wasser, um dann wieder in der Tiefe zu verschwinden.

So fühlte ich mich.

Echt und aufrichtig

Was in aller Welt hatte den Glauben einer starken und frommen Christin wie mir derart ins Wanken gebracht? Wie konnte der Zweifel eine Sängerin von *ZOEgirl* überwältigen, jener bekannten christlichen Band, die durch die ganze Welt tourte, zum Glauben aufrief und viele Jugendliche inspirierte, ihren Glauben zu bekennen und «von den Bergen zu rufen»? – Dazu kommen wir gleich. Zuvor jedoch ein wenig Hintergrundwissen:

Ich war eines jener Kinder. Sie wissen schon. Ein Mädchen, das Jesus in ihr Herz einlud, als sie fünf Jahre alt war. Eine, die schon in der Bibel las, als sie kaum die Buchstaben kannte. Eine, die morgens früher aufstand, um ihre Schule zu umrunden und für eine Erweckung unter ihren Mitschülern zu beten. Eine, die den Andachts-Lobpreis an ihrer christlichen Highschool leitete und mit einundzwanzig nach New York zog, um in der City benachteiligte Kids zu betreuen. Eine, die keinen Missionseinsatz ausließ und im Sommer auf den Straßen von Los Angeles und New York evangelisierte. Eine, um die man sich keine Sorgen zu machen brauchte. Eine, die bestimmt klarkommen würde. Eine, die ihren Glauben nie infrage stellen würde.

Als ich etwa zehn Jahre alt war, engagierte sich meine Mutter ehrenamtlich bei *Fred Jordan Missions* in Los Angeles. Sie nahm uns an den Wochenenden zur Suppenküche mit, wo ich beobachten konnte, wie sie Prostituierte in die Arme nahm und übelriechende Obdachlose in Wolldecken hüllte. Dort erlebte ich auch, wie mein Vater, ein christlicher Musiker, Scharen frierender und hungriger Seelen im Lobpreis anleitete, aus voller Kehle «Amazing Grace» zu singen.

Den Hungrigen zu essen geben. Die Nackten bekleiden. Die Ausgestoßenen lieben. Das wurde mir als echtes Christentum vorgelebt. So machten Christen das. Sie beteten, sie lasen in der Bibel, und sie dienten. Es war nicht perfekt, aber es war echt und aufrichtig.

Ich kann also nicht behaupten, ich sei in blindem Glauben aufgewachsen. Mein Glaube formte sich im Angesicht eines gelebten Evangeliums. Intellektuell jedoch blieb er schwach und unerprobt. Ich hatte keinen Bezugsrahmen, keine Werkzeugkiste, in die ich hätte greifen können, als alle Gewissheiten, derer ich mir so sicher gewesen war, infrage gestellt wurden. – Und zwar nicht etwa von einem Atheisten, einem säkularen Humanisten, einem Hindu oder Buddhisten! Es war ein Christ, der meine heraufziehende Glaubenskrise auslöste. Genauer gesagt: ein progressiver christlicher Pastor.

Dieser Pastor lud mich zu einer kleinen, exklusiven Gesprächsgruppe ein. Zu einer Schulung, die mir, wie er meinte, eine theologische Ausbildung verschaffen würde, die vergleichbar war mit einem vierjährigen Theologiestudium. «Ausbildung» war stark untertrieben. Es war eher eine Umwälzung. Der Kurs dauerte vier Jahre. Ich hielt ihn vier Monate lang durch.

Man kennt es, dass junge Christen sich vom Glauben abwenden, nachdem sie im Studium von skeptischen Professoren durch die Mühle gedreht wurden. Auch mein Glaube geriet unter Beschuss … allerdings nicht an der Hochschule, sondern in der Kirchenbank. Er wurde von einem Pastor durchgerüttelt, der mein Vertrauen, meinen Respekt und meine Loyalität gewonnen hatte. Er war kein dahergelaufener Spinner, der mir bei einem Straßeneinsatz auf dem Hollywood Boulevard wütende Tiraden über Gott entgegenschleuderte, weil ich ihm ein evangelistisches Traktat in die Hand gedrückt hatte. Er war ein gebildeter, intellektueller, besonnener und beredsamer Gemeindeleiter – jemand, der von der Liebe zu Jesus sprach. Er war ein glänzender Kommunikator, und er hatte mit dem Christentum ein Hühnchen zu rupfen.

Treffen für Treffen legte er jede mir wertvolle Überzeugung von Gott, Jesus und der Bibel auf ein intellektuelles Hackbrett, um sie dann dort zu zerlegen. Als «hoffnungsvoller Agnostiker», wie er sich nannte, nahm der Pastor Grundsätze des Glaubens unter die Lupe. Jungfrauengeburt? – Unwichtig. Auferstehung? – Hat möglicherweise stattgefunden, brauchst du aber nicht zu glauben. Sühnetod? – Geht gar nicht. Und die Bibel? – Bloß nicht meinen, die Bibel wäre irrtumslos. Schon Oberschüler, meinte er, seien über diese primitive Vorstellung hinaus. In unseren Diskussionsrunden galten die «Fundis» (Fundamentalisten) als furchtsame Einfaltspinsel, die einfach schluckten, was man ihnen vorsetzte.

Klar, einiges davon war mir schon zuvor begegnet, auf der Titelseite der *Newsweek* oder in einer kritischen Fernsehdokumentation über Jesus auf dem *Discovery Channel.* Aber das hat mich nicht überrascht, schließlich erwartete ich von Nichtchristen nichts Anderes als Unglauben. Die Zeitschrift konnte ich einfach zuklappen, den Fernseher ausmachen und mich meinem Tagewerk widmen. Doch in dieser kleinen Gesprächsgruppe gab es kein Entrinnen. Es kam mir vor, als hätte ich als Einzige im Raum schwer an dem zu kauen, was uns da vorgesetzt wurde. Aber ich hatte keine Antworten. *Ich war bisher noch nicht einmal auf manche der Fragen gekommen.*

Später erfuhr ich, dass progressive Christen dieses Einreißen von Lehraussagen – bei dem alle zuvor nicht hinterfragten Glaubenssätze der Kindheit systematisch auseinandergepflückt werden – als «Dekonstruktion» bezeichnen.

Nach vier Monaten trennten sich unsere Wege. Der Pastor und die Gemeinde wurden zu einer «progressiven christlichen Gemeinschaft». Gleichzeitig kamen unter Christen landauf, landab, in Internetforen, Cafés und Gemeinderäumen ähnliche Diskussionen in Gang. All ihre lange vertretenen Annahmen über das Wesen Gottes und die Bibel, den Absolutheitsanspruch des Christentums und biblische Normen bezüglich Gender und sexueller Orientierung kamen auf den Prüfstand. Diese desillusionierten Seelen fanden zueinander. Sie verfassten Blogs. Sie schrieben Bücher. Gemeinden begannen, sich als progressiv zu bezeichnen und die Bekenntnisse auf ihren Websites zu entfernen oder zu überarbeiten.

Heute sind viele populäre christliche Autoren, Blogger und Redner progressiv. Ganze Denominationen sind inzwischen voller Leute, die sich so nennen. Dennoch sitzen viele andere Christen Sonntag für Sonntag in den Kirchenbänken, ohne auch nur zu ahnen, dass ihre Gemeinde sich eine progressive Theologie zu eigen gemacht hat.

Progressive Christen meiden absolute Aussagen und sammeln sich typischerweise nicht um Glaubensbekenntnisse oder Glaubensaussagen. Der progressive Blogger John Pavlovitz etwa schrieb, im progressiven Christentum gebe es «keine heiligen Kühe»[2]. Um progressives Gedankengut zu erkennen, mag es deshalb hilfreich sein, den Finger auf gewisse Hinweise, Stimmungen und Haltungen gegenüber Gott und der Bibel zu legen. So betrachten progressive Christen die Bibel etwa als ein vorwiegend menschliches Buch und betonen das persönliche Gewissen und die persönliche Lebenspraxis gegenüber Gewissheiten und Überzeugungen. Außerdem neigen sie dazu, wesentliche Glaubenslehren, wie die Jungfrauengeburt, die Göttlichkeit Jesu und seine leibliche Auferstehung, umzudefinieren, neu zu interpretieren oder gar ganz abzulehnen.

Als das progressive Christentum auf der Bildfläche erschien, übten seine Vertreter durchaus berechtigte Kritik am evangelikalen Milieu, die es in der Gemeinde dringend zu prüfen und zu bewerten galt. Aber diejenigen Progressiven, die wesentliche Lehren ablehnen – wie etwa die leibliche Auferstehung Jesu –, können arglose Christen verwirren und ihnen den Boden unter den Füßen wegziehen.

Nachdem ich meine progressiv gewordene Gemeinde verlassen hatte, stürzte ich in einen geistlichen Blackout – in eine nie gekannte Finsternis. Ich wusste, *was* ich glaubte; nun war ich gezwungen, zu überlegen, *warum* ich es glaubte. Mühsam paddelte ich mit allen Vieren, um in diesem sturmgepeitschten Meer den Kopf über Wasser zu halten, und flehte Gott um Hilfe an: «Gott, ich weiß, du bist da. Bitte schick mir ein Rettungsboot.»

Und in den folgenden Jahren schickte mir Gott tatsächlich ein Rettungsboot. Und dann noch eines. Und noch eines. Das erste kam, als ich auf der Interstate am Regler meines Autoradios herumdrehte. Ich hielt inne, als eine sanfte, großväterliche Stimme just in jenem Moment auf eine der Behauptungen zu sprechen kam, die mir der progressive Pastor zugeworfen hatte. Was ich da hörte, verschlug mir den Atem. Der Mann im Radio, der – wie sich später herausstellte – an einer Universität Einwürfe von Skeptikern beantwortete, stellte sich systematisch, ohne Furcht oder Zorn, einem Einwand nach dem anderen und entkräftete sie alle. Er war freundlich. Er war entschieden. Er war weitaus überzeugender und mehr an den Fakten orientiert als mein progressiver Pastor. Ich hatte nach Wahrheit gesucht, und an jenem Tag fand ich sie dort im Radio.

Unverzüglich begann ich, jedes Buch über Apologetik und Theologie zu lesen, das ich in die Finger bekam, und besuchte sogar Seminare. Die progressive Welle, die mich gegen Gott, den «starken Fels», geschleudert hatte, hatte meine eingefahrenen Vorannahmen über Jesus, Gott und die Bibel zerschmettert. Nun aber ordnete derselbe Fels diese Bruchstücke allmählich neu, legte einige beiseite und setzte die richtigen Teile dorthin zurück, wo sie hingehörten.

Stärker als zuvor

Dies nun ist mein Bericht von der Rekonstruktion meines Glaubens. Heute sieht mein Christentum nicht mehr genauso aus wie früher. Ich habe meine Ansichten zu gewissen theologischen Punkten neujustiert und bin jetzt sehr viel sorgfältiger bei der Auslegung der Bibel. Manche ganz und gar nicht biblische Vorstellung, die einst so sehr zu meiner christlichen Identität gehörte, dass ich nie auf den Gedanken kam, sie infrage zu stellen, habe ich verworfen.

Unterwegs habe ich jedoch die Entdeckung gemacht, dass die überlieferten Kernaussagen des Christentums wahr sind. Ich habe verstanden, dass die Bibel trotz aller Verleumdungen und Schmähungen durch die Jahrhunderte hindurch unversehrt über dem Schutthaufen der Anklagen aufragt, die gegen sie angehäuft wurden. Mir ist klar geworden, dass die christliche Weltanschauung als einzige eine hinreichende Erklärung für die Wirklichkeit liefern kann. Und ich habe Jesus neu entdeckt … diesen verstörenden Prediger aus Nazareth, an dem sich die Geschichte scheidet und der sein Wort, mich niemals zu verlassen, gehalten hat. Wenn Sie sich nun mit mir auf diese Reise begeben, hoffe und bete ich, dass auch Ihr Glaube gestärkt wird.

Mehr als je zuvor bin ich überzeugt, dass das Christentum keiner Geheimoffenbarung oder selbst-inspirierten Philosophie entspringt. Es ist tief verwurzelt in der Geschichte. Ja, es ist das einzige mir bekannte religiöse Konzept, das davon abhängt, dass ein historisches Ereignis (die Auferstehung Jesu) eine Realität ist – und nicht Fake News.

Wenn mir Zweifel am Glauben kommen oder mir tiefe, bohrende Fragen den Schlaf rauben, kann ich es mir nicht leisten, mir «meine Wahrheit» zu suchen, weil ich *der* Wahrheit verpflichtet bin. Ich will wissen, was wirklich stimmt. Ich will, dass meine Weltanschauung (die Brille, durch die ich die Welt betrachte) der Wirklichkeit entspricht. Entweder existiert Gott, oder er existiert nicht. Entweder ist die Bibel Gottes Wort, oder sie ist es nicht. Entweder wurde Jesus von den Toten auferweckt oder nicht. Entweder ist das Christentum wahr oder nicht. So etwas wie «meine Wahrheit» gibt es nicht, wenn es um Gott geht.

Leider erschöpft sich für viele die Suche nach der Wahrheit in allen Bereichen des Lebens in dem Spiel «Der hat gesagt, die hat gesagt». Zum Beispiel habe ich gerade nach «gesundheitlichen Vorzügen von Schweinefleisch» gegoogelt (ich liebe nun einmal gebratenen Speck) und bin dabei auf allerlei lustige «Fakten» gestoßen. Ich habe herausgefunden, dass Schweinefleisch proteinreich, arm an Kohlehydraten und glutenfrei ist und eine ausgewogene Mischung aller essenziellen Aminosäuren enthält. In einem Artikel hieß es sogar, Schweinefleisch sorge für eine gesündere Haut, fördere die Schwermetallentgiftung und schütze vor der «Erwachsenenkrankheit» (was immer das sein soll).

Was ich da in fünf Minuten ergoogelt habe, ist offensichtlich eine Mischung aus Fakten und Fantasie. Wie soll ich alle Informationen durchforsten und herausfinden, welchen Quellen ich trauen und welche «Fakten» ich glauben kann? Soll ich etwa einen Haufen Speck in einer Schüssel «glutenfreien Salat» nennen? So gern ich mir aussuchen würde, was ich glaube, und so gern ich das auch anderen zugestehen würde, es ist schlicht realitätsfremd.

Wenn nach «meiner Wahrheit» Schweinefleisch der neue Grünkohl ist, wird das Folgen für meine Wirklichkeit haben – ungeachtet meiner noch so starken Gefühle. Meine Gefühle für gebratenen Speck ändern nichts daran, was er mit meinem Herz, meinem Blutdruck und meinen Oberschenkeln macht. Insofern ist «meine Wahrheit» ein Mythos. So etwas gibt es gar nicht. Speck ist entweder gesund, oder er ist es nicht (oder bitte, Gott, lass ihn irgendwo dazwischen liegen!). Und was ich über Speck glaube, kann Konsequenzen haben, die über Leben und Tod entscheiden.

Ebenso habe ich auf dem Weg durch meine Glaubenskrise gemerkt, dass es nicht mehr reicht, nur die Fakten zu kennen … Wir müssen auch lernen, wie wir sie durchdenken können – wie wir uns Informationen verschaffen und zu vernünftigen Schlussfolgerungen kommen, nachdem wir uns logisch und intellektuell mit religiösen Ideen auseinandergesetzt haben. Wir können nicht zulassen, dass die Wahrheit auf dem Altar unserer Gefühle geopfert wird. Wir dürfen uns nicht aus Furcht, anderen zu nahe zu treten, davon abhalten lassen, sie zu warnen, wenn sie drauf und dran sind, vor einen Bus zu laufen. Wahrheit ist wichtig für Speckliebhaber, und Wahrheit ist wichtig für Christen.

Vielleicht sind Sie ein Christ, der sich mit seinen Überzeugungen allein auf weiter Flur wähnt. Vielleicht sind Sie ein gläubiger Mensch, der gerade unversehens ins progressive Christentum schlittert – oder Sie sind besorgt, weil ein Freund oder Angehöriger diesen Weg beschreitet. Vielleicht sind Sie frustriert, weil Sie in den sozialen Medien überflutet werden mit Artikeln, Blogs und Videos, bei denen Ihre Warnlichter aufleuchten, Sie aber nicht in Worte fassen können, warum. Vielleicht drückt der Schuh, weil Sie in Ihrer Gemeinde Heuchelei wahrnehmen oder sich geistlichem Missbrauch ausgesetzt sehen. Vielleicht sind Sie versucht, sich von der Welle fortspülen zu lassen oder Ihren Glauben ganz aufzugeben.

Wer immer Sie sind, liebe Leserin und lieber Leser, mein Gebet ist, dass dieses Buch für *Sie* zu einem Rettungsboot wird.

2
Die Steine in meinen Schuhen

Ich hatte das Gefühl, dass sie den Weg Jesu in einen Club der Pharisäer verwandelt hatten, und sie sprachen nicht für mich, obwohl ihre Sprecher jeden Abend im Fernsehen das Gespräch dominierten. Durch das dynamische, aber irregeleitete Wirken dieser Leute verkamen die Begriffe «evangelikal» und sogar «christlich» zu einer unglaubwürdigen Marke.

Brian McLaren, «A New Kind of Christianity»

Als Musikerin auf Tournee habe ich immer die Festivalsaison gefürchtet, die meistens in die größte Sommerhitze fiel. In dieser Jahreszeit mussten wir auf den behaglichen Tourbus – mit persönlicher Koje, Satelliten-TV und Mini-Kühlschrank – verzichten und stattdessen morgens um sechs in den Flieger steigen, in klapprigen Lieferwagen durch die Gegend schaukeln und in muffigen Hotelzimmern übernachten. Und dann die Hitze. Es schien, als müssten unsere Auftritte immer genau dann stattfinden, wenn die Nachmittagssonne sich anschickte, das Zentrum der Bühne mit ihrer ganzen Kraft zu beleuchten. So blinzelten wir in ihre Strahlen und sangen vor Scharen von TobyMac-Fans, die uns höflich erduldeten, aber eigentlich darauf warteten, ihren inneren Jesus-Freak herauszulassen. (Unsere Fangemeinde waren vor allem Mädchen im jungen Teenageralter und eher kein Festival-Stammpublikum.)

An einem besonders trockenen, sonnigen Nachmittag saß ich im Künstler-Raum an einem offenen Fenster mit Blick auf die

Hauptbühne des Festivals. Von dort beobachtete ich, wie ein charismatischer Prediger nach seiner Ansprache die jungen Leute aufrief, nach vorn zu kommen und «Jesus in ihr Herz einzuladen». Mit charismatisch meine ich nicht «die Hände heben und in Zungen reden», sondern seine überlebensgroße, magnetisch anziehende Persönlichkeit. Dieser Typ war elektrisierend. Überzeugungsstark.

«Wenn du heute Abend sterben würdest, weißt du, wohin die Reise dann für dich gehen würde? In den Himmel? Oder in die Hölle?», dröhnte seine Stimme, während er auf der Bühne auf und ab marschierte und sich in einer perfekten Mischung aus Dringlichkeit und Begeisterung über sein Mikrofon beugte.

Dutzende junger Leute begannen, sich nach vorn zum Altar zu drängen, der eigentlich nur ein drei Meter breiter Zwischenraum zwischen der ersten Reihe und der Bühne war. Diese Zone, in der später rebellische christliche Hardrock-Fans springen und schubsend tanzen würden, füllte sich nun mit stillen, ernsten und völlig eingeschüchterten Teenagern, denen der Gedanke, für immer in der Hölle zu brennen, überhaupt nicht behagte. Als die erste Welle der Jugendlichen sich vorne ballte, ging der Prediger wieder auf und ab und stocherte mit dem ausgestreckten Finger auf die Menge ein. «Jetzt ist dein Moment! Vielleicht ist dies die letzte Chance, die du je bekommst! Vielleicht wirst du auf dem Heimweg von einem Bus überfahren oder du kriegst einen Herzanfall. Oder vielleicht findet die Entrückung statt und du bleibst zurück. Komm. Komm jetzt! Ich weiß, da sind noch mehr von euch, die jetzt hierherkommen sollten. Wir warten.»

Die Musik schwoll an, und noch ein oder zwei Teenager standen auf und gingen unter dem Applaus anderer erwachsener und gleichaltriger Christen nach vorn.

Der Prediger ließ nicht locker. «Einige von euch sitzen immer noch auf den Stühlen. Aber du spürst etwas. Irgendwo tief im Innern willst du nach vorne kommen, doch da ist diese Stimme in deinem Kopf, die dir sagt, lieber dort zu bleiben, wo du bist. Das ist der Teufel. Hör nicht auf ihn. Er ist ein Lügner. Komm jetzt.»

Während noch ein paar Nachzügler sich den Weg nach vorn bahnten, leitete der Prediger seine Zuhörer im Gebet. Alle, die seine Stimme hören konnten, lud er ein, ihm laut nachzubeten. Nach dem Gebet forderte er die Neubekehrten auf, an die Seite der Bühne zu kommen, und wies sie an, eine Karte auszufüllen. Später wurde dem Publikum die Zahl der ausgefüllten Karten bekannt gegeben, inklusive der Bemerkung, dass die Engel im Himmel jetzt ein großes Freudenfest feierten.

Und danach? Ich weiß es nicht. Ich habe keine Ahnung, was aus dieser Schar von Seelen geworden ist. Vielleicht suchten sie die Gemeinschaft mit anderen Gläubigen und begannen, im Glauben zu wachsen. Vielleicht stellte der Typ mit den Karten Kontakte zu örtlichen Gemeinden her, die sie bei sich aufnahmen und ihnen die ersten Schritte im Glauben nahebrachten. Oder vielleicht gingen sie nach Hause und verschwendeten keinen Gedanken mehr an ihre Entscheidung.

In jenem Moment war ich einerseits froh, dass diese Kids nun in den Himmel kommen würden, wenn sie starben. Aber irgendetwas daran saß mir innerlich quer, störte mich wie ein Kieselstein im Schuh. Man spürt ihn, aber man geht weiter und hofft, er kommt irgendwann von selber heraus. Ich fragte mich, ob diese Jugendlichen wirklich verstanden, worauf sie sich da einließen. Hatten sie begriffen, dass sie dazu aufgerufen waren, sich selbst zu verleugnen, ihr Kreuz auf sich zu nehmen und Jesus nachzufolgen? Wussten sie, dass das Heil keine Art metaphysische Feuerversicherung ist – eine einmalige Police, die man sich kauft, um eine Garantie für den Ort zu haben, wo man die Ewigkeit verbringen wird? Hielten sie das Christentum für eine Bereicherung ihres Lebens, die ihnen inneren Frieden verschaffen oder sie glücklich und anständig machen würde? Das ganze Erlebnis erinnerte mich an meine Sommerferienlager in der Unterstufe.

Der erste Kieselstein

Auf dieses Lager freute ich mich jedes Jahr. Zu Dutzenden stiegen wir angehenden Teenager aus meiner Gemeinde in die gelben Schulbusse und konnten kaum an uns halten vor Begeisterung, eine ganze Woche lang von unseren Eltern weg zu sein. Berauscht vom Gefühl unserer Unabhängigkeit und abgeschottet von profanen Ablenkungen wie Fernsehen, Radio und lästigen kleinen Geschwistern begaben wir uns auf Pilgerfahrt in die Berge von San Bernardino in Kalifornien. Wer noch nicht «gerettet» war, wurde im Lager gerettet; wer diesen Schritt schon hinter sich hatte, empfing seine große Berufung.

An jedem Abend der Woche gab es eine lange charismatische Versammlung. (Diesmal meine ich «charismatisch» im Sinne von die Hände heben und in Zungen reden.) Eröffnet wurde sie mit einem Spiel, um das jugendliche Publikum in Fahrt zu bringen und unsere Erwartungen zu schüren. Mit Koffein aufgeputschte Jugendleiter warfen T-Shirts in die pubertierende Horde und stachelten sie an, lauter zu schreien, höher zu springen und wilder zu spielen. Nach ein paar Spielen sangen oder brüllten wir das ganze Album *Petra Praise* durch. Nach und nach wurde die Musik ruhiger und das Tempo langsamer. Nun waren wir bereit. Nun konnte der Geist Gottes wirken. Nachdem wir mehrere sanfte, tief emotionale Lieder gesungen hatten, hielt einer der Leiter eine kurze Ansprache. Anschließend rief er die Leute auf, nach vorn zu kommen – das war der längste Teil der Versammlung, und er wurde mit jedem Abend eindringlicher und leidenschaftlicher.

Ich war völlig aus dem Häuschen, als einer der «wilden Kerle» aus unserer Jugendgruppe schließlich nach vorn ging. Für diesen Jungen hatten wir alle gebetet. Im jugendlichen Eifer und in meiner Naivität dachte ich, sein Leben würde sich für immer ändern, sobald er nach vorn gegangen war und «das Gebet» gesprochen hatte. (Und dass wir dann vielleicht eines Tages heiraten könnten.) Zwei Wochen später benahm er sich wieder genauso wie vor dem Lager. Gott bedeutete ihm nichts mehr. Der Rausch war verflogen.

Auch ich war nicht immun gegen die emotionale Intensität jener «Rufe nach vorn». Ich hatte auch einmal darauf geantwortet. In meinem Fall war es kein Bekehrungsaufruf gewesen, sondern ein Ruf zu einer tieferen, engeren Beziehung zu Jesus … zu einer Art erneuten Hingabe. Nachdem ich nach vorn gegangen war, führte man mich in ein Hinterzimmer, wo wir gut zwei Stunden lang, so kam es uns zumindest vor, einfach nur saßen und heulten. Dann wurden wir entlassen und durften uns den anderen Lagerteilnehmern an der Snackbar zum geselligen Teil des Abends anschließen. Als ich in jenem Jahr vom Lager zurückkam, verzichtete ich zwei ganze Wochen lang aufs Fernsehen. Warum ich eine erneuerte Hingabe an Jesus mit Fernsehfasten gleichsetzte, weiß ich nicht genau, aber hey, schließlich waren es die Achtziger, und Gesetzlichkeit lag in der Luft. Aber ich geriet ins Grübeln, wie und warum ein solches Erlebnis so rasch verpuffen konnte. Und schon hatte ich wieder einen Stein im Schuh.

Damit es klar ist – ich habe nichts dagegen, wenn bei Veranstaltungen Leute nach vorn gerufen werden. Ich kenne viele gereifte Christen, die irgendwann einmal bei einer Billy-Graham-Veranstaltung oder einem «Harvest Crusade» durch den Mittelgang marschiert sind. Wann immer das Evangelium gepredigt wird und der Heilige Geist Leute dazu treibt, darauf zu antworten, lobe ich Gott dafür.

Aber manchmal kam es mir vor wie ein Zahlenspielchen … oder wie eine «Du-kommst-aus-der-Hölle-frei»-Karte. Während meiner Zwanziger, die ich zu einem beträchtlichen Teil in einem Tourbus verbrachte, habe ich manchen «Ruf nach vorn» miterlebt. Etliche Male war ich sogar direkt daran beteiligt. Immer in bester Absicht, aber ich fragte mich jedes Mal, ob die Wirkung wohl von Dauer sein würde. Wenn ich manche dieser Aufrufe mit dem verglich, was ich in der Bibel las, kamen sie mir vor wie billige Kopien – wie die gefälschten Louis-Vuitton-Handtaschen, die man in der Bleecker Street in New York für zwanzig Dollar ergattern kann. Machten wir etwas falsch? Und wieder hatte ich einen neuen Stein im Schuh.

Auf der Suche nach Gemeinschaft

Ich schätze, es hatten sich mittlerweile einige Steine angesammelt, als ich eingeladen wurde, in einer örtlichen evangelikalen Gemeinde, die sich in der Turnhalle einer Grundschule traf, ein paar meiner neuen Lieder zu singen. Ich erwartete mein erstes Baby, und die Plattenaufnahmen mit ZOEgirl waren langsam Geschichte.

Das Evangelium war mir wichtig wie eh und je, aber als ich

zum ersten Mal die Bühne dieser Gemeinde betrat, sang ich in der festen Überzeugung, dass die Gemeinde Jesu einiges verkehrt gemacht hatte:

Doch ich sage, können wir nicht alle miteinander auskommen?
Ich sage, an unserer Liebe wird man uns erkennen …
Ich könnte in Engelszungen sprechen
Auf dem Wasser gehen, den Himmel berühren
Wenn ich einem Fremden nicht die Hand reichen kann
Ist alles nur eine Lüge.[3]

Als Nächstes sang ich von einer Frau, die Jesus in einem Stripclub begegnet war, weil er sich nicht scheute, überall hinzugehen, um sie zu suchen und zu retten. In meinem dritten Song stellte ich die Frage, was wohl passieren würde, wenn alle unsere sprichwörtlichen Leichen im Keller, die wir so lange versteckt haben, zum Vorschein kommen und bei helllichtem Tage herumlaufen würden. Was wäre, wenn sie sich gegenseitig die Hände schütteln und ihre Geschichten erzählen könnten? Vielleicht wären wir dann nicht so schnell dabei, einander zu verurteilen.

Zum Schluss sang ich die komplizierte Geschichte einer Frau, die als kleines Mädchen ihr Vertrauen auf Jesus gesetzt hatte. Nach der Scheidung ihrer Eltern ließ sie alles fahren, woran sie glaubte, weil ein Mann kam und ihr alles versprach, wonach ihr Herz, dem der Papa fehlte, sich sehnte. Neun Monate später verließ er sie, doch sie behielt ihr Baby, weil sie tief im Innern wusste, dass dem Kind, das sie in sich trug, das Ebenbild Gottes aufgeprägt war. Als alte Frau mit einer Krebsdiagnose sang sie, was sie in allen Phasen ihres Lebens gesungen hatte:

Tauf mich, wasch mich in deinem Wasser
Lass es über mich laufen, lass mich dich Vater nennen
Bring mich zum Kentern, nenn mich deine Tochter
Halt mich fest, bis ich nach Hause komme
Lass mich niemals los.[4]

Die Frau in dem Lied war eine Mischung aus Leuten, die ich im wirklichen Leben kannte. Frauen mit anrüchiger Vergangenheit und einem komplizierten geistlichen Leben. Frauen, die zum rettenden Glauben an Jesus gekommen waren, deren Leben nach ihrer Bekehrung aber nicht dem blitzsauberen christlichen Ideal entsprach. In ihre Geschichten flocht ich meine eigene ein. Die Geschichte meiner Sünde und Erlösung schwang in jedem Wort mit.

Als ich das letzte Lied gesungen hatte, setzte ich mich neben meinen Mann auf einen der braunen Metallstühle, die statt Kirchenbänken in Reihen aufgestellt worden waren. Da ich von lautstark schwadronierenden Predigern die Nase gestrichen voll hatte, bezweifelte ich, dass mir die Botschaft des Pastors, der nun auf die Bühne kam, irgendetwas geben würde. Doch sein bescheidenes, ruhiges Auftreten nahm sofort meine Aufmerksamkeit ein. Respektvoll und in sanftem Tonfall erzählte er die schreckliche Geschichte einer Frau in einem anderen Land, die, wie ich mich erinnere, wegen ihres Glaubens verfolgt worden war.

Ich erspare Ihnen die blutrünstigen Einzelheiten, aber seine leidenschaftliche Erzählung brachte mich tief ins Nachdenken darüber, wie ich in einer ähnlichen Situation wohl reagieren würde. Würde ich mich trotz aller Verluste aus der Asche erheben und Gott loben? Würde ich ihm angesichts solcher Leiden weiter vertrauen? Als die Predigt beendet war, sahen mein

Mann und ich uns vielsagend an. Obwohl wir zu dieser Zeit eine andere Gemeinde besuchten, schlossen wir uns schließlich regelmäßiger dieser Schar von Gläubigen an.

Sonntag für Sonntag bekamen wir dort dynamische, nachdenkliche und überzeugende Predigten zu hören. Wir schätzten die intellektuelle Herangehensweise des Pastors und seine frischen biblischen Einsichten. Auch die Gemeinschaft mit anderen ernstlich glaubenden Christen in dieser kleinen, aber wachsenden Gemeinschaft tat uns gut. Zum ersten Mal seit langer Zeit freute ich mich wieder auf den Gottesdienstbesuch. Wir fühlten uns zu Hause.

Besondere Menschen

Etwa acht Monate später lud dieser Pastor mich zu dem Kurs ein, der mein Leben für immer verändern würde – dem Kurs, nach dem ich fortan hinken würde wie Jakob nach seinem Kampf mit Gott. Dem Kurs, der mir dauerhaft eine skeptische Stimme in den Kopf einpflanzen würde – die bis heute meine Fähigkeit beeinträchtigt, ohne inneren Konflikt in der Bibel zu lesen.

Als ich zum ersten Mal mit etwa einem Dutzend anderer Leute in einem Seminarraum der Gemeinde saß, schaute ich mich um. Erst kürzlich hatte die Gemeinde gebaut, sodass sich alles frisch und neu anfühlte. Die Sitzordnung – wir saßen an vier im Karree angeordneten Klapptischen und konnten uns gegenseitig ansehen – förderte eine gute Diskussionsatmosphäre.

Unter den anderen Teilnehmern sah ich hippe, frisch aussehende junge Paare neben älteren Leuten mit wissendem Blick, die eine gelassene Weisheit ausstrahlten. Als junge Mutter mit einem Kleinkind zu Hause verbrachte ich die meiste Zeit damit, Windeln zu wechseln und meine äußerst unternehmungslustige und neugierige Tochter davon abzuhalten, sich mithilfe irgendwelcher Todesfallen zu verstümmeln, die sich als Schreibtischlampe oder gläserner Couchtisch tarnten. Unter «Zeit für mich» stellte ich mir vor, mich zwanzig Sekunden lang einem Tagtraum davon hinzugeben, endlich meine Schwangerschaftshose wegzupacken ... oder mal wieder allein aufs Klo zu gehen. Alle intellektuelle Energie, die mir blieb, ging dafür drauf, im Internet nach Tipps fürs Töpfchen-Training oder Infos darüber zu suchen, wie man einem Kind Erdnüsse oder Schalentiere zu essen geben kann, ohne es damit umzubringen. Im Grunde drehte sich mein ganzes Leben darum, ein winziges Menschlein am Leben zu erhalten. Als ich nun in diesem Raum voller Leute saß, die alle clever und gebildet aussahen und ihr Leben im Griff zu haben schienen, fühlte ich mich irgendwie seltsam fehl am Platze.

Was mache ich hier eigentlich? Die anderen sehen alle viel schlauer aus als ich. Ich habe nicht einmal einen College-Abschluss.

«Ich habe Sie alle hierher eingeladen, weil Sie auf irgendeine Weise besonders sind», verkündete der Pastor zu Beginn des ersten Treffens. Wir alle seien, fuhr er fort, Leute, die in ungewohnten Bahnen denken, und dieser Kurs solle für uns ein sicherer Raum sein, in dem wir unsere Zweifel und Fragen verarbeiten könnten. Nachdrücklich erklärte er, er sehe sich nicht als Lehrer dieses Kurses. Stattdessen wolle er die Rolle eines Moderators übernehmen und ermutigte uns als Teilnehmer, unsere Meinung zu sagen und all unsere Gedanken und Fragen mit einzubringen. Als Leitfaden für unsere Diskussionen würden wir etwa alle zwei Wochen ein neues Buch lesen und darüber sprechen.

Ich schaute noch einmal in die Runde der Auserwählten und fragte mich, warum er mich wohl für etwas Besonderes hielt. Vielleicht konnte er die Steine in meinen Schuhen sehen. Vielleicht lag es an dem Song über den Stripclub. Warum auch immer, er sah in mir eine dankbare Abnehmerin für das, was er anzubieten hatte. Für den Augenblick dachte ich, er könne damit recht haben.

Dann offenbarte uns der Pastor: «Ich sehe mich selbst als ‹hoffnungsvollen Agnostiker›.» Das war ein wenig verblüffend; mit Agnostikern hatte ich nicht viel Erfahrung. Als kleines Mädchen hatte ich einmal meinen Gymnastiktrainer gefragt, ob er Jesus kenne, und er hatte geantwortet, er sei ein Agnostiker. Was das genau hieß, wusste ich nicht, aber in meinem kleinen vorpubertären Köpfchen dachte ich, wenn ich ihm ein evangelistisches Traktat gab, würde das diese seltsame geistliche Krankheit, was sich auch dahinter verbarg, schon heilen. Aber was sollte ich mir darunter vorstellen, wenn ein *Pastor* sich so nannte? Ich wies mein Unterbewusstsein im Stillen streng zurecht, weil es gleich wieder urteilen wollte, und schwor mir, eine offene Haltung zu bewahren.

Das erste Buch, das wir im Kurs lasen und besprachen, war Brian McLarens *A Generous Orthodoxy.* Darin stieß ich auf eine komplett neue Definition des Wortes *Orthodoxie.* Ich erfuhr, dass Jesus sich unter keinen Umständen als Christ bezeichnen lassen würde, wenn er heute auf der Erde lebte. Mit jedem Kapitel, das ich las, wuchs mein Unbehagen. Manches fand bei mir Resonanz. McLarens Kritik an historisch unzutreffenden Gemälden von Jesus, an denen ich mich auch schon in dem Song über den Stripclub gerieben hatte, leuchtete mir ein. Ich bin alt genug, um mich noch an die Filzbilder zu erinnern, mit denen die Sonntagsschullehrer meine Aufmerksamkeit fesselten, indem sie die schlichten ausgeschnittenen biblischen Gestalten auf Stoffhintergründen agieren ließen. McLaren schreibt: «Mit diesen Geschichten gewann Jesus mein Herz.»[5] Meines auch. Doch mit dem größten Teil des Buches konnte ich mich innerlich nicht abfinden. Vom Kapitel 0 an (das zwischen der Einleitung und Kapitel 1 kommt) scheint McLaren nicht recht zu wissen, was er eigentlich glaubt, und noch bevor er das Kapitel 1 erreicht hat, fängt er schon an, Wörter umzudefinieren. Insgeheim fragte ich mich, ob der Pastor uns diese Lektüre vielleicht deshalb aufgegeben hatte, um das Gespür seiner Kursteilnehmer darauf zu testen, ob ein Autor uns aufs Glatteis zu führen versuchte.

Ich weiß noch, dass mir vor allem ein Konzept von McLaren zu schaffen machte, das er die «Sieben Jesusse» nannte. Er beschrieb sieben Versionen von Jesus, die jeweils auf unterschiedlichen konfessionellen Auffassungen davon basierten, wer Christus ist. Er forderte seine Leser auf, alle unterschiedlichen Versionen zu bejahen und zu feiern. Beim Diskutieren darüber schwelgten die Teilnehmer des Kurses aufklärungsselig im kollektiven Aha-Erlebnis. Ich musste mich fragen, was mit mir nicht stimmte. Ich fühlte mich weder ermutigt noch aufgeklärt noch inspiriert. Mich interessierte eigentlich nur der *echte* Jesus – der, der in der Bibel beschrieben wurde. Ich gab mir alle Mühe, die sieben Jesusse irgendwie in mein Paradigma einzubauen, aber es gelang mir nicht.

Vielleicht urteile ich zu hart.

Vielleicht bin ich zu engstirnig.

Warum sind die anderen eigentlich alle so begeistert davon?

Eine der jüngeren Frauen in dem Kurs war eine Sängerin und fragte mich, ob wir uns nicht einmal treffen und ein paar Songs zusammen schreiben wollten. «Ich dachte mir, wir könnten doch einen Song über die sieben Jesusse schreiben», schlug sie vor. Ehrlich gesagt, ich weiß nicht mehr, was ich ihr darauf antwortete, aber mein innerer Monolog lief etwa so: *Der Song, den ich darüber schreiben würde, würde dir bestimmt nicht gefallen.*

Woche für Woche sah ich die wachsende Begeisterung meiner Kurskollegen für all das, was sie dort lernten, während ich zunehmend in Zwiespalt und Verwirrung geriet. Was ich da las, kam mir ein bisschen vor wie Haferbrei. Es schmeckte okay, wenn man die richtigen Toppings darauftat, aber letzten Endes war es doch nur Brei.

Den Ausdruck *progressives Christentum* bekam ich erst Jahre später zu hören. Aber diesen Leuten ging es unverkennbar darum, «fortzuschreiten», über den christlichen Glauben hinaus, wie sie ihn bisher kannten. Was sie gerade durchlebten, würde zu einem Übergangsritus hinein in diese neue, aufblühende Bewegung werden: Dekonstruktion. Im Kontext des Glaubens ist Dekonstruktion ein Prozess, bei dem man die Überzeugungen, mit denen man aufgewachsen ist, systematisch zerlegt und oftmals ganz verwirft. Manchmal dekonstruieren Christen ihren Glauben so lange, bis sie zu Atheisten werden. Einige belassen es dabei, während andere eine Rekonstruktion erleben. Aber der Glaube, den sie sich am Ende zu eigen machen, hat meist wenig Ähnlichkeit mit dem Christentum, das sie vorher kannten.[6] Traditionelle Auffassungen vom Kreuz, von der Bibel und vom Evangelium wandern dabei auf den Müllhaufen.

Im Rückblick glaube ich, dass dieser Kurs eigentlich gar kein Kurs war. Es war die Dekonstruktion unseres progressiven Pastors, und er wollte uns auf diese Reise mitnehmen. Teilweise gelang ihm das auch. Nachdem ich den Kurs verlassen hatte, fühlte ich mich isoliert und allein, während die Zweifel, die er mir eingepflanzt hatte, Wurzeln zu schlagen und zu wachsen begannen. Eine Zeit lang verstand ich selbst nicht, was mit mir los war. Ich hielt mich an Jesus fest, so stark ich konnte, während die Fundamente meines Glaubens wankten, als wäre ein Tsunami über mich hinweggegangen und hätte alles mitgerissen, was ich über Kirche und Bibel gedacht hatte. Es fiel mir zunehmend schwer, in der Bibel zu lesen, dem «guten Buch», das in dem Kurs, nun ... nicht ganz so gut weggekommen war. Beten fiel mir schwer. Ich hätte es nicht Dekonstruktion nennen können, aber während ich nun ein Jahr lang in der allerletzten Reihe einer neuen Kirche saß, konnte ich nicht anders, als den Kopf hängen zu lassen und zu weinen.

Ich nehme an, es stürzte mich deshalb in einen solchen Aufruhr, weil ich gar nicht erpicht darauf war, etwas zu dekonstruieren oder progressiv zu werden. Das Christentum, das ich kannte, war ja tief und real und wahr gewesen. Es war nicht besudelt von Gesetzlichkeit oder Heuchelei, nicht von Missbrauchsfällen geschüttelt oder von Zweifeln bedrückt worden. Ich wollte Fortschritte in meinem Glauben ... in meinem Verständnis des Wortes Gottes, meiner Fähigkeit, es auszuleben, und in meiner Beziehung zu Jesus. Aber ich wollte keinen Fortschritt über die Wahrheit hinaus.

Nachdem ich meine eigene Art von Dekonstruktion durchgemacht hatte, wollte ich meinen Glauben rekonstruieren, indem ich meine Fahne in den festen Felsengrund der Wahrheit pflanzte. Ich *musste* herausfinden, was die Wahrheit war.

Nachdem ich den Kurs verlassen und einige Zeit in einem Nebel der Verwirrung zugebracht hatte, kam mir ein Gedanke. Wie wäre es, wenn ich, statt den christlichen Glauben umzudefinieren oder abzulehnen, zurück an den Anfang ginge und herausfände, wie er *wirklich* ist? Vielleicht war die einzige Version, die ich kannte, wahr … oder vielleicht war sie falsch.

Damals hatte ich keine Ahnung, wohin das führen würde. Was, wenn ein Großteil dessen, was ich glaubte, nur eine Farce war? Sangen wir alle in Wirklichkeit nur Choräle in die Dunkelheit hinein und merkten gar nicht, dass wir in einem Universum ohne Plan oder Sinn lebten? Oder würde ich das Fundament der Wahrheit wiederentdecken, das ich in der Bibel so stark gespürt hatte, als ich jünger war? So oder so, ich musste die Wahrheit herausfinden.

3
Glaubensbekenntnisse, Cobbler und Walter Bauer

Jahrhunderte lang machten sich nach dem Tod Jesu verschiedene Gruppen radikal widersprüchliche Schriften über die Details seines Lebens und die Bedeutung seines Auftrags zu eigen und ermordeten diejenigen, die anderer Meinung waren. … Da es keine allgemein akzeptierten Manuskripte gab, die darlegten, was es bedeutete, Christ zu sein, besaßen die meisten Sekten ihre eigenen Evangelien. … Das Christentum befand sich in seiner Frühzeit im Chaos, und manche Sekten erklärten die anderen zu Ketzern.

Kurt Eichenwald, «Newsweek»

Bis zu meiner Teilnahme an diesem Kurs in der Gemeinde war ich davon ausgegangen, dass das Wort *Christentum* etwas bedeutete – dass es ein allgemeingültiges Verständnis davon gab, was Christen glauben. Ich hatte angenommen, diese Glaubensüberzeugungen seien darauf gegründet, was Jesus gelehrt und was seine Apostel im Neuen Testament aufgezeichnet hatten. Und wie die meisten war ich davon ausgegangen, dass die Strömung des Christentums, in der ich aufgewachsen war, diejenige war, die in allen Einzelheiten richtig lag. Nicht, dass ich alle anderen für Ketzer gehalten hätte, aber ich hatte schon ein bisschen Mitleid mit den Baptisten, die nicht in Zungen redeten oder beim Singen ihre Hände erhoben. Die Presbyterianer, die kleine Babys tauften, sah ich ein wenig schief an. Doch trotz unserer Meinungsverschiedenheiten über gewisse theologische Fragen wusste ich, dass diese anderen Christen meine Brüder und Schwestern waren. Woher ich das wusste? Nun, wir glaubten schließlich im Kern an dieselben Grundsätze, ob wir uns nun einig darüber waren, wie viel Körpereinsatz wir beim Lobpreis zeigten und wie eine Taufe vor sich zu gehen hatte oder nicht.

Nun jedoch hatte mich die Entdeckung kalt erwischt, dass Leute, mit denen ich jede Woche in den Gottesdienst ging, völlig anders über Dinge dachten, die ich für unverhandelbare Grundsätze des christlichen Glaubens hielt. Während der Chorprobe für einen Lobpreisabend stand einmal eine Kursteilnehmerin kichernd neben mir auf der Empore. «Witzig, dass wir alle diese Lieder singen und keiner von uns eine Ahnung hat, was wir eigentlich glauben!», sagte sie. Ihre Annahme verblüffte mich ein wenig. Ich wusste immerhin, was ich glaubte – aber das kostbare Zutrauen zum Evangelium, das ich immer gehabt hatte, wurde nun durch den progressiven Pastor und die anderen aus dem Kurs infrage gestellt und auseinandergenommen. Was sie irgendwie amüsant fand, empfand ich als beunruhigend.

Ein Glaube, der es wert ist, dafür zu sterben

Nachdem ich beschlossen hatte, den Kurs abzubrechen, und mein Mann und ich dieser progressiven Gemeinde den Rücken gekehrt hatten, gab ich mir alle Mühe, zu den Wurzeln meines Glaubens zurückzugelangen. Ich verschlang alles über das Christentum in seinen frühesten Erscheinungsformen, was ich finden konnte. Ich wollte verstehen, was die Leute, die Zeugen von Jesu Leben und Tod waren, tatsächlich geglaubt hatten. Ich hatte mir nie Gedanken darüber gemacht, dass die ersten Christen keine in Leder gebundene Bibel mit Goldrand inklusive Neuem Testament auf dem Schoß liegen hatten, wenn sie sich zum Gottesdienst versammelten, wie viele von uns heute. Tatsächlich wurden ja die Briefe des Paulus erst etwa zwanzig Jahre nach dem Tod und der Auferstehung Jesu geschrieben. Also fragte ich mich: *Wie haben damals die Leute ihren Glauben verstanden und sich miteinander identifiziert?* Ich erfuhr, dass Glaubensbekenntnisse eine wichtige Kommunikationsform wurden, um jene Gläubigen des ersten Jahrhunderts auf einer Linie zu halten. Doch diese Bekenntnistexte waren nicht einfach nur eine Liste von Lehren, denen Christen zustimmen mussten, um dazuzugehören. Es waren die Überzeugungen, für die sie lebten und starben.

Wenn Christen heute von Glaubensbekenntnissen sprechen, denken wir meist an Texte wie das Apostolische oder das Nizänische Credo, die Protestanten und Katholiken teilen. Vielen Christen ist jedoch nicht bewusst, dass unser Neues Testament Dutzende von Bekenntnissen enthält, die Jahrhunderte älter sind als ihre berühmteren Gegenstücke. Einige der ersten Christen konnten lesen, andere nicht. Bekenntnisse waren eine einfache Möglichkeit, wesentliche Glaubensinhalte zusammenzufassen und sich einzuprägen.

Das älteste Glaubensbekenntnis in der Geschichte des Christentums dürfte das aus 1. Korinther 15,3–5 sein. Die meisten Bibelkundler, auch liberale und skeptische, sagen, dieses Bekenntnis sei bereits zwei bis sieben Jahre nach der Auferstehung Jesu im Umlauf gewesen.[7] Erst verstand ich nicht, wie manche Passagen der frühen Paulusbriefe als frühe Bekenntnistexte bezeichnet werden konnten, obwohl seine ersten Briefe einige Jahrzehnte nach der Lebenszeit Jesu geschrieben wurden. Dann kam ich dahinter, wie die uralten Bekenntnisse funktionierten, und das erinnerte mich an den Pfirsich-Cobbler meiner Großmutter.

Meine Großmutter, von uns liebevoll «Nana» genannt, war eine versierte Pie-Bäckerin und lebte in Bakersfield (das Wortspiel ist nicht beabsichtigt) in Kalifornien. Das lag etwa anderthalb Stunden Autofahrt von meinem Elternhaus in San Fernando Valley, einem Vorort von Los Angeles, entfernt.

Ich freute mich immer, wenn wir zu Nana fuhren. Als junger Teenager durfte ich ganz allein bei ihr übernachten, und das war eine tolle Sache für jemanden, der mit drei Geschwistern aufwächst. Bei einer dieser Übernachtungen bat ich Nana, mir beizubringen, wie man ihren berühmten Pfirsich-Cobbler macht. Sie sagte: «Ich bringe dir die einfache Version bei. Das ist mein ‹Tasse-Tasse-Tasse›-Rezept.» Ich rechnete damit, dass sie nun die Schublade in ihrer Küche aufziehen würde, in der sie ihre gehäkelten Topflappen und handgeschriebenen Rezeptkarten aufbewahrte. Doch stattdessen rezitierte sie die Zutaten aus dem Kopf. «Eine Tasse Mehl mit Backpulver, eine Tasse Zucker und eine Tasse Dosenpfirsiche mit Saft.» Das war alles – abgesehen natürlich von dem ganzen Stück Butter, das sie in Stücke schnitt und darüber gab. Der Cobbler wurde dann auf den Punkt gebacken und warm mit Eiscreme serviert. Bis heute habe ich das Rezept nie vergessen. Warum nicht? Weil es so einfach und leicht zu merken ist.

Stellen Sie sich vor, ich wollte jetzt ein Kochbuch schreiben. Darin soll auch das Rezept vorkommen, das Nana mir 1989 mündlich weitergegeben hat. Mein Kochbuch würde dann etwa drei Jahrzehnte später geschrieben werden, aber das darin enthaltene Rezept wäre genau dasjenige, das sie mir 1989 gab. Mit anderen Worten, das Rezept wird über dreißig Jahre nach seiner ursprünglichen Weitergabe aufgeschrieben. Genau dasselbe sehen wir bei den Glaubensbekenntnissen, die im Neuen Testament aufgezeichnet sind – nur ohne Eiscreme.

Zurück zu 1. Korinther 15,3–5. In diesem Abschnitt schreibt der gebildete Jude Paulus:

> *Zuerst habe ich euch weitergegeben, was ich selbst empfangen habe: Christus ist für unsere Sünden gestorben. Das ist das Wichtigste, und so steht es schon in der Heiligen Schrift. Er wurde begraben und am dritten Tag vom Tod auferweckt, wie es in der Heiligen Schrift vorausgesagt ist. Er hat sich zuerst Petrus gezeigt und später allen aus dem engsten Kreis der Jünger.*

Bibelkundler erkennen Bekenntnisformeln im Neuen Testament, indem sie Satzbau, sprachliche Merkmale und andere Hinweise im Text analysieren, aber am leichtesten sind sie zu erkennen, wenn der Verfasser uns selbst sagt, was er da tut. In der antiken jüdischen Kultur drückte man mit Formulierungen wie «weitergegeben» und «empfangen» aus: «Hey … ich werde dir jetzt etwas sagen, was ich mir nicht selber ausgedacht habe. Ich habe es von jemand anderem, der es wieder von jemand anderem hat.»[8] Das war eine übliche Methode, mit der Lehrer Überlieferungen an ihre Schüler weitergaben, genau wie Paulus es in dem obigen Abschnitt tat.

Paulus beginnt, indem er betont, dass das, was er den Korinthern schreibt, «das Wichtigste» ist. Er sagt im Grunde: «Jetzt mal herhören, Leute. Passt gut auf. Es gibt nichts Wichtigeres für euren Glauben als das, was ich euch jetzt sage.»

Der skeptische Neutestamentler Bart Ehrman schreibt, dass dieses Glaubensbekenntnis «den christlichen Glauben in einer kurzen Formel beinhaltet».[9]

Was also glaubten die ersten Christen? Schauen wir uns die einzelnen Punkte an.

1. *Sie glaubten, dass Jesus für ihre Sünden gestorben war.* Binnen zwei oder drei Jahren nach dem Tod Jesu bekannten sich Christen zum Sühnetod. Im Kern glaubten sie, dass Jesus gestorben war, um sie von ihren Sünden zu erretten – dass er stellvertretend für sie starb. Er wurde nicht einfach von einer wütenden Menschenmenge getötet, weil er den Mächtigen die Wahrheit ins Gesicht gesagt hatte. Da der Sühnetod eine der grundlegenden Überzeugungen des Christentums ist, müssen wir darüber nachdenken, was wir damit meinen, wenn wir sagen: «Jesus ist für meine Sünden gestorben.» Wer diese Frage falsch beantwortet, versteht das Christentum falsch. Im elften Kapitel kommen wir genauer darauf zu sprechen.

2. *Sie glaubten, dass Jesus begraben und von den Toten auferweckt wurde.* Ohne die Auferstehung Jesu gibt es kein Christentum. So einfach ist das. Paulus sagt das später im selben Kapitel noch einmal ganz klar, wenn er die Auferstehung mit dem Sühnetod in Verbindung bringt. Er schreibt: «Wenn aber Christus nicht von den Toten auferweckt wurde, ist euer Glaube nichts als Selbstbetrug, und ihr seid auch von eurer Schuld nicht frei» (1. Korinther 15,17). Mit anderen Worten, wenn die Auferstehung kein tatsächliches, geschichtliches Ereignis ist – wenn Jesus immer noch in seinem Grab liegt –, dann spielt es keine Rolle, ob er für unsere Sünden gestorben ist. Dann ist das Christentum falsch. Dann können wir genauso gut einpacken. Und da Jesus seine Auferstehung vorhersagte, wäre er, hätte sie nicht stattgefunden, ein Lügner, nicht der sündlose Messias, an den Christen so lange geglaubt haben.

3. *Sie glaubten, dass der Sühnetod, das Begräbnis und die Auferstehung untrennbar mit der Schrift verbunden waren.* Ein wesentlicher Aspekt des frühen Christentums war die Überzeugung, die heiligen Schriften der Juden seien das Wort Gottes. In manchen Kreisen wird gern angeführt, dass die ersten Christen noch keine Bibel hatten, aber das ist schlicht nicht wahr. Sie hatten das, was wir heute das «Alte Testament» nennen, und ihre Kernüberzeugungen wurden in diesen Schriften untermauert und bekräftigt.[10] Außerdem hatten sie die «Lehre der Apostel» (Apostelgeschichte 2,42), aus der sie eben die Einsichten schöpften, die später im Neuen Testament niedergeschrieben wurden. Interessanterweise erwähnt dieses Bekenntnis die Übereinstimmung mit der Heiligen Schrift gleich zweimal – einmal zur Bekräftigung des Sühnetodes Jesu und dann ein weiteres Mal zur Bekräftigung seiner Auferstehung.

4. *Sie glaubten, ihre Kernüberzeugung von der Auferstehung lasse sich durch Belege nachweisen.* Dies war kein Wischiwaschi-Glaube nach dem Motto: «Was bedeutet Jesus für dich?» Er ging nicht von einem Guru aus, der unter einem Baum saß, eine kosmische Offenbarung empfing und dann eine Handvoll Leute davon überzeugte, sich darauf einzulassen. Er wurzelte in der Geschichte und in den Aussagen von Augenzeugen über ein Ereignis – die Auferstehung. Zwölf dieser Augenzeugen werden in der Bekenntnisformel erwähnt, und schon im nächsten Vers nennt Paulus noch Hunderte weitere: «Dann haben ihn mehr als fünfhundert Brüder und Schwestern zur gleichen Zeit gesehen, von denen die meisten heute noch leben; einige sind inzwischen gestorben. Später ist er Jakobus und schließlich allen Aposteln erschienen. Zuletzt hat er sich auch mir gezeigt, der ich es am wenigsten verdient hatte» (1. Korinther 15,6–8).

Wohlgemerkt – als Paulus dies schrieb, waren die meisten dieser Zeugen noch am Leben. Sie waren springlebendig und hätten jederzeit sagen können: «He, das hast du dir nur ausgedacht. So etwas habe ich überhaupt nicht gesehen.» Aber das sagten sie nicht. Wir haben keinerlei Hinweise darauf, dass irgendeiner der fünfhundert Zeugen diese Aussage je hinterfragt hätte. Zum Schluss setzte Paulus auch sich selbst noch auf die Liste derer, die den auferstandenen Jesus gesehen hatten (siehe Apostelgeschichte 9,3–7).

Der Historiker und Philosoph Gary Habermas verweist auf einige weitere frühe Bekenntnisformeln, die die Göttlichkeit Jesu bekräftigen.[11] Halten Sie sich das mal vor Augen. Die Leute, die Jesus auf dieser Erde gesehen haben, die ihn sprechen hörten und ihm auf staubigen Römerstraßen nachfolgten, hielten es darüber hinaus für entscheidend wichtig, zu bekennen, dass Jesus Gott war. Selbst die nichtchristliche antike Geschichtsschreibung stimmt darin überein. Ein römischer Richter und einflussreicher Anwalt namens Plinius der Jüngere (ca. 61–113 n. Chr.) schrieb, die Christen sängen Choräle an Christus «als einen Gott».[12]

Tatsächlich erhob Jesus selbst den Evangelien zufolge mehrmals den Anspruch, Gott zu sein. Das eindrücklichste Beispiel findet sich in Johannes 8, wo Jesus in eine heftige Auseinandersetzung mit einigen Judäern gerät. Nachdem sie ihm vorgeworfen hatten, er sei von Dämonen besessen, fragten sie ihn aufgebracht: «Was bildest du dir eigentlich ein?»[13] Worauf Jesus bereitwillig antwortet: «Ehe Abraham war, bin ich.»[14]

Für unsere modernen Ohren mag sich das wenig spektakulär anhören: «Ich bin» … – Ja, was denn? Für die Juden jedoch, die sich an die Geschichte erinnerten, wie ihr Ahnherr Mose an einem brennenden Busch Gott begegnet war – der sich ihm als «ICH BIN» vorstellte[15] –, war diese Aussage Ketzerei. Im Grunde sagte Jesus damit: «Erinnert ihr euch an Mose? Ja, das war *ich* damals in dem Busch.» Sie verstanden genau, dass er damit den Anspruch erhob, Gott zu sein. Das war Blasphemie, und nach dem jüdischen Gesetz konnten sie ihn dafür hinrichten. Und sie hoben auch sogleich Steine auf, um genau das zu tun.

Notizen aus dem Kurs

«Hat jemand von euch etwas von den gnostischen Schriften gelesen? Ich mag das Thomasevangelium sehr», streute eines Tages im Kurs jemand ein.

Wie bitte … was für ein Evangelium?, dröhnte mein innerer Monolog los, während die anderen sich über all die aufregenden, coolen Gedanken über Jesus, die sie in diesen nichtkanonischen Evangelien fanden, austauschten. (Ich führte während dieser Monate noch so manches bange Selbstgespräch, während alle anderen glücklich – und leichtfertig? – die vielen neuen, lustigen, provokativen, aufregenden und interessanten Theorien über die Unzulänglichkeiten des christlichen Glaubens diskutierten.)

Bis zu diesem Moment hatte ich keine Ahnung, dass es noch andere Evangelienberichte über das Leben Jesu gab. Der «gnostische Jesus» gehörte nicht zu den Filzfiguren, mit denen meine Sonntagsschullehrer ihre Bilder zusammenstellten. Ich war mein ganzes Leben lang Christin gewesen … wieso hatte ich davon noch nie gehört?

Als ich an jenem Abend nach Hause kam, googelte ich als

Erstes «gnostische Evangelien» und fand heraus, dass ich sie alle kostenlos online lesen konnte. Mit dem Thomasevangelium fing ich an. Obwohl ich keine richtige apologetische oder theologische Ausbildung hatte, merkte ich sofort, dass ich es hier mit einem *ganz anderen Jesus* zu tun hatte als dem, den ich bei Matthäus, Markus, Lukas und Johannes kennengelernt hatte. Dieser Mann sagte zwar ein paar Dinge, die an den Jesus erinnerten, den ich kannte, aber vieles hörte sich mehr nach einem überspannten, schmierigen Verkäufer an, der Deepak Chopra[16] zitiert, als nach dem souveränen König der Schöpfung. Zum Beispiel beschreibt das Thomasevangelium Jesus als einen, der Fasten, Beten und Almosengeben als Sünde bezeichnet. Der behauptet, Menschen würden durch Wissen zur Erlösung gelangen, und eine Frau käme nur in den Himmel, wenn sie sich in einen männlichen Geist verwandele.[17] Das war nicht nur ein anderer Jesus, dieser Messias-Verschnitt predigte ein Evangelium, das völlig von dem abwich, was Jesus von Nazareth nach dem Neuen Testament lehrte.

Zu Beginn meiner Beschäftigung mit den «anderen» Evangelien erfuhr ich, dass viele der Meinung sind, das frühe Christentum sei in Wirklichkeit sehr vielfältig gewesen – viele verschiedene Sekten mit entgegengesetzten Ansichten darüber, wer Jesus war und welche Bedeutung das Heil und andere wichtige christliche Lehren haben. Mit anderen Worten: Sie sind der Auffassung, so etwas wie das «historische Christentum» gebe es überhaupt nicht. Stattdessen habe es viele Versionen des Christentums gegeben, die um die Ehre wetteiferten, als das Original zu gelten. Dieser Theorie zufolge ist das, was wir heute das Neue Testament nennen, einfach nur eine Sammlung von Büchern, die von den theologischen «Gewinnern» ausgewählt wurden. Sie definierten, was orthodox ist, brandmarkten alle anderen Gruppen als Ketzer und ruhten sich auf ihren Lorbeeren aus.

Für jemanden wie mich, die ich mein ganzes Leben auf die Bibel gegründet hatte, war das ein unglaublich verstörender Gedanke. Ich musste herausfinden, was dahintersteckte.

Als ich ein paar Jahre später Apologetik studierte, erfuhr ich, dass diesen Gedanken erstmals ein deutscher Theologe namens Walter Bauer in einem Buch von 1934 formuliert hatte. Seine Theorie erregte kaum Aufsehen, bis das Buch 1971 unter dem Titel *Orthodoxy and Heresy in Earliest Christianity* auf Englisch publiziert wurde. Es löste eine heftige Paradigmenverschiebung in der akademischen Welt aus und wurde in jüngerer Zeit von Bart Ehrman allgemein verständlich interpretiert.[18] Als ich eines Tages mehr über Bauers Hypothese in Erfahrung bringen wollte, stieß ich auf das Buch *The Heresy of Orthodoxy: How Contemporary Culture's Fascination with Diversity Has Reshaped Our Understanding of Early Christianity*, gemeinsam verfasst von den Neutestamentlern Michael Kruger und Andreas Köstenberger. Dieses Buch liefert eine gründliche Widerlegung der «Bauer-Hypothese».

Ich versuche es, so gut ich als Laie kann, zusammenzufassen. Bauer argumentiert, es sei unzulässig, zu behaupten, das Neue Testament enthalte die richtigen Bücher, da all diese widerstreitenden christlichen Sekten eigene Bücher gehabt haben dürften, die sich nur nicht durchgesetzt haben. Aber dieses Argument bricht in sich zusammen, wenn man sich den Prozess vor Augen führt, in dem die Bücher, die wir heute das Neue Testament nennen, ausgewählt worden sind. Auf meiner Suche nach dem historischen Christentum habe ich in unzähligen Stunden dieses Thema recherchiert und studiert, weil ich mein ganzes Leben auf dieses Buch aufgebaut hatte. Entgegen einem landläufigen

Irrglauben (der seit Dan Browns *Sakrileg* immer häufiger zu hören ist), wurden die Bücher des Neuen Testaments nicht einfach irgendwann im vierten oder fünften Jahrhundert «ausgewählt». Die Konzile, die zusammentraten, um den Kanon formell festzuschreiben, taten lediglich genau das – sie bestätigten die Bücher, die seit jeher als unstrittig anerkannt waren: die vier Evangelien, die Apostelgeschichte und die Briefe des Paulus. Zudem legten sie Dispute über Bücher wie den Jakobusbrief, den Judasbrief, den zweiten Petrusbrief und den zweiten und dritten Brief des Johannes bei.

Kruger und Köstenberger belegen, dass der Kernkanon bereits am Ende des ersten Jahrhunderts als Heilige Schrift unter Christen etabliert war.[19] Dieser Punkt ist deshalb so wichtig, weil die angeblichen «anderen» Evangelien erst im zweiten und dritten Jahrhundert verfasst wurden.[20] Wie hätten diese späteren Bücher mit den vier Evangelien konkurrieren können, wenn es sie noch nicht einmal gab?

Wenige Jahre nach Beginn meiner Apologetik-Studien hörte ich eines Tages beim Abwaschen die Radiosendung *CrossExamined* mit Frank Turek. Er interviewte einen Gast, der mich aufhorchen ließ, weil er kein typischer Apologet war. J. Warner Wallace ist ein hoch angesehener Kriminalbeamter aus Los Angeles County, der wegen seiner erfolgreichen Aufklärung alter Kriminalfälle schon mehrmals in der NBC-Sendung *Dateline* vertreten war. Als Ermittler kennt er sich mit Indizien recht gut aus. Als er nun über Indizien für das Christentum zu sprechen begann, legte ich den schaumigen Teller aus der Hand und drehte den Wasserhahn ab, um genau hinhören zu können. Wie ich erfuhr, war er früher überzeugter Atheist gewesen, bis ihm klar wurde, dass er das Christentum ablehnte, ohne die Indizien dafür oder dagegen auch nur geprüft zu haben. Also beschloss er, mithilfe der Werkzeuge und Methoden, mit denen er erfolgreich Verbrechen aufklärte, das Christentum wie einen seiner alten Fälle zu behandeln.

Während seiner ersten Ermittlungen stieß er in einer Buchhandlung vor Ort auf ein Buch namens *The Lost Books of the Bible*. Als guter Detektiv, der jedes Indiz prüfen wollte, das er in die Finger bekam, wurde er neugierig und kaufte das Buch. Kürzlich schrieb er dazu in einem Blogeintrag:

> *Zu meiner Enttäuschung stellte sich heraus, dass das Buch besser «Die bekannten späten Lügen über Jesus, welche Christen, die es besser wussten, ignorierten» hätte heißen sollen. Diese Texte gehörten nie zum Kanon des Neuen Testaments. Sie wurden erst in späterer Zeit geschrieben und von jedem verworfen, der die Wahrheit über Jesus von Nazareth kannte.*[21]

Die Bibel selbst belegt, dass die frühen Christen sehr wohl zwischen Büchern, die als Heilige Schrift galten, und solchen, bei denen das nicht der Fall war, unterscheiden konnten. Obwohl es die gnostischen Evangelien noch gar nicht gab, maßen die frühen Christen den neutestamentlichen Evangelienberichten und den Briefen des Paulus – kaum dass sie geschrieben wurden – die gleiche Bedeutung zu wie den Schriften des Alten Testaments. Ich war völlig verblüfft, als ich herausfand, dass im Neuen Testament Paulus selbst aus dem Lukasevangelium zitiert und es als «Schrift» bezeichnet (1. Timotheus 5,18). Ebenso spricht Petrus von «seinen [Paulus'] Briefen» als «die Schriften» (2. Petrus 3,15–16).[22] Früher geht es wohl kaum.

Die Beweislage spricht eindeutig dafür, dass diese «verschollenen Bücher» späte Erfindungen von Leuten sind, die zur Wirkungszeit Jesu noch nicht einmal auf der Welt waren. Im

Gegensatz dazu waren die Verfasser der neutestamentlichen Dokumente tatsächliche Augenzeugen (oder aber sorgfältige Chronisten, die Augenzeugen befragten), die mit Jesus unterwegs waren, mit ihm redeten und von ihm beauftragt wurden, christliche Schriften niederzuschreiben. Mehr darüber in Kapitel acht.

Historisches Christentum

Während meine tiefen Überzeugungen von dem progressiven Pastor und meinen Mit-Kursteilnehmern regelmäßig infrage gestellt wurden, war ich bemüht, zu den Wurzeln unsres Glaubens zurückzugelangen – zu dem, was ich «historisches Christentum» nenne. Warum habe ich mich für das Wort *historisch* entschieden statt für *traditionell* oder *konservativ?* Wahrscheinlich deshalb, weil diese Ausdrücke zu viel Gepäck mit sich herumtragen. Sie können für unterschiedliche Leute sehr verschiedene Bedeutungen haben. Ich nenne es «historisch», weil es genau darum geht. Zwischen den Glaubensbekenntnissen aus vor-neutestamentlicher Zeit und den neutestamentlichen Dokumenten definierten die ursprünglichen Glaubenssätze das Christentum, die es einzigartig in der Welt gemacht haben. Gewiss: Von da an geriet einiges durcheinander. Schon im ersten Jahrhundert machten sich Häresien und falsche Versionen des Christusglaubens in den Gemeinschaften der Gläubigen breit, die sich auf den Namen Christi beriefen. Betrachten wir aber die Kirchengeschichte als Ganzes, so versuchte jede Reformation, zur frühesten, biblischsten und authentischsten Version des Christentums zurückzukehren. Ich glaube, es ist Zeit für eine neue Reformation. Aber keineswegs eine Reformation, die sich als Fortschritt über das historische Christentum hinaus versteht. Keine, die von oben herab auf diese frühen Gläubigen schaut, als wären sie in ihrem Gottesverständnis unaufgeklärt und primitiv, sondern eine, die die eigentliche Selbstbestimmung des Christentums wieder freilegt.

Sind diese Kernlehren im Lauf der Geschichte auch missbraucht worden? – Natürlich.

Wurden sie verdreht und zum Bösen statt zum Guten eingesetzt? – Absolut.

Haben Menschen sich ihrer bedient, um sich politische Macht und persönliche Vorteile zu verschaffen? – Ja und ja.

Aber wie heißt es so schön: Man darf ein Glaubenssystem nicht danach beurteilen, wie es missbraucht worden ist. Historisch gesehen, waren Christen immer überzeugt, dass die Bibel das Wort Gottes und dass Jesus der Fleisch gewordene Gott ist, der für unsere Sünden starb und zu unserem Heil wieder zum Leben erweckt wurde. Über eines dürfen wir gewiss sein: Die frühesten Christen – diejenigen, die Jesus persönlich kannten, die ihn mit eigenen Augen sahen und mit ihren eigenen Händen berührten – glaubten die Lehren, die in den frühesten Glaubensbekenntnissen und neutestamentlichen Schriften niedergelegt sind. Das sind nicht nur moderne Meinungen oder die privilegierten Gedankenspiele einer aufgeklärten westlichen Zivilisation.

Zum christlichen Glauben gehört noch vieles mehr, aber damit fängt es an. Es kommt noch vieles hinzu, aber weniger darf es nicht sein. Nachdem ich also das Fundament des historischen

Christentums identifiziert hatte, hatte ich zumindest einen Ansatzpunkt. Meiner Meinung nach sollte es Jesus und den Aposteln vorbehalten sein, zu definieren, was das Christentum ausmacht.

Interessanterweise adaptieren viele progressive Christen Liturgien und rezitieren das Apostolische und das Nizäische Glaubensbekenntnis aus Respekt vor der Tradition, deuten den Sinn der Lehren und Worte aber um. So schildert etwa Nadia Bolz-Weber, Gründungspastorin des «House for All Sinners and Saints», wie in ihrer Gemeinde Liturgie, Schriftlesung, die Eucharistie, die Taufe und Choräle in den Gottesdiensten vorkommen.[23] Doch in einem Interview mit der Zeitung *Houston Chronicle* sagt sie, sie glaube zwar an die Dreieinigkeit, die Inkarnation und an Wunder, aber sie sei nicht daran interessiert, «ob jede Einzelheit davon Fakt ist oder nicht»[24]. In unserer progressiven Gemeinde sprachen wir regelmäßig die Glaubensbekenntnisse, obwohl unser Pastor und viele meiner Mit-Kursteilnehmer zugaben, dass sie nicht alle darin enthaltenen Aussagen glaubten.

Zudem war mir aufgefallen, dass die Kursteilnehmer in der Gemeinde, wenn sie die Kernüberzeugungen des Christentums kritisierten, die meiste Zeit nicht dem Brüten über der Schrift und der Diskussion theologischer und dogmatischer Feinheiten widmeten, sondern der Schilderung eigener Enttäuschung über unbeantwortete Gebete oder persönlicher Erfahrungen mit den gesetzlichen Gemeinden, in denen sie aufgewachsen waren. Bisweilen konnte ich mich mit ihnen identifizieren. Doch ich fragte mich unwillkürlich, ob ihre Auflehnung sich nicht gegen das falsche Objekt richtete – so wie der völlig unschuldige Pfirsich, der einmal die ganze Wut meines Neffen zu spüren bekam.

4
Reparieren, was nicht kaputt ist

PTCS [post-traumatic church syndrome] stellt sich dar als eine schwere, negative – nahezu allergische – Reaktion auf unflexible Lehre, unverhohlenen Missbrauch geistlicher Macht, Dogmen und (häufig) Lobpreisbands und Prediger. Innere Symptome sind, ohne Anspruch auf Vollständigkeit: Rückzug von allem, was religiös ist, Unfähigkeit, an irgendetwas zu glauben, Depressionen, Angst, Zorn, Trauer, Identitätsverlust, Verzweiflung, moralische Verwirrung und vor allen Dingen der Verlust jeglichen Verlangens oder die Unfähigkeit, den Fuß über die Schwelle eines Gotteshauses zu setzen.

Reba Riley

«BLÖDER PFIRSICH!»

Mein zehnjähriger Neffe Matt schrie den reifen, saftigen Pfirsich in seiner Hand an, zerquetschte ihn zu Mus und schleuderte ihn durch die offene Haustür nach draußen, als stünde er in Flammen. Womit hatte dieser unschuldige kleine Pfirsich eine solche Behandlung verdient? Spulen wir zurück zu dem Zeitpunkt zwei Sekunden vor dem Obstschleudervorfall. Matt hatte sich an der Kante des Küchenschranks den Kopf gestoßen, als er auf dem Weg nach draußen zu seinen Spielkameraden das arme Ding aus der Obstschale greifen wollte.

Der Pfirsich konnte nichts dafür. Aber in diesem Moment hatte Matt eine Entscheidung zu treffen. Irgendetwas musste bestraft werden. Irgendetwas oder irgendjemand musste die volle Wucht seiner Wut zu spüren bekommen. Dabei war der Küchenschrank vielleicht doch ein etwas zu überlegener Gegner. Vielleicht fürchtete er, sich zu verletzen, oder, schlimmer noch, was seine Mutter tun würde, wenn er darauf einschlug oder dagegen trat. Vielleicht dachte er sich, so einen unwichtigen Pfirsich würde niemand vermissen. Vielleicht richtete sich seine blinde Wut auch nur gegen das, was gerade zur Hand war. Was immer er dabei dachte – der Saft und das Fruchtfleisch, die nun an seinem Arm herunterrannen, waren der Beweis, dass der Pfirsich seine Strafe erhalten hatte.

Je vertrauter ich mit den Aussagen des progressiven Christentums wurde, desto besser verstand ich, warum es so gut ankam. Gewisse Motive tauchten in unserer Lektüre und in den Gesprächen zwischen dem progressiven Pastor und meinen Kurskameraden immer wieder auf. Mir wurde allmählich klar, dass sie – wie mein Neffe den Pfirsich – historische christliche Lehren für tatsächliche oder vermeintliche Kränkungen und Verletzungen verantwortlich machten. Folglich waren sie bereit, sie im Ganzen zu verwerfen und durch neue Glaubenssätze zu ersetzen.

Es ist eine Tatsache, dass manche Leute in ihren konservativen Gemeinden schlecht behandelt wurden und Missbrauch oder Schikanen ausgesetzt waren.

Andere kämpften aufrichtig mit Zweifeln und wurden mit Sätzen abgespeist wie: «Solche Fragen stellen wir hier nicht.» Wieder anderen erscheinen die Forderungen und Lehren des historischen Christentums unzumutbar in einem kulturellen Umfeld, in dem jeder zur Schnecke gemacht wird, der soziale Normen infrage stellt oder dessen Weltanschauung sich nicht den großen gesellschaftlichen Trends fügt.

Und für manche hängt das alles mit der Bibel zusammen. Sie

sind zu der Überzeugung gelangt, dass das Buch, das ihnen doch als Gottes eigene Worte nahegebracht wurde, sich eher wie das Drehbuch für einen Horrorfilm liest als wie das «gute Buch», das sie in Ehren halten und dem sie gehorchen sollen.

Noch andere sahen sich mit skeptischen Aussagen konfrontiert, die ihnen in der abgeschirmten christlichen Blase, in der sie aufgewachsen sind, nie begegnet waren, während manche Leute einfach Mühe damit haben, zu glauben, dass Gott gut ist, wenn das Leben manchmal alles andere als gut ist.

Machtmissbrauch

In den letzten Jahren kommt es mir vor, als stieße ich nach jedem Starten meines Computers auf einen neuen Skandal in der Gemeinde Jesu. Die Heucheleien, die ans Licht kommen, scheinen kein Ende zu nehmen: von sexueller Gewalt über unsaubere finanzielle Machenschaften bis hin zum Schikanieren von Schutzbefohlenen durch Pastoren, die dafür Amt und Kanzel missbrauchen.

Eine gute Freundin musste kürzlich in ihrer Gemeinde, der sie seit über zwanzig Jahren angehört, Dinge über sich ergehen lassen, die nur mit einem Wort treffend beschrieben sind: *Missbrauch.* Ich kümmerte mich um sie. Ich sah mit an, wie sie von den Wellen des Zweifels, der Vergebung, der Innenschau, der Selbstzweifel und der Versöhnungsversuche hin und her geschleudert wurde, bis sie sich endlich diese Wahrheit eingestand.

Der Pastor, dem sie all die Jahre vertraut und an dessen Seite sie gedient hatte, war zutiefst beleidigt, als sie einmal theologische Bedenken äußerte. Nach eigener Aussage war ihm seine

Reputation sehr wichtig, und er stellte ihr ein Ultimatum – entweder sie vertraute ihm fraglos, oder sie müsse gehen. Ihr Mann war auch in der Gemeinde tätig, was ihre Situation noch erschwerte. Während sie um das richtige Vorgehen rangen, wurde sie emotional manipuliert, angeschwärzt und ohne ein Abschiedswort vor die Tür gesetzt. Für ihren Pastor hatte sich nichts verändert, aber *ihr* Leben – ihr Glaube, ihre finanzielle Situation und ihre familiären Beziehungen – waren völlig auf den Kopf gestellt.

Glücklicherweise konnte sie an ihrem christlichen Glauben festhalten. Sie war tief verwurzelt im Evangelium. Schon vor dieser umwälzenden Erfahrung hatte sie sich intensiv mit Apologetik, dem Wesen der Wahrheit und Bibelauslegung beschäftigt. Jesus rettete sie, und dazu gebrauchte er Apologetik. Andere hingegen hatten nicht solches Glück.

Es ist uns meist nicht bewusst, aber ein großer Teil der gegenwärtigen evangelikalen Kultur ist zum Personenkult geworden. Als Menschen neigen wir dazu, Leute auf einen Sockel zu stellen … besonders Pastoren. Wir lieben Stärke. Macht finden wir anziehend. Intuitiv folgen wir einem Menschen, der für die Wahrheit eintritt und sagt, was gesagt werden muss, was es auch kosten mag. «Er ist vielleicht streng, aber er sagt die Wahrheit.» – «Er redet nicht um den heißen Brei herum.» – «Er hat seine Ecken und Kanten … aber die hatte Petrus auch.» Mit solchen Ausreden rechtfertigen Menschen das unbiblische und unethische Verhalten mancher beliebter Gemeindeleiter. Solche Beschwichtigungen treiben verwundete Schafe in die Arme des progressiven Christentums, wo sie Bestätigung und Akzeptanz finden. Letzten Endes aber *lässt man sie ausbluten* wie jemanden, der wegen einer Fleischwunde zum Arzt geht, aber statt genäht und mit Antibiotika versorgt zu werden nur eine Umarmung und ein paar tröstende Worte bekommt. Zunächst mag sich das schön anfühlen, aber ohne sachgerechte Behandlung wird der Patient viel Blut verlieren, oder die Wunde wird sich verunreinigen und entzünden.

Bei manchen geht die Verletzung so tief, dass sie beschließen, sich ganz von der Gemeinde abzuwenden. Es erinnert mich daran, wie ich einmal an meinem Bein etwas entdeckte, was ich für einen Spinnenbiss hielt. Ich gehe furchtbar ungern zum Arzt, aber als die gerötete Stelle auf die Größe einer Untertasse anwuchs und so wehtat, dass ich nicht mehr schlafen konnte, gab ich schließlich nach und suchte die nächste Ambulanz auf. Die Krankenschwester warf nur einen Blick auf meinen suppenden Abszess und sagte: «Oh, junge Frau, das ist aber kein Spinnenbiss.»

Wie sich herausstellte, hatte ich mir MRSA eingefangen, einen methicillinresistenten *Staphylococcus aureus.* Diese üble Staphylokokkeninfektion, so erfuhr ich, reagiert nicht auf gewöhnliche Antibiotika. Es ist eine Art Superkeim, der sich als heftiges Hautgeschwür bemerkbar machen kann, das ohne Behandlung tiefer in den Körper eindringt und schließlich Organe, Blut und Knochen infiziert. Mit so etwas ist nicht zu spaßen! Ich kann Ihnen gar nicht sagen, wie dankbar ich war, dass meine behandelnden Ärzte etwas von MRSA verstanden und wussten, was dagegen zu tun ist. (Natürlich habe ich das gemacht, was man nie tun sollte, und gegoogelt, was passiert, wenn MRSA nicht behandelt wird. Ich musste den Computer herunterfahren, als ich auf die unzähligen Artikel über Amputationen stieß.) Interessanterweise wird MRSA oft mit demselben Medikament behandelt, das man auch gegen Typhus einsetzt.

Nun stellen Sie sich vor, ich hätte vor meiner MRSA-Infektion eine furchtbar schlechte Erfahrung mit einem Arzt gemacht. Sagen wir sogar, dieser Arzt hätte mich missbraucht. Da wäre es nur zu verständlich gewesen, wenn ich mich dagegen gesträubt hätte, je wieder einen Fuß in ein Krankenhaus zu setzen. Das hätte allerdings nichts an der Tatsache geändert, dass *ich immer noch das richtige Medikament brauchte, um den MRSA zu behandeln.* Wie hätte es mein Problem verschlimmert, wenn ich eine Gemeinschaft von Leuten gefunden hätte, die mich in meinen Gefühlen bestätigt und mir Schmerzmittel und ein behagliches Bett zum Ausruhen gegeben hätten – während sie den wahren Ursprung des Problems leugneten? Das hätte mich tatsächlich umgebracht, statt mich zu retten.

Ich hatte ein MRSA-Problem, und die Menschheit hat auch ein Problem … ein Sündenproblem. Dagegen gibt es nur ein Mittel, und leider werfen viele Christen dieses Heilmittel weg, weil sie schlechte Erfahrungen in der Gemeinde gemacht haben.

Kein sicherer Raum zum Zweifeln

Andere Leute verlassen ihre Gemeinden, weil ihre aufrichtigen Zweifel dort abgetan wurden. Das *Fuller Youth Institute (FYI)* hat den geistlichen Weg von fünfhundert ehemaligen Jugendgruppenteilnehmern während ihrer ersten drei Jahre auf dem College untersucht. Die FYI-Leiterin Kara Powell schrieb, einer der Hauptgründe, warum junge Christen nach der Highschool ihren Glauben aufgeben, sei der, dass sie irgendwann in ihrem Leben Zweifel an dem Glauben äußern, den man sie gelehrt hat. Statt ihnen nun den Raum zu gewähren, diese Verunsicherung zu verarbeiten, bekommen sie von wohlmeinenden Gemeindeleitern gesagt, dass sie solche Fragen erst gar nicht stellen sollen. Daraus haben sie die Schlussfolgerung gezogen, das Christentum sei ein Kartenhaus – die Gemeinde käme mit ihren Zweifeln nicht klar, und Gott auch nicht.[25] Leider wird dieses Forschungsergebnis durch neue Berichte von Christen bestätigt, die den Glauben, mit dem sie aufgewachsen sind, aufgeben und sich dem Atheismus, dem Agnostizismus oder irgendeiner Form von progressivem Christentum zuwenden.[26]

Es kann unglaublich beängstigend sein, wenn man Zweifel durchlebt – besonders für Christen, in deren Umfeld der Glaube als *absolute Gewissheit* verstanden wurde. Die Botschaft war klar: Wenn du Zweifel hast, dann bedeutet das, dass dein Glaube schwach ist oder dass geistlich etwas mit dir nicht stimmt. In seinem Buch *Authentically Emergent: In Search of a Truly Progressive Christianity* schreibt R. Scott Smith: «Im Grunde sagen wir den Leuten, sie sollen den Mund halten und einfach *die* biblische Lehre (die in Bezug auf manche Fragen *vielleicht* einfach nur aus ihren eigenen stark vertretenen Meinungen besteht) für bare Münze nehmen und *im Glauben* annehmen, als wäre das an sich schon eine Tugend. Biblischer Glaube aber ist kein Sprung ins Leere mit verbundenen Augen; er beinhaltet Wissen – dass Gott geredet hat und vertrauenswürdig ist.»[27] Falsche und fälschlich gelehrte Definitionen von Glauben basieren sehr häufig auf einer Verwechslung von *Unglauben* und *Zweifel.* Das ist nicht dasselbe. Unglaube ist eine Willensentscheidung, während Zweifel im Kontext des Glaubens aufkeimen.

Der Unglaube negiert das Universum, wie Gott es geschaffen hat. In Römer 1 sagt Paulus, Gott habe sich jedem Menschen, der je gelebt hat, offenbart: «Dabei gibt es vieles, was sie von Gott erkennen können … Gott ist zwar unsichtbar, doch an seinen Werken, der Schöpfung, haben die Menschen seit jeher seine ewige Macht und göttliche Majestät sehen und erfahren können.» Also hat nicht nur jeder Mensch, der je lebte, Kenntnis von der Existenz Gottes, sondern auch von seinem Wesen und von manchen seiner Eigenschaften. Folglich haben wir «keine Entschuldigung» (Römer 1,19–20). Paulus sagt sogar, dass Menschen, die nicht an Gott glauben, die Wahrheit «niederhalten» (V. 18, Elberfelder). Unglaube ist eine bewusste Entscheidung, so zu leben, als ob es Gott nicht gäbe – und er wird aus sündigen Begierden geboren.

Zweifel dagegen ist ein *völlig anderer Begriff.* Um Zweifel zu verstehen, müssen wir zuerst einmal den Glauben verstehen. Atheisten (und leider auch viele Christen) meinen, Glaube wäre ein blinder Sprung ins Ungewisse – eine Art willkürliche Überzeugung trotz mangelnder stützender Beweise. Überdies wurde vielen Christen von klein auf eingetrichtert, Glaube bedeute, sich hundertprozentig sicher zu sein, dass der christliche Glaube stimmt.

Ich denke, dieser Ansicht war ich wohl auch einmal. Das hat mir zwar niemand explizit beigebracht, aber irgendwo auf dem Weg habe ich mir diese Annahmen zu eigen gemacht. Dabei entspricht keine von beiden dem biblischen Verständnis von Glauben – beide liefern vielmehr die Zutaten für eine geistliche Krise.

In unserem Kurs gab der Pastor einmal zu, er sei sich seines christlichen Glaubens zu jedem gegebenen Zeitpunkt nur zu sechzig bis achtzig Prozent sicher. Zuerst nahm ich ihm das nicht ab. *Wie kann denn ein engagierter Christ, geschweige denn ein Pastor, sich nur zu sechzig Prozent sicher sein? Sieht so etwa ein «hoffnungsvoller Agnostiker» aus?* Dann fragte er den Kurs: «Wer von euch ist sich hundertprozentig sicher?» Ich hob die Hand und rechnete damit, dass die meisten es ebenfalls tun würden, aber wir waren nur zu zweit. Als ich mich umschaute, verstand ich für einen Moment, wie sich ein Tier im Zoo im samstäglichen Hochbetrieb im Juni fühlen muss. Ich sah fassungslos gerunzelte Stirnen und ungläubiges Staunen. Ich gebe zu, ich glaube nicht, dass ich wirklich wusste, wie sicher ich mir war. Ich wusste nur, dass ich mir sicher sein sollte. Das dachte ich zumindest. Aber ich hatte eine falsche Definition von Glauben. Erst später lernte ich, dass biblischer Glaube *Vertrauen* ist – und dass Vertrauen auf guten Anhaltspunkten beruht.

Als Kind liebte ich Achterbahnen. Sie konnten mir gar nicht zu schnell, zu beängstigend oder zu hoch sein. Da meine Eltern sie für ungefährlich zu halten schienen, hatte ich keinen Anlass, daran zu zweifeln.

Heute, als Erwachsene, zögere ich schon ein bisschen länger, bevor ich mich in einer potenziellen Todesfalle festschnalle, die mit hundertvierzig Stundenkilometern durch Loopings rast. Schließlich kenne ich schon Geschichten darüber, dass Menschen durch solche Jahrmarktattraktionen zu Tode gestürzt sind. Ich ertappe mich bei der Frage: *Wird dieser Wagen sich aus den Schienen lösen und mich unter sich begraben, wenn er zu Boden kracht? Wann sind all diese Bolzen und Schrauben zum letzten Mal von einem Mechaniker überprüft worden? Ist das jetzt die Todesfahrt, nach der mein Gesicht überall in den Abendnachrichten zu sehen sein wird?*

Mit anderen Worten: Mein Alter, die Erfahrung und ein Stück Desillusionierung lassen mich mittlerweile an der Sicherheit der Achterbahnen *zweifeln*, mit denen ich früher tollkühn und unerschrocken gefahren bin. *Aber das hält mich nicht davon ab, mitzufahren.* Auch trotz gewisser Zweifel vertraue ich darauf, dass die Achterbahn mich sicher wieder zur Plattform zurückbringen wird. Würde ich nach Anhaltspunkten fragen, die dieses Vertrauen stützen, so würde mich vielleicht ein Jahrmarktmitarbeiter darüber aufklären, dass die Achterbahnen täglich von Fachleuten inspiziert werden, die das gesamte Schienensystem nach Bruchstücken und Rissen absuchen und die Kettenspannung überprüfen. Man würde mir vielleicht versichern, dass die Wagen, die Bremsen, die Räder, das Sicherungssystem, die Sicherheitskabel und die Notbremsen alle gründlich auf etwaige Auffälligkeiten getestet werden. Vielleicht würde man mich auch informieren, dass die Techniker die Schienen einmal im Jahr mit Röntgenstrahlen durchleuchten, um Spuren von Überbelastung in dem Metallgerüst ausfindig zu machen. In Anbetracht all dieser Informationen wäre es also durchaus vernünftig, mich auf die Sicherheit der Achterbahn zu verlassen. Es ist kein blinder Sprung ins Ungewisse, und es ist keine hundertprozentige Sicherheit. Es ist Vertrauen aufgrund von Anhaltspunkten.

So funktioniert gewissermaßen auch der biblische Glaube. Als Kinder haben wir selbstverständlich die Weltanschauung unserer Eltern übernommen. Sofern wir in einer Gemeinde aufgewachsen sind, gingen wir wohl davon aus, dass der christliche Glaube wahr ist, und haben diese Überzeugung auch vor Freunden verteidigt, wenn sie uns widersprachen. Aber dann wuchsen wir heran. Wir begegneten anderen religiösen und philosophischen Ansichten. Wie ein Erwachsener, der sich nicht mehr so sicher ist, dass Achterbahnen wirklich ungefährlich sind, fingen wir an, infrage zu stellen, was uns immer gesagt worden war.

Würden mehr Gemeinden die ehrlichen Fragen von Zweifelnden begrüßen und sich auf den intellektuellen Aspekt ihres Glaubens einlassen, könnten sie sichere Räume für diejenigen bereitstellen, die Zweifel verspüren. Menschen, die sich nicht verstanden fühlen, treffen eher im progressiven Lager auf Sympathie, wo man gerne in seinen Zweifeln schwelgt. Im progressiven Christentum gilt der Zweifel eher als Ehrenzeichen, mit dem man sich schmückt, als als Hindernis, das es zu überwinden gilt.

Die moralischen Forderungen des historischen Christentums

Anfang der 2000er-Jahre hatte ZOEgirl mit der Zeitschrift *Brio*, einem Ableger der Arbeit von *Focus on the Family*, mehrere missionarische Kurzeinsätze. Eine junge Frau, die ich auf zwei dieser Trips getroffen hatte (nennen wir sie Sarah), war inzwischen erwachsen und dabei, sich vor all ihren christlichen Freunden zu outen. Tief im Innern wusste ich bereits, was sie sagen würde, als sie mich anrief, um mir mitzuteilen, sie sei lesbisch.

Auf einer der Reisen hatte sie mir und einigen Leiterinnen, denen sie vertraute, gestanden, dass sie mit homosexuellen Empfindungen zu kämpfen hatte. Jahrelang hatte sie versucht, ihre Gefühle zu verändern … das Verlangen zu überwinden, das sie nicht wollte und sich nicht ausgesucht hatte. Am Ende jedoch kam sie zu dem Schluss, Gott habe sie so geschaffen, und es sei sein Wille für sie, dies als ihre Identität zu akzeptieren. Ich sagte ihr, dass ich sie lieb habe, und dankte ihr für ihre Offenheit. Kurz bevor wir auflegten, fragte ich sie: «Sarah, darf ich dir eine Frage stellen?»

«Klar», antwortete sie.

«Würdest du sagen, dass du wirklich glaubst, dass das Gottes Wille für dein Leben ist … oder bist du es einfach müde, dagegen anzukämpfen?»

Es folgte eine lange Pause. Fast flüsternd kam schließlich Sarahs Antwort: «Ich … ich bin es müde, dagegen zu kämpfen.»

Ich kann mir kaum vorstellen, wie es für Sarah gewesen sein muss, mitten in der amerikanischen evangelikalen Subkultur der frühen 2000er-Jahre aufzuwachsen. Sie war ein etwas linkisches, jungenhaftes Mädchen, bodenständig, lustig und stark. Sie hatte immer ein Lächeln auf dem Gesicht und eine magnetische Persönlichkeit, die jeden anzuziehen schien. Von den Sportlerinnen über die betont mädchenhaften Girls bis hin zu den Mauerblümchen – alle mochten sie. Und doch trug sie die ganze Zeit über dieses tiefe Geheimnis mit sich herum.

Mir bricht das Herz, wenn ich darüber nachdenke. Vielleicht hatte man ihr ein Evangelium nahegebracht, das ihr Gesundheit und Glück versprach. Vielleicht waren ihr zu viele Predigten über Selbstachtung und über das Verfolgen ihrer Träume eingetrichtert worden. Vielleicht hatte ihre Jugendgruppe zu viel Zeit mit Spielen und Pizzapartys verbracht. Vielleicht hatte ihre Gemeinde ihr auch zu verstehen gegeben, dass, wer sich zum eigenen Geschlecht hingezogen fühlt, vom christlichen Leben disqualifiziert ist. Warum auch immer, Sarah kam zu dem Schluss, der Preis des wahren Evangeliums sei zu hoch. Die moralischen Forderungen des biblischen Christentums wurden ihr zu viel, und sie gab auf.

Ich denke an andere Freunde mit gleichgeschlechtlichen Neigungen. Freunde, die ich lieb habe und die mir sehr am Herzen liegen. Für mich ist das nie nur einfach ein Thema … es hat Gesichter und Namen und Geschichten und beinhaltet Leid. Und weil ich sie liebe, will ich über dieses Thema klar und wahrheitsgemäß denken. Es ist vom ersten Buch Mose bis zur Offenbarung nicht zu übersehen, dass Gott Sex äußerst ernst nimmt. Er hat die Sexualität geschaffen und ihr wichtige, lebensfördernde Grenzen für uns alle gesetzt. Von Anfang bis Ende lehrt die Bibel, dass Sex in einen lebenslangen Ehebund zwischen einem Mann und einer Frau gehört. Jede sexuelle Handlung außerhalb dieses Bundes definiert die Bibel als Sünde. Wir können das, was Gott Sünde nennt, nicht umdefinieren und uns dennoch anmaßen, eine solche Ethik als christlich zu bezeichnen.

Der britische Pastor Sam Allberry kämpft an der gleichen Front wie Sarah. Seit er zurückdenken kann, hat er sich ausschließlich zu Männern hingezogen gefühlt. Um des Evangeliums willen hat er beschlossen, dieses Verlangen zur Seite zu legen, und hat sein ganzes Erwachsenenleben sexuell enthaltsam gelebt. In seinem Buch *Is God Anti-Gay?* nimmt er Bezug auf einen berühmten Ausspruch von Jesus in Markus 8,34: «Will mir jemand nachfolgen, der verleugne sich selbst und nehme sein Kreuz auf sich und folge mir nach» (Luther).

Allberry kommentiert:

> *Dieses «Jemand» gilt gleichermaßen uns allen. – Ich soll mich selbst verleugnen, mein Kreuz auf mich nehmen und ihm nachfolgen. Mich selbst verleugnen heißt nicht, mein Verhalten hier und da ein bisschen zurechtzufeilen. Es heißt, «Nein» sagen zu meinem tiefsten Empfinden davon, wer ich bin, um Christi willen. …*
>
> *Seit ich mich offen über meine Erfahrung mit Homosexualität äußere, haben mir immer wieder Christen sinngemäß gesagt: «Für dich muss das Evangelium schwerer sein als für mich», als hätte ich mehr aufzugeben als sie. Tatsache ist aber, dass das Evangelium jedem von uns alles abverlangt. Wenn jemand glaubt, das Evangelium hätte sich irgendwie ganz leicht in sein Leben eingefügt, ohne dass es größerer Veränderungen in seinem Lebensstil oder seinen Ambitionen bedurft hätte, dann ist es wahrscheinlich so, dass er überhaupt noch nicht begonnen hat, Jesus nachzufolgen.*[28]

Jesus verlangt *jedem alles* ab. Für einige ist das Ausschlaggebende gar nicht die Frage, ob sie die Grundsätze des christlichen Glaubens teilen oder nicht, sondern dass ihnen der Preis der Nachfolge einfach zu hoch ist. Viele Christen, die selbst keine gleichgeschlechtlichen Neigungen haben, haben ihre Theologie in dieser Frage angepasst, weil sie meinen, das wäre der liebevollste Standpunkt. Um also einen Anschein von christlichem Glauben zu wahren, definieren sie ihn um und entfernen sich von seinem historischen Verständnis, während andere dem Glauben gänzlich entsagen.

Probleme mit der Bibel

Wieder andere haben Probleme mit der Bibel selbst. «Es war einmal ein Mädchen mit einem Zauberbuch», so beginnt Rachel Held Evans' Buch über die Bibel, *Inspired: Slaying Giants, Walking on Water, and Loving the Bible Again.*[29] Als eine der einflussreichsten und prominentesten Stimmen in der progressiven christlichen Bewegung gewann sie Tausende von Lesern mit ihren scharfsinnigen Beobachtungen, ihrer schlagfertigen Prosa und ihren packenden Erzählungen. Als sie im Frühjahr 2019 nach einer allergischen Reaktion auf ein Grippemedikament unerwartet starb, löste das sowohl in der evangelikalen als auch in der progressiven Szene einen Schock aus. Selbst in etlichen säkularen Nachrichtenmedien wurde über ihren Tod berichtet.

Als ich die Nachricht von ihrem Tod hörte, schossen mir die Tränen in die Augen. Da ich ihre Bücher gelesen, ihren Blog verfolgt und sogar auf Twitter einmal mit ihr diskutiert hatte, fühlte ich mich ein bisschen so, als hätte ich sie gekannt. Ihr Tod war ein Schock und besonders tragisch, weil sie einen Ehemann und zwei kleine Kinder unter vier Jahren zurückließ. An ihrer Stelle würde ich mir wünschen, dass Leute für meine Kinder beten; also habe ich das für sie getan. Ebenso würde ich mir wünschen, dass die Leute meine Gedanken weiterhin ernst nehmen; also werde ich versuchen, auch das zu tun, wann immer ich in diesem Buch auf ihre Texte zu sprechen komme.

Evans war unglaublich populär und überzeugend, weil sie es verstand, ihren Finger auf den Pulsschlag verbreiteter Erfahrungen zu legen. In ihrem Buch schildert sie ihre Liebe zur Bibel, die sie als junges Mädchen hatte. Sie war ein Kind, das in jedem Wort der Bibel ein Echo der Stimme Gottes hörte. Doch dann kommt sie auf die Enttäuschung zu sprechen, die sie erlebte, als sie älter wurde und anfing, die Helden ihrer geliebten biblischen Geschichten eher als Gauner und Schurken zu sehen. Als sie nun von der Eroberung Kanaans durch die Israeliten, von Noahs Flut und vom Tod aller Erstgeborenen in Ägypten las, erschien ihr der Gott, dessen Stimme durch die Seiten ihrer Bibel hallte, wie ein mörderischer Schuft. Sie schreibt: «Wenn Gott der Held der Geschichte sein sollte, warum benahm Gott sich dann wie ein Schurke?»[30]

Das erinnert mich an eine Frau, mit der ich Woche für Woche in jenem Kurs saß. Sie war eine sehr nachdenkliche, einfühlsame und rundherum liebenswerte Person. Zwei Wochen nachdem mein Mann und ich die progressive Gemeinde verlassen hatten, traf ich mich mit ihr in einem Café zum Mittagessen. Sie verstand, warum ich beschlossen hatte, aus dem Kurs auszusteigen, und warum ich das ganze Thema so verstörend für mein geistliches Leben fand.

Doch als ich sie fragte, wie es ihr gehe, schossen ihr die Tränen in die Augen, und sie erzählte mir von ihrer unbeschreiblichen Not mit manchen Abschnitten voller Gewalttätigkeit im

Alten Testament. «Ich kann einfach nicht glauben, dass Gott all diese Kinder umbringen wollte. Ich kann es einfach nicht», vertraute sie mir mit zitternder Stimme an. Die Rede war von den Versen, in denen Gott den Israeliten befahl, die Kanaaniter in Jericho auszulöschen … jeden Mann, jede Frau und jedes Kind. Ich konnte förmlich spüren, wie sehr diese Passage sie quälte.

Ich hatte in diesem Moment keine Antwort für sie, aber als ich mich später mit diesem Bericht im Alten Testament beschäftigte, wurde mir klar, dass in dieser Situation mehr im Spiel war, als oft von Skeptikern und progressiven Christen dargestellt wird. Zum Beispiel waren die Kanaaniter so böse – so bemerkenswert bösartig in ihrer Rebellion gegen Gott und alles Gute –, dass die meisten von uns, wenn es die Kanaaniter heute noch gäbe, lautstark nach Gerechtigkeit rufen und versuchen würden, ihrem Treiben mit allen Mitteln ein Ende zu setzen.[31]

Außerdem hatte der progressive Pastor uns nicht alle Informationen geliefert. Wahrscheinlich war Jericho eher so etwas wie ein militärischer Außenposten, der hauptsächlich aus männlichen Soldaten bestand, als ein Dorf, in dem Frauen und Kinder lebten.[32]

Damit will ich keinesfalls sagen, dass es deswegen leichter zu schlucken wäre oder dass damit alle Spannungen aufgelöst wären, aber indem man einfach so sagt: «Hey, Gott ist wütend geworden und hat einen Haufen Kinder umgebracht», wird man dem, was tatsächlich passierte, bei Weitem nicht gerecht. Ganz ehrlich, die Geschichte *muss* uns zu schaffen machen. Sie zeigt, wie Gott zur Sünde steht, und offenbart, wie wunderbar sein Heilsplan ist. Aber von solchen Gedanken war in dem Kurs typischerweise nicht die Rede. Stattdessen wurde uns die Bibel als streckenweise moralisch zweifelhaft präsentiert, und die einzige

Option, die uns angeboten wurde, bestand darin, die Abschnitte, die uns nicht einleuchteten, abzulehnen oder umzudeuten.

Den Charakter Gottes mit seinem Verhalten in Einklang zu bringen, ist ein Problem, das manche Christen dazu bringt, die Zuverlässigkeit dessen, was dort geschrieben steht, infrage zu stellen. Als Folge verändern viele radikal ihren Ansatz, die Bibel zu lesen und zu interpretieren. In Kapitel 9 kommen wir ausführlicher darauf zurück.

Die Welt hat eine attraktivere Option zu bieten

Zu allen Zeiten fanden sich Christen stets unbiblischen Weltanschauungen und Philosophien gegenüber, die um ihren Gehorsam und ihre Loyalität wetteiferten. Diese Ideologien bringen die Werte, Überzeugungen und moralischen Normen hervor, die die Kultur prägen, und ihre Anhänger stellen sie fast immer als dem Christentum moralisch überlegen dar. Wer sich diesen Grundsätzen nicht fügt oder sie in Abrede stellt, wird leicht zum gesellschaftlichen Außenseiter.

Eine der sehr einflussreichen Philosophien unserer Tage ist die Kritische Theorie.[33] Ihre formellen Anfänge reichen bis zur Frankfurter Schule in Deutschland in den 1920er- und 1930er-Jahren zurück, und sie war vor allem eine marxistische Reaktion auf herkömmliche Wissenschaft, die versuchte, die Welt aus neutraler und objektiver Perspektive zu verstehen und zu beschreiben. Die heutige Kritische Theorie wird viel umfassender verstanden und ist in der großen, vielschichtigen Disziplin der kritischen Gesellschaftstheorie eingebettet. Die Kritische Theorie untersucht und kritisiert Macht und Unterdrückung im Hinblick auf Rasse, Ethnizität, Klasse, Gender, Anlagen, Sexualität und viele andere Faktoren.[34] Diese Ideologie sieht die Welt als einen Kampf zwischen unterdrückten Gruppen und ihren Unterdrückern. Sodann versucht sie, die Macht zugunsten der Ausgegrenzten und Entrechteten durch Emanzipation, etwa durch formale Bildungsanstrengungen und Grassroots-Aktivismus, neu zu kalibrieren.[35]

Ein weiterer grundlegender Aspekt der Kritischen Theorie ist ihre Herangehensweise an Wissensgewinnung und Wahrheitserkenntnis. Durch Intersektionalität stellt sie die «gelebte Erfahrung» und Identität über die Rationalität beim Entdecken und Ermitteln der Wahrheit.[36] Diesem Paradigma zufolge verschaffen Unterprivilegiertheit und ein unterdrückter Status den davon betroffenen Menschen ein feineres Urteilsvermögen und eine umfassendere Sicht der Welt. Umgekehrt wird gefolgert, dass Privilegierte und Menschen im «Unterdrücker»-Status blinde Flecken haben, wenn es darum geht, die Welt zu verstehen und die Wahrheit zu erkennen.[37]

Folglich empfehlen Anhänger der Kritischen Theorie, die sich selbst als privilegiert betrachten, dass wir die Wahrheit bei denen suchen, die ausgegrenzt sind. Die Autorin und Vortragsrednerin Jen Hatmaker schreibt: «Wenn weiße, vorwiegend männliche, heterosexuell verheiratete, körperlich unversehrte Leute mit gewissen Reserven an Geld und Macht im Mittelpunkt des Narrativs stehen, werden wir gute Früchte niemals korrekt erkennen. … Privilegierter Status ist ein verlässlicher Feind des Urteilsvermögens.»[38] Interessanterweise ist Jen Hatmaker weiß, heterosexuell verheiratet und körperlich unversehrt, und sie verfügt über gewisse Reserven an Geld und Macht. Ihrer Logik zufolge müsste sie also aufgrund ihres privilegierten Status ihren eigenen Ansichten misstrauen. Warum ist sie sich dann ihrer Sache so sicher?

Diesen Widerspruch hatte die progressive Autorin Sarah Bessey vielleicht erkannt, als sie einen Blogeintrag verfasste, in dem sie ihren Weg zur Bejahung von LGBTQ+ nachzeichnete. Sie schickte folgenden Vorbehalt voraus: «Ich – eine weiße, heterosexuelle, seit achtzehn Jahren verheiratete Frau – bin nicht die beste *Wegweiserin* für dich. Ich kann nur *an deiner Seite* gehen. … Deshalb mache ich dir Mut, nachdem du dies gelesen hast, dich den Rändern zuzuwenden und dich von ihnen weiter hinaus in Gottes Schalom führen zu lassen.»[39] Bessey begründet im Einklang mit der zeitgenössischen Kritischen Theorie, dass sie aufgrund ihrer Klasse, ihres Geschlechts und ihres ethnischen Hintergrunds nicht qualifiziert sei, sich maßgeblich über die Frage der gleichgeschlechtlichen Ehe zu äußern. Deshalb ermutigt sie ihre Leser, die Wahrheit zu finden, indem sie auf diejenigen hören, die an den «Rändern» stehen.

Viele Christen sehen, was in dieser Welt alles nicht stimmt – Rassismus, Armut und Ausbeutung –, und wollen zu Recht etwas dagegen unternehmen. Moderne Kritische Theorie bietet eine attraktive Betrachtungsweise der Welt, weil sie meist als liebevoller, auf andere Menschen bedachter Ansatz erscheint. Wollen wir denn nicht die Unterdrückten befreien? Ist nicht auch Jesus deswegen gekommen?

Aber das Problem mit der Kritischen Theorie ist, dass sie nicht einfach nur ein Gedankengebäude ist, das das Denken über Unterdrückung formt. Sie fungiert als umfassende Weltanschauung, als eine Art, die Welt zu betrachten, die Fragen beantwortet wie: *Wer sind wir? Warum sind wir hier? Was stimmt nicht mit der Welt? Wie ist dieses Problem zu lösen? Was ist der Sinn des Lebens?* Wer sich die Grundsätze der Kritischen Theorie zu eigen macht, wird auch seine Antworten auf obige Fragen durch diese Linse filtern. Es ist also wenig verwunderlich, dass die Kritische Theorie an vielen Stellen dem christlichen Glauben widerspricht.

Wer sind wir? Gemäß dem historischen Christentum sind wir menschliche Wesen, erschaffen nach dem Bild eines heiligen, liebenden und gerechten Gottes. Nach der Kritischen Theorie gründet unsere Identität nicht darin, der zu sein, als wer wir erschaffen sind, sondern darin, wie wir uns aufgrund unserer Klassenzugehörigkeit, unseres Geschlechts, unserer sexuellen Orientierung und so weiter auf andere Gruppen beziehen.

Was stimmt nicht mit der Welt? Nach dem historischen Christentum wurzelt das Problem der Welt in der Sünde gegen einen heiligen Gott. Nach der Kritischen Theorie liegt das Problem in der Unterdrückung. *Wie ist dieses Problem zu lösen?* Laut dem historischen Christentum wird das Problem der Sünde dadurch gelöst, dass Jesus die Strafe für unsere Sünden auf sich genommen und den Tod erlitten hat, den wir verdient haben, sodass wir mit Gott versöhnt werden können. Nach der Kritischen Theorie dagegen wird das Problem durch Aktivismus, Bewusstseinsbildung und den Sturz unterdrückerischer Systeme und ihrer Macht gelöst.

Was ist der Sinn des Lebens? Nach dem historischen Christentum besteht er darin, Gott zu verherrlichen. Laut der Kritischen Theorie liegt er darin, Gruppen von Unterdrückung zu befreien.

Als Christen sind wir gerufen, gute Werke zu tun. In Jakobus 2,26 wird uns sogar gesagt, der «Glaube ohne Taten» sei «tot». Darum fängt ein Christ als Antwort auf seine Errettung natürlich an, diese guten Werke hervorzubringen. Nimmt jemand hingegen die Ideen der Kritischen Theorie an, so kann das seine christliche Weltanschauung allmählich aushöhlen, indem es seinen Blick von den grundlegenden Wahrheiten ablenkt, wer Gott ist und wie er in der Welt wirkt. Es entbindet einen davon, weiterhin an der biblischen Moral festzuhalten, und erachtet die historische christliche Sexualethik sogar als Unterdrückung. So kann man zum progressiven Christentum gelangen, das die historischen christlichen Antworten auf diese «Weltanschauungsfragen» ohnehin gering schätzt und eher auf die rechte Handlungsweise als auf Glaubensüberzeugungen fokussiert. Heraus kommt ein weiteres Evangelium der Werkgerechtigkeit, das dem Gezeitenwechsel der kulturellen Normen unterworfen ist.

Hyperfundamentalismus

Fundamentalismus ist ein Reizwort. Es kann sich auf eine organisierte Bewegung beziehen, die sich zu Beginn des zwanzigsten Jahrhunderts gegen die modernistische Theologie wandte. Wenn Sie das Wort online nachschlagen, werden Sie verschiedene Definitionen finden – unter anderem diese: «Eine Form von Religiosität, besonders im Islam oder im protestantischen Christentum, die am Glauben an der streng wörtlichen Interpretation der Heiligen Schrift festhält.»[40] So weit, so gut. Was heißt es aber, die Bibel wörtlich zu nehmen? Ich habe dazu die Aussage gehört, es bedeute, die Bibel *literarisch* zu lesen. Dem stimme ich zu. Es bedeutet, die Bibel genau in dem Sinn zu lesen, in dem sie geschrieben ist. Die Bibel ist eine Sammlung von Büchern verschiedener Gattungen. Es gibt darin Gedichte, Metaphern und Redewendungen. Und wenn Sie aus den Worten «Er wird dich mit seinen Fittichen decken» (Psalm 91,4; Luther) nicht den Schluss ziehen, Gott sei gefiedert, so sind Sie ebenfalls dieser Meinung.

Andere Definitionen von Fundamentalismus ähneln dieser hier von Dictionary.com: «Strenges Festhalten an einer Reihe von grundlegenden Gedanken und Prinzipien». In diesem Sinne ist jeder ein Fundamentalist. Schließlich hat jeder seine Reihe von Grundsätzen, nach denen er lebt. In progressiven Gemeinden gehören vielleicht Toleranz (außer gegenüber konservativen Christen) und Inklusion (nur nicht derer, die in Bezug auf Sexualität nicht mit der progressiven Bibelauslegung übereinstimmen) zu diesen Grundsätzen. Ironischerweise wird diese Art von Toleranz selbst zu einem gesetzlichen Fundamentalismus.

Obwohl das Wort *Fundamentalismus* inzwischen einen negativen Beiklang hat (keiner hört gern den Vorwurf «Was bist du denn für einer ... etwa ein Fundamentalist?»), macht es mir nichts aus, zu sagen, dass ich eine Fundamentalistin bin. Denn das sind Sie auch. Das sind wir alle. Ein Problem habe ich nur mit dem, was ich als «Hyperfundamentalismus» bezeichnen würde. Diese Art Fundamentalismus geht über die wesentlichen Kernpunkte des Glaubens hinaus. Sie ist auch unter einem anderen Namen bekannt: *Gesetzlichkeit.*

Viele progressive Christen, denen ich begegne, sind in unfassbar strengen Splittergruppen des Glaubens aufgewachsen, in der die Meinung vorherrschte, alle, die nicht zu ihrer speziellen Gruppe gehören, seien bestenfalls dem Namen nach Christen, schlimmstenfalls Ketzer. Weil sie in ihren Glaubensgemeinschaften nie gelernt haben, zwischen wesentlichen und unwesentlichen Überzeugungen zu unterscheiden, geriet ihr ganzes Fundament ins Wanken, als sie zum ersten Mal einem Christen begegneten, der eine andere Ansicht über die Entrückung oder über das Alter der Erde vertrat.

Ein Teilnehmer des Kurses erzählte, wie er in einer unglaublich gesetzliche Sekte aufgewachsen war, die außer den eigenen Sichtweisen nichts gelten ließ. Diese Gruppe betrachtete sich selbst als die einzig wahre Gemeinde und war überzeugt, alle anderen christlichen Konfessionen seien auf dem Weg zur Hölle. Als er zum ersten Mal von zu Hause wegging und auf wirklich gläubige Menschen traf, die von dieser Gemeinde nie gehört hatten (o Schreck!), überkamen ihn tiefe Zweifel an allem, was man ihn je gelehrt hatte.

Es gibt noch eine andere Ausprägung von Hyperfundamentalismus – das ist die Häresie-Polizei, die mit Vorliebe mit dem Finger auf andere zeigt. Ihre Vertreter haben einen unersättlichen Appetit auf Kontroversen und lauern geifernd auf den nächsten Irrlehrer. Sie sind auf den «Dienst der Geisterunterscheidung» spezialisiert und greifen auf ihren Websites alle an, die nicht dem strengen Schriftverständnis folgen, ob es nun um die Frage geht, ob der Heilige Geist heute immer noch Zeichengaben wirkt oder ob Frauen jemals – aus welchem Grund auch immer – vor einer Gruppe sprechen dürfen, zu der auch Männer gehören.

Ich versuche gegenüber Christen, die in Fragen, die nicht direkt das Heil betreffen, anderer Meinung sind, so großzügig wie möglich zu sein. Wer aber in einem Umfeld aufgewachsen ist, in dem diese Großzügigkeit fehlte, wird vielleicht dazu neigen, das Wesentliche mit dem Unwesentlichen zu verwechseln.

Das Problem des Leids

Es ist der Anruf, mit dem man nie gerechnet hätte. Klar, in Filmen hat man die Szene schon mal gesehen, und vielleicht kennen Sie sogar jemanden, der sie selbst erlebt hat. Aber eigentlich passieren solche Sachen nur *anderen* Leuten. Nicht Ihnen. Nicht uns.

Was einem in den Filmen nicht verraten wird, ist, dass einen der eigene Körper im Stich lässt, wenn man eine katastrophale Nachricht erhält. Meine Knie fingen wie wild an zu schlottern und die Kehle wurde trocken, sodass meine Stimme nur noch krächzend herauskam.

Mein lieber einundzwanzigjähriger Neffe Matthew war in die Notaufnahme eingeliefert worden und nun nicht mehr am Leben. Seit einigen Jahren hatte er mit einer Suchterkrankung gekämpft, und meine Schwester hatte nahezu beständig in Sorge um ihn gelebt. In dieser Nacht war ihr finsterster Albtraum Wirklichkeit geworden.

In meinem Kopf drehte sich alles, als ich versuchte, das Undenkbare irgendwie zu fassen. Wie kann das denn sein? Er wurde doch so geliebt und versorgt. Erst vorgestern an Thanksgiving habe ich mit ihm Tischtennis gespielt. Gerade vorhin habe ich noch über diesen blöden Pfirsich geschrieben, den er von sich geschleudert hat, als er zehn war. Wie ist denn das möglich?

Als Apologetin rede und schreibe ich ständig über das, was wir das «Problem des Bösen» nennen. Das ist einer der Hauptgründe, warum viele den Glauben an Gott verlieren und sich von der Gemeinde abwenden. Vor Matthews Tod setzte ich mich auf einer bestimmten Ebene mit Fragen auseinander wie: «Wie kann ein guter Gott das Böse zulassen?» oder «Wenn Gott allmächtig ist, warum verhindert er dann nicht, dass schlimme Dinge passieren?» Aber bisher hatte ich mich diesen Fragen nie gestellt, wenn ich selbst in einer Situation qualvoller Trauer war.

Weniger als eine Stunde später sah ich Matthews Leichnam auf einem Krankenhausbett liegen. Es war still. Kein Piepsen oder Summen von irgendwelchen Geräten. Kein hektisches Hin und Her von Ärzten, die Schläuche überprüften, Untersuchungen anordneten und Lebenszeichen notierten. Als ich ihn ansah, verspürte ich eine Dunkelheit, so finster, wie ich sie nie gekannt hatte. Es war, als wäre dem Universum alles an Hoffnung, Licht, Liebe, Freude und Güte entzogen worden und nichts mehr da als eine unheilvolle Leere. Von Gottes Gegenwart war nichts zu spüren. Nichts von seinem Frieden.

Aber es war nicht das erste Mal, dass ich durch die qualvolle Dunkelheit des Zweifels ging, und ich hatte bereits gelernt, zu Jesus zu schreien. Ich hatte gelernt, mich nicht an das zu halten, was ich *fühle*, sondern an das, was ich *weiß*.

«Jesus, bitte! Jesus, bitte! Jesus, bitte!», schrie ich immer wieder in diese Leere hinein. Und ganz allmählich begannen während der nächsten Stunden kleine Lichtstrahlen diese Dunkelheit zu durchdringen und – ich wage kaum, es zu sagen – die Schönheit und Weisheit Gottes sichtbar zu machen. Ich verstehe das nicht. Ich würde es anders machen. Aber ich habe nicht alle Informationen. Mein souveräner Gott hat sie, und er kennt das Ende schon vom Anfang her. Er ist vertrauenswürdig.

Als ich anfing, dieses Buch zu schreiben, hatte ich keine Ahnung, dass meine persönliche Erfahrung die Geschichte liefern würde, mit der ich diesen letzten Punkt veranschauliche. Meine Geschichte ist anders ausgegangen als die mancher Leute, die aufgrund von Missbrauch, Zweifeln oder Leid ihren Glauben verloren haben. Ich kann das nicht erklären, aber ich vertraue Jesus heute mehr als je zuvor. Durch diese Prüfung ist mir das Evangelium kostbarer und das Kreuz herrlicher geworden denn je. Durch das vollkommene Werk Jesu an diesem Kreuz hat der Tod nicht mehr das letzte Wort.

Ich habe keine glatte Antwort auf das Problem des Bösen. Aber eines weiß ich: Die Verheißungen des progressiven Christentums hatten mir in dieser Not *nichts* zu bieten. Sie hatten meiner Schwester nichts zu bieten. Wie hätten auch eine geringe Meinung von Gottes Wort, eine Geringschätzung des Kreuzes und ein relativistischer Umgang mit Wahrheit meiner Familie in einer solchen Belastung Frieden bringen können? Dort in dem Krankenhauszimmer war «meine Wahrheit» nichts als Dunkelheit. Doch «die Wahrheit» war immer noch wahr, ob ich das nun spüren konnte oder nicht. Gott war da. Gott ist souverän. Er ist gut und vertrauenswürdig. Das habe ich geschmeckt und gesehen. Innerlich bin ich fest und halte es mit Petrus, der, als viele sich von Jesus abgewandt hatten, zu seinem Herrn sagte: «Herr, zu wem sollten wir denn gehen? … Nur deine Worte schenken das ewige Leben» (Johannes 6,68).

Wenn wir mit unermesslichem, unaussprechlichem Leid konfrontiert sind, stehen wir vor einer Wahl. Wir können die Hände vor dem Vater ausbreiten und ihm zu Füßen fallen, oder wir können ihm unsere Faust entgegenschütteln und uns abwenden. Wir können ihm unsere Zweifel, unsere Fragen und unsere bohrende Trauer in den starken Schoß werfen, oder wir können das alles mit unseren geballten Händen umklammern und ihn für unfähig … oder nichtexistent erklären. Wir alle haben diese Wahl.

Meine Schwester war ein wunderschönes Beispiel für jemanden, der auch noch den letzten Fetzen Hoffnung auf Jesus setzt. Als sie ihr jüngstes Kind – ihren einzigen Sohn – zu Grabe trug, konnte ich nur staunen über ihren Glauben. Hatte sie Zweifel und Fragen? Absolut. Die hatten wir alle. Aber ich bewunderte, wie sie sich an 1. Petrus 4,12–13 klammerte: «Ihr Lieben, lasst euch durch das Feuer nicht befremden, das euch widerfährt zu eurer Versuchung, als widerführe euch etwas Fremdes, sondern freut euch, dass ihr mit Christus leidet, damit ihr auch durch die Offenbarung seiner Herrlichkeit Freude und Wonne haben mögt» (Luther). Nur im Kontext des historischen christlichen Evangeliums können diese Aussagen wirklich trösten. Nur mit einem robusten Verständnis der Heiligkeit, Güte und Souveränität Gottes schenken diese Worte Hoffnung.

Das Böse und das Leid sind eine hässliche Wirklichkeit, die durch die Sünde über die Schöpfung hereinbrach, aber unser Erlöser ist in unsere Welt gekommen, hat menschliche Gestalt angenommen, gelitten und für uns den Tod erfahren. Als ich Matthews Leichnam auf jenem Krankenhausbett liegen sah, dachte ich an Jesus. Das hat Jesus für mich getan. Für Matthew. Für uns alle. Jesus war mit Leid sehr gut vertraut und stand für uns ein. Er spürte unseren Schmerz und starb unseren verdienten Tod. Doch damit ist die Geschichte nicht zu Ende. Jesus ist leiblich von den Toten auferstanden und hat die Macht der Sünde und des Todes für immer besiegt. Er ist nicht nur gekommen, um Anteil an unserem Schmerz zu nehmen – er ist gekommen, ihm ein Ende zu machen. Er hat uns nicht nur eine Antwort auf das Leid gegeben – er ist diese Antwort geworden. Ich sehne den Tag herbei, an dem Offenbarung 21,4 Wirklichkeit wird: «Er wird ihnen alle Tränen abwischen. Es wird keinen Tod mehr geben.»

Ein Jahr vor seinem Tod hatte sich Matthew zu Christus bekannt und Jesus sein Leben übergeben. Er hatte die Bibel studiert und sogar angefangen, christliche Songs zu schreiben und mit anderen über seinen Glauben zu reden. Wir sind zuversichtlich, dass wir ihn wiedersehen werden, und das gibt uns große Hoffnung.

Ich kann mir nicht vorstellen, eine solche Tortur ohne Jesus und das feste Fundament des Wortes Gottes durchzustehen. Ich kann mir nicht vorstellen, abseits des wahren Evangeliums Hoffnung zu haben.

Aufgewachsen in einer christlichen Blase

Während es nicht jeder mit Missbrauch, Zweifeln, Fragen zu Bibel und Kultur, Hyperfundamentalismus und großem Leid zu tun bekommt, betrifft uns alle der leichte Zugang zu Informationen, Meinungen und Lektüre, die mit unserer eigenen Sichtweise kollidieren. Als ich klein war, gab es kein Internet. Es gab keine Handys und keine sozialen Medien. Wenn man etwas ganz Besonderes war, hatte man vielleicht ein «Autotelefon», das so groß war wie ein Schuhkarton und von dem aus ein Anruf ungefähr neun Millionen Dollar pro Minute kostete. Wollte man sich seine Lieblingssendung im Fernsehen aufnehmen, musste man an seinem Videorekorder den Timer einstellen. Versäumte man das oder wurde die Sendung durch eine Sondernachrichtensendung unterbrochen, musste man warten, bis sie irgendwann wiederholt wurde. Andernfalls: Pech gehabt – es sei denn, man lebte in einem Haus mit meinem Vater, der, davon bin ich überzeugt, die erste Version eines digitalen Videorekorders erfand. Er stellte den Timer an mehreren Videorekordern ein, die an zwei oder drei Fernseher angeschlossen waren. Dann verklebte er die Vorderseiten der Videorekorder mit Panzerband, damit wir Kinder ja nicht die Tasten drückten und die Einstellungen veränderten – wer dieses Panzerband auch nur berührte, spielte mit seinem Leben.

So war das damals. Man kam nicht so einfach an Informationen heran wie heute. Die meisten Leute schauten abends dieselbe Nachrichtensendung, und unsere Erfahrung mit dem Christentum beschränkte sich im Wesentlichen auf das, was wir in unseren Ortsgemeinden oder Denominationen zu hören bekamen. Die Baptisten hielten die Charismatiker für verrückt, die Charismatiker hielten die Baptisten für spießig, die Presbyterianer und Anglikaner machten einfach ihr Ding, und wir alle kamen prima damit klar.

Und dann veränderte das Internet buchstäblich die Welt. Plötzlich fluteten durch diesen leuchtenden kleinen Bildschirm, der sich PC nannte, Unmengen an Informationen in unsere Häuser. Skeptische Aussagen und säkulare Theorien – die Christen früherer Generationen ihr Leben lang nicht zu hören bekommen hatten – stellten plötzlich die Überzeugungen, in denen wir uns behaglich eingerichtet hatten, infrage und widersprachen unseren tief eingeschliffenen geistlichen, soziologischen und intellektuellen Paradigmen. Wir waren nicht mehr in Kansas, Toto.[41]

Der Internet-Boom brachte auch theologische Argumente und Debatten über die Bibel – die früher Akademiker und Berufsintellektuelle in viel kleineren Zirkeln diskutiert hatten – ins Alltagsgespräch. Für viele Fromme, besonders für solche, die in ihren Gemeinden Missbrauch oder Heuchelei erlebt hatten oder sich an der Bibel oder der in ihr gelehrten Moral rieben, sowie für jene Typen, die von ihren Gemeinden als Unruhestifter oder lästige Fragesteller abgekanzelt wurden, boten die tendenziell säkularen Ideen eine attraktive Alternative. Andererseits verschaffte das Internet Leuten wie mir Zugang zu fundierter christlicher Theologie, die meinen Glauben sogar stützt und stärkt.

Die Bewegung des progressiven Christentums knüpfte an ein berechtigtes Reformbedürfnis an. Doch bei der Suche nach Reformen stießen seine Anhänger auf ein verfälschtes Evangelium. Obwohl sie sich nie auf ein offizielles Glaubensbekenntnis geeinigt haben, sind sich progressive Christen definitiv einig über eine Reihe (manchmal unausgesprochener) *Überzeugungen.* Ihre Überzeugungen ranken sich – wie auch die historischer Christen – um Fragen wie: «Warum ist Jesus gestorben?», «Was ist die Bibel?» und «Was ist die frohe Botschaft?» Progressive Christen mögen sich über Begriffe wie «Gewissheit» und über die Erwartung von konkreten Antworten ereifern, sie sind aber, wie wir im nächsten Kapitel sehen werden, durchaus dogmatisch, was *ihre* Antworten auf diese Fragen betrifft.

5
Eine andere Art Christentum

Progressives Christentum heißt, dass wir uns nicht für das entschuldigen, was wir geworden sind, während wir dieses Leben leben und uns offen mit dem Glauben auseinandersetzen, mit dem wir aufgewachsen sind. Es gibt keine heiligen Kühe, nur die hartnäckige, heilige Suche nach Wahrheit. Traditionen, Dogmen und Lehren sind allesamt Freiwild, denn sie alle gehen durch die Hände der fehlbaren Menschheit und sind insofern alle gleichermaßen anfällig für die Vorurteile, Ängste und Befangenheiten derer, die sie berührten.

John Pavlovitz

Die *Emergente Bewegung* gewann seit den frühen 2000ern Einfluss in der evangelikalen Welt. 1999 wurde das *Emergent Village* gegründet, angeführt von Vorstandsmitgliedern wie Brian McLaren, Tony Jones, Diana Butler Bass, Doug Pagitt und anderer Denker außerhalb der gewohnten Bahnen, die später als progressiv galten. Heute ist die Emergent-Village-Website ein Wohn- und Lifestyle-Magazin mit Artikeln zur Gartengestaltung, Badezimmerentrümpelung und optimalen Schlafzimmerbeleuchtung. Anfang der 2000er jedoch war es der Knotenpunkt der «emergenten» Christen.

Entstanden aus der Überzeugung, die Kirche sei viel zu stark von Neuzeit und Moderne (also der Vorstellung, Wahrheit sei durch gesunden Menschenverstand, Logik, menschliche Vernunft und Empirie ermittelbar) beeinflusst, bemühte sich die

Emergent-Bewegung, das Christentum der in der Kultur vorherrschenden postmodernen Gemütslage anzupassen. Die Postmoderne, kurz gefasst, lehnt den Gedanken ab, dass es möglich sei, absolute Wahrheit zu erkennen. Das emergente Christentum mit seinem Augenmerk auf sozialen Aktivismus und die Hinwendung zu Menschen, die durch die hierarchischen Strukturen der modernen Kirche ausgegrenzt, unterdrückt und vergessen sind, war der Neuzugang in der Nachbarschaft, über den alle mehr wissen wollten.

Ich war als jemand, die mit dem Dienst unter Obdachlosen und dem Engagement für soziale Gerechtigkeit, wie man es heute nennen würde, aufgewachsen ist, begeistert über das neu erwachte Bewusstsein für diese Themen in den 2000ern. Überall schienen Christen neugierig zu sein auf diese neuen «missionalen» Gemeinschaften, die manche althergebrachten Formen der Gemeindearbeit und des christlichen Lebensvollzugs auf den Prüfstand stellten. Alles – von der Seichtigkeit kitschiger Gottesdienste bis hin zu Problemen wie Gesetzlichkeit und Heuchelei, um die es im letzten Kapitel ging – wurde aus einem neuen Blickwinkel betrachtet.

Die emergente Kirche vermischte Elemente aus verschiedensten konfessionellen Traditionen (erinnern Sie sich noch an McLarens sieben Jesusse?), öffnete sich für alte Mystik und legte mehr Wert auf Spiritualität als auf Religion. «Interreligiöse Dialoge» wurden zu einer regelmäßigen Übung, bei der man sich traf, um Geschichten auszutauschen und von anderen Glaubenssystemen zu lernen. Zuweilen verschwammen die Grenzen, was christliche Apologeten und Theologen auf den Plan rief, die sich besorgt zeigten über die allgemeine Uneindeutigkeit in den Überzeugungen der Anhänger der Bewegung.

Im Jahr 2006 veröffentlichte Emergent-Village-Gründer

Tony Jones einen Beitrag des Theologen LeRon Shults, in dem dieser erklärt, warum ihre Bewegung kein offizielles Glaubensstatement hat:

> *Emergenz zielt darauf, ein Gespräch zwischen Personen zu ermöglichen, die sich in Treue der Berufung verpflichten, an der Versöhnungsmission des biblischen Gottes teilzuhaben. … Ein «Glaubensstatement» bringt oft das Gespräch zum Erliegen. … Zu häufig schaffen sie eine Umgebung, in der aus Angst, jede kritische Reflexion einer oder mehrerer unantastbarer Aussagen würde zum Ausschluss aus der Gemeinschaft führen, ein echtes Gespräch vermieden wird.*[42]

Durch die Geschichte hindurch haben Christen gute Werke und gerechte Taten als *Frucht* ihrer Gesinnung betrachtet. Der Glaube an die rechten Dinge über Gott zeitigt die rechten Handlungsweisen. Die emergente Kirche jedoch stellte das auf den Kopf. Dinge wie Gemeinschaft, Freundschaft, Gerechtigkeit und Einheit wurden zu dem Fundament, auf dem man seinen Glauben aufbaute. Mit anderen Worten, *was man tut* wurde wichtiger als *was man glaubt.* (Auch wenn man diese Aussage *glauben* muss, um sie zu bejahen.)

Nehmen Sie das obige Zitat. Das logische Problem bei diesem Gedanken ist, dass LeRon Shults' Worte selbst Aussagen sind – oder genauer gesagt Lehren, die man glauben muss, um ihrem Paradigma gemäß anerkannt zu sein. Was, wenn ich anderer Meinung darüber bin, was eine Person ausmacht, die sich verpflichtet, «an der Versöhnungsmission des biblischen Gottes teilzuhaben»? Wie bereits beobachtet, haben viele progressive Christen eine entschieden andere Auffassung als historische Christen von dem Versöhnungswerk Jesu am Kreuz. Was also, wenn ich dem Zitat so nicht zustimme? Werde ich dann aus der Gemeinschaft ausgeschlossen? Ich kann Ihnen aus Erfahrung sagen, dass genau das passieren wird. Glaubensstatements sind unvermeidlich. Solche «Nicht-Statements» sind am Ende genauso dogmatisch wie jede von den Progressiven, vielleicht unwillentlich, kritisierte Glaubensaussage.

Im Zuge der prüfenden Kritik an den Methoden der Kirche begannen einige einflussreiche emergente Denker, auch Inhalte und Lehren des historischen christlichen Glaubens einer Überprüfung zu unterziehen. Bald hinterfragten sie nicht mehr nur Methoden, Traditionen, die Praxis und philosophische Ansätze, sondern meldeten auch Zweifel an wesentlichen christlichen Lehren an.

Da die Vokabel *emergent* mittlerweile erheblich seltener gebraucht wird, meinen viele Christen, die Bewegung habe sich totgelaufen – sie sei nur kurz auf dem Radarschirm der christlichen Geschichte aufgeblitzt. Doch Brian McLaren argumentiert, man habe sie lediglich in den Untergrund gezwungen. 2012 schrieb er:

> *Ich glaube, die Bewegung ist stärker als je zuvor.*
>
> *In evangelikalen und charismatischen Kreisen haben viele evangelikale/charismatische Torwächter die emergente Konversation erfolgreich in den Untergrund getrieben. …*
>
> *Meine Wahrnehmung ist, dass immer mehr von uns, die wir tief im emergenten Christentum engagiert sind, einfach von Gott, Jesus, der Bibel, Mission, Glauben, Spiritualität und Leben reden … und dies aus einer neuen, frischen Perspektive, ohne dauernd das «E»-Wort zu gebrauchen. Manchmal tut es auch das Wort «missional», manchmal ist es «progressiv», manchmal ist es «eine neue Art von» – das läuft unter vielen Etiketten.*[43]

Wer die Geschichte und Entwicklung der emergenten Bewegung genau im Blick hat, sieht, dass sie keineswegs ausgedient hat. Sie ist auch nicht mehr im Untergrund. Sie ist keine Grassroots-Bewegung am Rande der christlichen Kultur mehr. Sie ist aus dem Abseits hervorgetreten, stärker als je zuvor, aber unter neuem Namen: progressives Christentum. Ihre Grundsätze mögen denen des liberalen theologischen Mainstreams ähneln, das sich Anfang des zwanzigsten Jahrhunderts in der Kirche etablierte. Doch das progressive Christentum ist eine Bewegung, die sich nicht damit begnügt, an den Rändern zu sitzen. Es zielt direkt darauf, die evangelikale Kirche von innen zu infiltrieren. Diese Bewegung gibt einer alten Theologie ein unverbrauchtes Gesicht und einen neuen Namen, und sie ist wild entschlossen, die Kirche ihrem postmodernen Dogma gemäß zu reformieren.

Was glauben progressive Christen?

Als das progressive Christentum Ende der 2000er-Jahre erstmals im Mainstream der evangelikalen Welt auftauchte, habe ich praktisch nichts davon bemerkt. Ich hatte zu Hause ein neugeborenes Baby, ZOEgirl machte keine Aufnahmen mehr und ging nicht mehr auf Tour, und alle intellektuelle Energie, die ich aufbringen konnte, erschöpfte sich darin, herauszufinden, was man einem Baby füttern sollte (oder was nicht). In den Chaträumen und Foren im Internet, in denen ich mich meist aufhielt, tauschten sich haufenweise Mütter darüber aus, wie man Neugeborene am besten wickelt und welche Schnuller sie womöglich mit BPA vergiften konnten. Davon, dass zur gleichen Zeit das Internet von Blogs, Chaträumen und Foren aufgemischt wurde, in denen Leute ihr ganzes Leben als Christ, ihre Glaubensüberzeugungen auf den Prüfstand legten und ihrer Desillusionierung und Enttäuschung über das Christentum, wie sie es kannten, freien Lauf ließen, bekam ich nichts mit. Ich kam verspätet zu dieser Party, holte das Versäumte aber im Kurs bei dem progressiven Pastor im Schnelltempo auf.

Anfangs war progressives Christentum ein Mischmasch unterschiedlicher Überzeugungen. Die prägenden Stimmen der Bewegung befanden sich in unterschiedlichen Phasen ihrer Dekonstruktion und Rekonstruktion. Manche glaubten noch an die körperliche Auferstehung Christi, stellten seinen Sühnetod aber infrage. Andere hatten immer noch eine orthodoxe Sicht auf den Sühnetod, dachten aber inzwischen anders über Fragen wie Homosexualität und Abtreibung. Wieder andere lehnten bestimmte Kernlehren noch radikaler ab und hofften, das Christentum für die postmoderne Welt komplett umgestalten zu können. Was sie aber einte, war ihre Bereitwilligkeit, alles infrage zu stellen, woran historische Christen zweitausend Jahre lang geglaubt und worauf sie ihre Hoffnungen gegründet hatten.

Das progressive Christentum hat sich seit Anfang der 2000er-Jahre weiterentwickelt. Es gibt einige konkrete Grundüberzeugungen, auf die ich in den Büchern, Blogs und Podcasts ihrer führenden Köpfe gestoßen bin. Heute herrscht weitgehend Konsens unter ihnen im Blick auf drei Themen: die Bibel, das Kreuz und das Evangelium.

Alle progressiven Ansichten, von der Sexualität über die Politik bis zur Praxis des christlichen Lebens, bauen auf dieser Grundlage auf. Wie ich gelernt habe, ist progressives Christentum nicht einfach nur eine Änderung der christlichen Wahrnehmung von sozialen Fragen. Es erschöpft sich auch nicht im nachsichtigen Umgang mit krummen Linien und Authentizität im christlichen Leben. Es ist nicht einfach nur eine Erwiderung auf Zweifel, Gesetzlichkeit, Missbrauch oder Heuchelei. Es ist eine ganz und gar andere Religion – mit einem anderen Jesus – und einem anderen Evangelium.

Wie die Autorin Anne Kennedy formuliert:

> *Wir sitzen nicht an entgegengesetzten Enden eines langen Tisches. Wir essen nicht von dem einen Brot und trinken nicht aus dem einen Kelch. Wir reden von zwei verschiedenen Glauben, zwei verschiedenen Arten von Liebe, zwei verschiedenen Herrn.*[44]

In dem Kurs mit dem progressiven Pastor wurde es mir immer unbehaglicher, je entschlossener er sich anschickte, unser Vertrauen auf alle drei wesentlichen Marker des historischen Christentums zu untergraben. Die praktische Anwendung dieser progressiven christlichen Grundsätze führt in mancherlei Gefahren.

Die Bibel

«Glaubt denn hier *immer noch* jemand, dass es Adam und Eva buchstäblich gegeben hat?», fragte der progressive Pastor die Kursteilnehmer in einem Tonfall, der sich für mich nach blasierter Selbstsicherheit anhörte. Bei mir kam das so an, als würde doch *sicherlich* keiner von den «besonderen» und aufgeklärten Leuten, die er zu seiner Dekonstruktionsparty eingeladen hatte, noch an solche Märchen glauben. Niemand hob die Hand – auch ich nicht. Es fühlte sich an wie ein Tritt in den Bauch, und ich krümmte meinen Oberkörper vor und starrte mit leerem Blick auf die Oberfläche des Plastikklapptisches vor mir. Scham. Das war das Gefühl, das mich in diesem Moment einhüllte.

Ich weiß, dass es von Belang ist, dass Adam und Eva existiert haben, aber ich kann nicht erklären, warum.

Wieso wusste ich bisher nicht einmal, dass das eine Frage ist?

Gibt es wirklich Christen, die nicht glauben, dass Adam und Eva echte Menschen waren?

Mein innerer Monolog jammerte vor sich hin, während der Pastor seine Zustimmung zur Darwin'schen Evolution und seine Skepsis gegenüber der biblischen Schilderung schilderte. In den Wochen danach stellte er auch die Existenz von Mose und Abraham, Jona und David infrage. Er äußerte Zweifel an der Verfasserschaft der Evangelien und der Glaubwürdigkeit der Jungfrauengeburt. Er las uns D. L. Moodys Auflösung eines angeblichen «Widerspruchs in der Bibel» vor und stellte sie lachend infrage, während die anderen Kursteilnehmer mit ihm kicherten, als hätten sie noch nie so etwas Albernes gehört. Er lobte diejenigen, die nicht wussten, was sie noch glaubten, und schaute mit fassungslosem Staunen auf solche, die so etwas wie Gewissheit äußerten (also auf mich).

Wenn sich die Diskussionen im Kurs auch um verschiedene Glaubensthemen drehten, stand die Bibel fast immer im Mittelpunkt des Gesprächs. Mir wurde klar, dass man zum Dekonstruieren seines Glaubens – um den Lauffaden tief eingewobener Überzeugungen zu fassen zu kriegen – erst einmal einen Umgang mit der Bibel finden musste.

Während meine Kurskameraden sich eifrig an ihre Dekonstruktion machten, würzten Artikel von emergenten, progressiven christlichen Bloggern meinen Newsfeed. Ich erinnere mich an einen Artikel, dessen Verfasserin gerade eine ziemlich ausführliche Zusammenfassung der Kirchengeschichte gelesen hatte. Begeistert wies sie darauf hin, dass Christen vom ersten Jahrhundert bis heute vehement darüber gestritten hätten, wie die Bibel auszulegen sei. Daraus folgerte sie, den einen «richtigen Weg», die Bibel zu lesen, gebe es gar nicht, und niemand sollte behaupten, er habe die korrekte Auslegung zu irgendeinem Thema.

Solche Blogposts und die Kommentare meiner Mit-Kursteilnehmer trieben mich dazu, mich während der folgenden Monate und Jahre gründlicher mit der Geschichte des Christentums zu beschäftigen. Ich las Zusammenfassungen der Kirchengeschichte und Bücher über Apologetik und Theologie. Irgendwann kam ich an einen Punkt, wo ich nicht mehr nur auf die Analysen anderer Leute vertrauen wollte. Ich wollte die Kirchenväter selbst lesen.

Ich begann mit Irenäus, einem Theologen und Apologeten, der im zweiten Jahrhundert lebte. Ihm war ich zum ersten Mal 2014 im Zusammenhang mit dem Film *Noah* begegnet. Nachdem ich konstatiert hatte, dass Noah für seine sechshundert Jahre noch erstaunlich gut aussah (alle Achtung, Russell Crowe), sah ich den Film in eine unbiblische und geradezu bizarre Mythologie abtrudeln, auf die ich mir keinen Reim machen konnte. Dann las ich den Artikel eines Theologen, der auf einige gnostische Motive in dem Film hinwies. Er schalt andere bekannte Christen dafür, dass sie diese Motive nicht zuordnen konnten, und meinte, niemand sollte einen theologischen Studienabschluss erhalten, der nicht «*Gegen die Häresien* von Irenäus von Lyon gelesen, verdaut und verstanden» habe.[45] Ich strebte zwar keinen Abschluss am theologischen Seminar an, aber ich befolgte seinen Rat und begann mit diesem Buch meine Lektüre der Kirchenväter.

In ihre Schriften vertieft entdeckte ich zu meiner Freude sehr Vertrautes, so uralt es auch war: eine tiefe Liebe zur Heiligen Schrift und eine beinahe empörte Verteidigung des Evangeliums. Ja, es gab zu jeder Zeit Lehrstreitigkeiten, Debatten über Auslegungen und Auseinandersetzungen über die Anwendung und Praxis. Eines aber lässt sich durch die Geschichte bis zur Entstehung des Christentums zurückverfolgen, nämlich, dass die Bibel – jedes Wort darin – für Christen das Wort Gottes ist. Ab und zu gerieten die Dinge aus der Spur, aber von Anfang an waren Christen sich einig, dass die Bibel zusammenhängend, schlüssig, von Gott inspiriert und maßgeblich für unser Leben ist. Einer der größten Kritikpunkte Martin Luthers an der katholischen Kirche war ihre progressive Abkehr von dem Glauben, die Bibel allein sei maßgeblich für die Praxis des christlichen Lebens. (Daher die Reformation.) Darin entsprach Luthers Sicht jener der ersten Christen.

Clemens, ein Christ des ersten Jahrhunderts, wurde Leiter der Gemeinde in Rom. Tertullian, einer unserer Kirchenväter, schrieb, Clemens habe die Apostel noch persönlich gekannt.[46] Clemens vertrat die Ansicht, Christen sollten der Schrift gehorchen, weil sie die Worte Gottes enthalte: «Daher wollen wir … erfüllen, was geschrieben steht (es sagt nämlich der Heilige Geist: ‹Nicht rühme sich der Weise in seiner Weisheit›). … Die heiligen Schriften, die wahren, die vom Heiligen Geist eingegebenen, habt ihr genau durchforscht.»[47]

Justin der Märtyrer, der zu Beginn des zweiten Jahrhunderts lebte, wird oft als einer der ersten christlichen Apologeten bezeichnet, und auch er hielt die Bibel für göttlich inspiriert: «Wenn ihr jedoch die Worte der Propheten einer Person in den Mund gelegt findet, so dürft ihr sie nicht als von den Inspirierten selbst gesprochen ansehen, sondern von dem sie bewegenden göttlichen Logos.»[48]

Irenäus selbst schrieb einige wichtige Werke, in denen er häretische Thesen entkräftete, die am Ende des zweiten Jahrhunderts in die christliche Gemeinde einsickerten. Er wurde von einem Christen namens Polykarp unterwiesen, der noch persönlich von den Aposteln ausgebildet worden war.[49] Irenäus' Hauptargumente kamen aus der Bibel, die er offensichtlich liebte und für das vollkommene Wort Gottes hielt. Man beachte, wie sorgfältig er deutlich machte, dass seine eigenen Worte der Bibel nicht ebenbürtig waren und ihrer Autorität unterstanden.

> *Da müssen wir einfach hinter Gott zurücktreten, der uns gemacht hat, da wir ja sehr wohl wissen, dass die Schrift vollkommen ist, weil sie von Gottes Wort und seinem Geist gesprochen ist, dass aber wir der Kenntnis seiner Geheimnisse in dem Maße entbehren, wie wir kleiner sind und jünger als Gottes Wort und sein Geist.*[50]

Ich könnte in diesem Abschnitt Hunderte von Zitaten anführen, und ich kann Ihnen nur Mut machen, die Kirchenväter selbst zu lesen. Die meisten Schriften der Väter sind online frei verfügbar. Sehen Sie selbst, wie die ersten Christen über die Heilige Schrift dachten, und verfolgen Sie nach, wie sich das durch die Kirchengeschichte entwickelt hat.

Einer der Väter, die mich besonders ansprachen, war der afrikanische Theologe Augustinus von Hippo. Ich stolperte über sein Buch *Bekenntnisse* und fand auf dessen Seiten einen Bruder in Christus, der sich demütig, mit Leidenschaft und Intensität seinem Gott nahte. Mit seiner autobiografischen Intimität, der

Durchdachtheit einer philosophischen Dissertation und der Verletzlichkeit eines verzweifelten Kindes, das nach seinem Vater ruft, sprengen die *Bekenntnisse* alle Gattungsgrenzen. Beim Lesen spürte ich, dass Augustinus niedergeschrieben hatte, was mein eigenes Herz sagen würde, wenn es nur die Worte fände. Augustinus' feste Überzeugung von der Wahrheit der Schrift durchzieht sein gesamtes Werk:

> *Nachdem dieser Mittler, zuerst durch die Propheten, dann mit seinen eigenen Lippen und anschließend durch die Apostel, geredet hatte, was er für ausreichend erachtete, brachte er darüber hinaus die Schrift hervor, die kanonisch genannt wird und die höchste Autorität hat und der wir in allen Dingen zustimmen, in denen wir nicht unwissend sein sollten, die wir aber aus uns selbst nicht erkennen können. Denn mir scheint, dass es überaus verheerende Folgen hätte, glaubten wir, in den heiligen Büchern sei irgendetwas Falsches zu finden.*[51]

Vergleichen wir das mit diesen Worten der progressiven lutherischen Pastorin Nadia Bolz-Weber:

> *Einen Sch*** sagt die Bibel klar! Die Bibel ist eine Bibliothek. Stell dir vor, du hast bei dir zu Hause eine riesige Bibliothek und fragst: «Welche klare Botschaft sagt meine Bibliothek über ‹Gender› aus?» Die Gedichte werden das eine sagen, die Geschichtsbücher etwas anderes, die Prosa sagt etwas, die Science-Fiction sagt etwas anderes.*[52]

Der Unterschied im Tonfall, in der Ehrerbietung und im allgemeinen Umgang mit der Heiligen Schrift ist unschwer auszumachen. Wie wir in Kapitel 9 sehen werden, ist die Bibel aus progressiver Sicht vor allem ein menschliches Buch. Die meisten Progressiven sehen in der Bibel ein archaisches Reisejournal, das dokumentiert, was Juden und Christen in der Antike über Gott dachten. Nicht alles hat Autorität. Nicht alles ist inspiriert. Nichts davon ist irrtumslos. Manchmal, wenn man sehr genau hinschaut, findet man vielleicht das Wort Gottes *in ihr*. Aber es liegt an Ihnen, zu entscheiden, welche Teile Ihnen etwas bringen und welche nicht. Das ist eine radikale Abkehr von der historischen christlichen Sicht der Bibel. Wie wir ebenfalls in Kapitel 9 sehen werden, wird damit auch Jesu Auffassung von der Bibel rundheraus verworfen.

Durch die gesamte Kirchengeschichte hindurch wurden Christen immer wieder mit derart skeptischen Stellungnahmen gegen die Bibel konfrontiert. Ich gebe hier wieder, was Augustinus von Hippo an einen Mann namens Faustus schrieb, der sich, ähnlich wie die heutigen progressiven Christen, gegen die Wahrheitstreue und Autorität der vier Evangelien wandte. Nachdem er jede von dessen Behauptungen gründlich entkräftet hatte, schloss Augustinus mit der Spitze: «Ihr solltet klar sagen, dass Ihr nicht an das Evangelium von Christus glaubt. Denn zu glauben oder nicht zu glauben, was Euch gefällt, heißt, Euch selbst zu glauben und nicht dem Evangelium.»[53]

Das Kreuz

«Ich kann nicht an einen Gott glauben, der noch nicht einmal so vergebungsbereit und mitfühlend ist wie ich. Ich kann nicht an einen Gott glauben, der noch nicht einmal so moralisch ist wie ich. Ich kann nicht an einen Gott glauben, der seinen eigenen Sohn zu Tode quälen könnte, um irgendeinen Preis zu bezahlen. Ich könnte so etwas meinem Kind niemals antun, und ich kann einfach nicht an einen Gott glauben, der dazu imstande wäre.»

Ich war verdattert über diese Worte aus dem Mund eines Kursteilnehmers während einer besonders lebhaften Sitzung, in der es um das Wesen der Sünde, das Kreuz, um Himmel und Hölle ging. Als ich ihn fragte, was für einen Reim er sich dann auf das mache, was Paulus in seinen Briefen über den Sühnetod schreibt, ließ er durchblicken, seiner Meinung nach habe Paulus nicht so recht gewusst, wovon er redete.

«Aber Paulus hat seine theologische Ausbildung im Himmel bekommen», entgegnete ich. «Er wurde in den dritten Himmel entrückt und empfing dort Offenbarungen.»

«Ja ... das sagt er!», gab mein Kurskamerad zurück.

Mehrere der Kursteilnehmer waren dabei, ihre Auffassung vom Kreuz zu überdenken. Sie stellten das ganze Konzept «Jesus ist für meine Sünden gestorben» infrage, weil sie fanden, es werfe ein schlechtes Licht auf den Charakter Gottes. Wenn der Vater ein Blutopfer verlangte, um Sünden zu sühnen, was unterschied ihn dann noch von einer launenhaften heidnischen Gottheit? Wenn er wollte, dass dieses Opfer von seinem einzigen Sohn erbracht wurde, war er etwas noch Schlimmeres: ein kosmischer Kindesmisshandler.

Christen haben durch die Geschichte hindurch stets geglaubt, dass Jesus für unsere Sünden ... an unserer statt ... stellvertretend für uns gestorben ist. Wie wir in Kapitel 11 sehen werden, war dies eine Entscheidung, die Jesus als Gott in menschlicher Gestalt traf, um die Menschheit mit sich zu versöhnen.

Erneut wandte ich mich den frühen Kirchenvätern zu, um herauszufinden, wie die frühen Christen über das Kreuz dachten. Im späten ersten Jahrhundert schrieb Clemens: «In Liebe hat der Herr uns angenommen; wegen der Liebe, die er zu uns trug, hat unser Herr Jesus Christus sein Blut hingegeben für uns nach Gottes Willen, sein Fleisch für unser Fleisch, seine Seele für unsere Seelen.»[54]

Der Barnabasbrief ist ein frühchristliches Dokument, das höchstwahrscheinlich um das Ende des ersten oder zu Beginn des zweiten Jahrhunderts verfasst wurde. Die Forschung ist sich nicht sicher, wer ihn geschrieben hat, aber er spiegelt das christliche Denken zur damaligen Zeit wider, und manche Kirchenväter schrieben ihn Barnabas, dem Mitarbeiter des Paulus, zu. Sein Verfasser war offensichtlich überzeugt davon, dass die Vergebung der Sünden durch das Blut Jesu bewirkt wurde: «Denn dazu hat es der Herr auf sich genommen, hinzugeben sein Fleisch zum Verderben, damit wir durch die Nachlassung der Sünden geheiligt werden in der Aussprengung seines Blutes.»[55]

Eine weitere anonyme Schrift ist uns aus dem frühen zweiten Jahrhundert erhalten:

> *Er selbst nahm aus Erbarmen unsere Verfehlungen auf sich, und er selbst gab den eigenen Sohn hin als Lösegeld für uns, den Heiligen für die Ungerechten, den Unschuldigen für die Bösen, den Rechtschaffenen für die Schlechten, den Unvergänglichen für die Vergänglichen, den Ewigen für die Menschen.*[56]

Athanasius, einer der größten Theologen und Verteidiger des Glaubens, schrieb vermutlich im frühen vierten Jahrhundert die folgenden Worte:

> *Und so nahm er einen Leib an, dem unsrigen gleich, überantwortete ihn, da alle unter der Macht des Todes standen, anstatt aller dem Tode und brachte ihn dem Vater dar. … Er ist das Leben aller, der wie ein Schaf zum Heile aller seinen Leib als Entgelt dem Tode überantwortete.*[57]

Aber noch einmal, glauben Sie es nicht nur, weil ich es sage. Der Gedanke, dass Jesus starb, um den Preis für unsere Sünden zu bezahlen, ist überall in der Bibel und in den Schriften der Kirchenväter zu finden. Recherchieren Sie selbst. Zum Beispiel schrieb Augustinus von Hippo:

> *Doch wie Christus als Mensch und für den Menschen den Tod erduldete, so unterwarf er sich als Sohn Gottes, der er war, ewig lebendig in seiner eigenen Gerechtigkeit und dennoch für unsere Übertretungen sterbend, den Fluch zu tragen, der den Tod begleitet. Und wie er im Fleisch starb, was er auf sich nahm, indem er unsere Strafe trug, so wurde er auch, wenn auch ewig gesegnet in seiner eigenen Gerechtigkeit, für unsere Übertretungen verflucht in dem Tode, den er erlitt, um unsere Strafe zu tragen.*[58]

Stellen Sie nun Augustinus' Worte folgenden Aussagen des progressiven Michael Gungor gegenüber:

> *Ich würde gern mehr Künstler für Gott singen hören und weniger, die bei diesem Unterfangen von einem Vater reden, der einen Sohn ermordet.*[59]
>
> *Ich denke einfach, ein Blutopfer ist eine sehr begrenzte und nicht gerade zeitgemäße Metapher dafür, was das Kreuz in unserer Kultur bedeuten kann.*[60]
>
> *… dass Gott mit Blut besänftigt werden musste, ist nicht schön. Es ist grauenhaft.*[61]

Die progressive Sicht des Kreuzes ist, dass Jesus von einer wütenden Menschenmenge getötet wurde, weil er den Mächtigen die Wahrheit ins Gesicht sagte. Gott brauchte sein Opfer nicht, aber ließ es irgendwie geschehen, um ein Beispiel der Vergebung darzulegen, dem wir alle folgen könnten. Nicht Gott verlangte nach Blut – das taten die Menschen. So schreibt der progressive Autor Brian Zahnd: «Nicht Gott hat Jesus getötet; das haben die menschliche Kultur und Zivilisation getan. Nicht Gott hat den Tod Jesu verlangt; das waren wir.»[62]

Ebenso wie den skeptischen Attacken gegen die Bibel sind Christen auch diesen Behauptungen durch ihre ganze Geschichte hindurch immer wieder entgegengetreten. In seiner Streitschrift gegen Faustus schrieb Augustinus:

> *Wer an die wahre Lehre des Evangeliums glaubt, versteht, dass Christus von Mose nicht getadelt wird, wenn dieser ihn verflucht nennt, nicht in seiner göttlichen Majestät, sondern als der, der stellvertretend für uns am Holz hängt und unsere Strafe trägt. … Wenn ihr also leugnet, dass Christus verflucht war, müsst ihr auch leugnen, dass er starb; und dann müsst ihr euch nicht mit Mose, sondern mit den Aposteln auseinandersetzen.*[63]

Das Evangelium

«Wer von euch glaubt, wir seien von Geburt an gut, und wer von euch glaubt, wir würden als Sünder geboren?», fragte der progressive Pastor eines Tages im Kurs.

Kurz zuvor hatte er uns den Text eines bekannten christlichen Liedes vorgelesen, in dem der Sänger Gott seine Dankbarkeit ausdrückte dafür, dass er eine so sündige Person gerettet hatte. Der Pastor sagte: «Ich wünschte, ich könnte diesem Sänger sagen, dass er sich nicht so sehen sollte. Er ist so viel kostbarer.» Ich konnte nur annehmen, dass er sich die Frage im Stillen schon selbst beantwortet hatte und nur wissen wollte, wer ihm zustimmte.

Ich hatte inzwischen gelernt, dass es, wenn er eine Frage

stellte, im Grunde nur zwei akzeptable Antworten gab. Wenn man «Ich weiß es nicht» sagte oder jeweils die Ansicht vertrat, die der unter Christen allgemein akzeptierten Meinung widersprach, galt man als aufgeschlossen und intelligent. Bejahte oder verteidigte man hingegen die historische Sichtweise, wurde man als in Angst gefangen abgetan oder als Person abgefertigt, die nicht bereit war, sich intellektuell mit schwierigen Glaubensfragen auseinanderzusetzen.

«Ich glaube, wir sind alle als Sünder geboren», meldete ich mich zu Wort, nachdem einige andere geäußert hatten, sie seien sich bei dieser Frage nicht sicher.

«Warum?», fragte der Pastor. Aber ich wusste nicht genau, warum. Ich wusste, dass es irgendwo in der Bibel stand, aber die konkreten Verse fielen mir im Moment nicht ein. Es war ja nicht so, als ob wir alle unsere Bibeln aufgeschlagen vor uns liegen gehabt und darin nach Antworten gesucht hätten. Manche Kursteilnehmer hatten geäußert, sie könnten mit gewissen Bibelversen «nichts anfangen», sodass nur ein paar Bibeln auf den Tischen lagen wie irgendwelche Kuriositäten aus einem Ramschladen.

Ich hatte keine Antwort auf die Frage des Pastors nach dem Warum, aber ich wusste intuitiv, dass er falsch lag. Was ich zu dem Zeitpunkt noch nicht artikulieren konnte, war, dass er die Lehre von der Erbsünde infrage stellte. Christen haben seit jeher geglaubt, dass infolge der Sünde im Garten Eden Adam und Eva allen ihren Nachkommen eine sündige Natur weitergegeben haben.[64] Vereinfacht gesagt erklärt die Erbsünde, was mit der Welt nicht stimmt, und sie ist ein integraler Bestandteil des Evangeliums, denn wenn nichts kaputt wäre, müsste auch nichts repariert werden. Das Evangelium heißt «Gute Nachricht», *weil* es das Heilmittel gegen die Krankheit der Sünde ist.

Die Bibel lehrt, dass Gott heilig ist, was definitionsgemäß bedeutet, dass er keinerlei Gemeinschaft mit Sünde haben kann. Der Theologe Wayne Grudem schreibt: «Gottes Heiligkeit bedeutet, dass er von Sünde getrennt und entschlossen ist, seine eigene Ehre zu wahren.»[65] Das bringt die Menschheit in eine verzwickte Lage. Wenn wir alle Sünder sind und Gott mit Sünde nichts zu schaffen haben kann, bedeutet das, dass er mit uns nichts zu schaffen haben kann. «Der Lohn, den die Sünde auszahlt, ist der Tod», sagt uns Paulus in Römer 6,23. Also sind wir dringend darauf angewiesen, erlöst zu werden.

Das christliche Evangelium lässt sich am besten in vier Schritten erklären: Schöpfung, Sündenfall, Erlösung und Wiederherstellung. Das Evangelium ist Gottes Plan, um die Menschheit zu retten – sie zu erlösen und wiederherzustellen.

Jahre später, nachdem ich als Gasthörerin an einem Theologiekurs teilgenommen hatte, konnte ich besser erklären, warum die Lehre von der Erbsünde wahr ist und welche Bedeutung sie hat. Und als ich mich in die Kirchengeschichte vertiefte, lernte ich, dass die frühe Kirche noch vor der Abfassung des Neuen Testaments einig war in ihren Überzeugungen hinsichtlich des Evangeliums und diesen Glauben in Bekenntnisformeln und in der sogenannten *Regula Fidei* oder Glaubensregel ausdrückte.

Michael Kruger schreibt: «Die Glaubensregel … ist im Grunde eine griffige Zusammenfassung dessen, was ‹orthodoxe› Christen im zweiten Jahrhundert (und später) als die ursprüngliche apostolische Lehre betrachteten.»[66]

Wichtig ist zu beachten, dass die frühen Christen sich diese Dinge nicht einfach ausdachten. Sie fassten lediglich die Lehre der Apostel zusammen, um diese Lehre zu bewahren und an andere Christen weiterzugeben. Frühe Apologeten wie Irenäus nutzten die Regel als Messlatte, um Häresien zu identifizieren und zu benennen.[67]

Die antiken Autoren fanden unterschiedliche Formulierungen für die Glaubensregel, aber sie alle sagten im Wesentlichen das Gleiche aus. Es gab Debatten und Meinungsverschiedenheiten um nicht essenzielle und randständige Fragen, aber in den Glaubenssätzen, die als unverhandelbar galten, waren diese frühen Christen sich einig. Mit anderen Worten, sie waren sich einig über das Evangelium.

Tertullian war ein produktiver und einflussreicher afrikanischer christlicher Autor im späten zweiten und frühen dritten Jahrhundert. Er schrieb:

> *Es gibt aber eine Regel des Glaubens, um schon hier mit dem, was wir verteidigen, hervorzutreten, jene nämlich, wonach geglaubt wird, es gebe schlechthin nur einen einzigen Gott und keinen andern neben dem Weltschöpfer, der alles aus nichts hervorgebracht hat durch sein zuerst vor allem hervorgegangenes Wort. Dieses Wort sei sein Sohn genannt worden, unter dem Namen Gott verschiedentlich von den Patriarchen geschaut, in den Propheten beständig vernommen, zuletzt aus dem Geiste und durch die Kraft Gottes des Vaters in die Jungfrau Maria herabgestiegen, in ihrem Mutterschoße Fleisch geworden und als Jesus Christus von ihr geboren worden.*
>
> *Darnach habe er das neue Gesetz und die neue Verheißung des Himmelreiches gepredigt und Wunder getan; ans Kreuz geschlagen, sei er am dritten Tage wieder auferstanden; in den Himmel entrückt, sitze er zur Rechten des Vaters, habe als die seine Stelle vertretende Kraft den Hl. Geist, welcher die Gläubigen bewegen soll, gesendet und werde wiederkommen mit Herrlichkeit, um die Heiligen in den Genuß des ewigen Lebens und der himmlischen*

Verheißungen aufzunehmen und die Unheiligen zum ewigen Feuer zu verurteilen, nachdem die mit Wiederherstellung des Fleisches verbundene Auferweckung beider geschehen ist.

Diese, wie wir beweisen werden, von Christus gelehrte Regel wird bei uns keinerlei Untersuchungen unterworfen, außer solchen, die durch die Häresien angeregt werden und wodurch man zum Häretiker wird.[68]

Ähnliche Versionen dieser Glaubensregel finden sich in vielen verschiedenen frühchristlichen Quellen, wie etwa bei Dionysius von Korinth, Justin dem Märtyrer, Aristides, Ignatius, Clemens von Rom, Hippolytus, Irenäus, Clemens von Alexandrien, Tertullian und Origenes. Sie war verbreitet in Nordafrika, Gallien, Rom, Syrien, Griechenland und Kleinasien.[69]

Nach der Lektüre und dem Studium all dieser verschiedenen Versionen der Glaubensregel fasst Michael Kruger die Essenz frühen christlichen Glaubens so zusammen:

1. Es gibt einen Gott, den Schöpfer des Himmels und der Erde.
2. Dieser Gott hat durch die Propheten des Alten Testaments von dem kommenden Messias gesprochen.
3. Jesus ist der Sohn Gottes, geboren aus dem Samen Davids durch die Jungfrau Maria.
4. Jesus ist der Schöpfer aller Dinge, der als Gott im Fleisch in die Welt kam.
5. Jesus ist gekommen, um allen, die an ihn glauben, Heil und Erlösung zu bringen.
6. Jesus litt leiblich und wurde unter Pontius Pilatus gekreuzigt, wurde leiblich von den Toten auferweckt und an die rechte Seite Gottes, des Vaters, erhöht.
7. Jesus wird wiederkommen, um die Welt zu richten.[70]

Des Weiteren weist Kruger darauf hin, dass die Glaubensregel den Fokus nicht auf eine bestimmte Lehre richtete. Sie diente als Bogenschlag, der die Erzählung von Gottes großen Taten in der Geschichte umspannt. Das ist das Evangelium der alten Kirche. Beachten Sie, wie es dem Erzählbogen von Schöpfung, Sündenfall, Erlösung und Wiederherstellung folgt.

Und nun vergleichen wir die Glaubensregel mit diesen Worten von Brian McLaren über die progressive Version des Evangeliums:

> *[Jesus] kam, um ein neues Reich auszurufen, eine neue Lebensweise, einen neuen Weg des Friedens, der allen Menschen jeder Religion gute Nachrichten brachte. Ein neues Reich ist viel größer als eine neue Religion, und tatsächlich bietet es Raum für viele religiöse Traditionen. Diese gute Nachricht handelte nicht einfach von einer neuen Lösung für die religiösen Probleme des ontologischen Sündenfalls und der Erbsünde (Probleme, man erinnere sich nochmals daran, die erst Jahrhunderte später und innerhalb eines völlig anderen Narrativs entstehen). Sie war nicht einfach nur eine Information darüber, wie individuelle Seelen nach dem Tod die Erde hinter sich lassen, der Hölle entrinnen und in den Himmel aufsteigen konnten. Nein, sie handelte davon, dass Gottes Wille auf Erden wie im Himmel für alle Menschen geschehen würde. Sie handelte von Gottes treuer Solidarität mit der ganzen Menschheit in unserem Leiden, unserer Unterdrückung und im Bösen. Sie handelte von Gottes Barmherzigkeit und seinem Ruf, uns mit Gott und miteinander versöhnen zu lassen – und zwar vor dem Tod, hier auf der Erde.*[71]

Diese beiden Evangelien könnten unterschiedlicher nicht sein. Die Glaubensregel der frühen Christen spricht von einem

Schöpfergott, der Mensch wurde und uns einlädt, ihm zu folgen, indem wir Gott und unseren Nächsten lieben. Einem Gott, der gekreuzigt, begraben und leiblich auferweckt wurde, um die Menschheit aus Sünde und Tod zu erretten. Einem Gott, der wiederkommen wird, um jede einzelne Person, die je gelebt hat, zu richten und über ihr ewiges Schicksal zu entscheiden.

Indem das progressive Christentum die Erbsünde und Gottes Plan, die Menschen zu erlösen und mit sich zu versöhnen, leugnet, gibt es uns eine impotente Gottheit, die sich lediglich in unserem Leiden und dem Bösen in «Solidarität» zu den Menschen stellen kann, uns aber nicht davon heilen kann. Das ist nicht das Evangelium von Jesus. Das ist nicht das Evangelium der Apostel oder des antiken Christentums. Es ist nicht das Evangelium, das sich durch die Jahrhunderte nachvollziehen lässt und bis heute Christen überall auf der Welt Leben und Hoffnung schenkt.

Aber eines kann ich wirklich nicht genug betonen: Neu ist das alles nicht. Schon Irenäus wandte sich in seinen Büchern gegen die damalige gnostische Irrlehre, die sich als Christentum tarnte und viele in der Kirche in die Irre führte. Ich habe gestaunt, als ich entdeckte, dass sich das, was Irenäus im Jahr 180 in *Gegen die Häresien* schrieb, ohne Weiteres auf die Lehr- und Glaubensherausforderungen anwenden lässt, denen wir in unserer heutigen Kultur begegnen. Die Häretiker seiner Zeit waren keine giftig um sich beißenden Atheisten, die wild entschlossen waren, den christlichen Glauben von außen zu zerstören. Es waren Leute, die sich zum Christentum bekannten und darauf aus waren, es von innen her zu verändern. Sie verdrehten die Schrift und missdeuteten die Tradition. Irenäus schrieb:

Durch Scheingründe, die sie geschickt zusammenstellen, verführen sie die Halbgebildeten und nehmen sie gefangen, indem sie des Herrn Worte fälschen und schlechte Deuter seiner guten Reden werden. So bringen sie viele auf Irrwege und unter dem Deckmantel der Wissenschaft, Gnosis genannt, als ob sie etwas Höheres und Größeres zu zeigen hätten als den, der Himmel und Erde gemacht hat und alles, was darin ist, lenken sie viele ab von dem Urheber der Ordnung und Schönheit des Weltalls. Wie Ratgeber leiten sie durch kunstvolle Worte die Harmlosen auf den Weg des Suchens ..., bis diese ... die Lüge von der Wahrheit nicht mehr zu unterscheiden vermögen.

Die Lüge zeigt sich nämlich nicht als solche und läßt sich nicht in ihrer Nacktheit erblicken; geschickt versteht sie es, sich in ein ehrbar Gewand zu kleiden, um nach außen für die urteilslose Menge wahrer zu erscheinen als die Wahrheit selber.[72]

Oder wie der Verfasser des Predigerbuches es ausdrückt:

Was früher geschehen ist, wird wieder geschehen; was man früher getan hat, wird man wieder tun: Es gibt nichts Neues unter der Sonne!

Prediger 1,9

Als ich an dem Kurs teilnahm, war jede skeptische Behauptung, jede zynische Frage und jede progressive Lehre, die der Pastor von sich gab, für mich etwas vollkommen Neues. In meiner Naivität dachte ich, *er* hätte sich das alles ausgedacht. Ich hatte keine Ahnung, dass das meiste von dem, was er sagte, seine Wurzeln im unorthodoxen Denken hatte und seit der Erfindung der Schreibfeder schon hundert Mal entkräftet worden war.

Wie Weizen und Unkraut sind wahre Gedanken und falsche Gedanken durch die Kirchengeschichte hindurch gemeinsam gewachsen, und es ist die Sache treuer Christen, wachsam und sorgfältig jeden Gedanken mit dem Wort Gottes zu vergleichen und zu sehen, ob er diesem entspricht. Als mir im Blick auf den Kurs in meiner Gemeinde immer mehr Bedenken kamen, wurde mir klar, dass meine Differenzen mit den Progressiven viel gewichtiger waren, als mir anfangs bewusst gewesen war – und dass Christen diese Kämpfe schon seit zweitausend Jahren ausfechten.

6
Nichts Neues unter der Sonne

Es ist Zeit für ein neues Suchen, angetrieben von neuen Fragen, ein Suchen quer durch die Denominationen der Welt, ein Suchen nach neuen Arten zu glauben und neuen Möglichkeiten, auf dem Weg Jesu zu leben und treu zu dienen, ein Suchen nach einer neuen Form des christlichen Glaubens.

Brian McLaren, «A New Kind of Christianity»

In Südkalifornien aufzuwachsen hatte schon seine Vorzüge. Das herrliche Wetter zum Beispiel, die traumhaften Berge und Strände … die aufregende Umgebung der Film- und Fernsehindustrie. Es war nichts Ungewöhnliches, an unserem Stadtpark vorbeizufahren und Filmteams zu sehen, die gerade die neueste Episode irgendeiner angesagten Drama- oder Sitcom-Serie drehten. Einmal wurden meine Eltern gebeten, ihre Autos zwei Wochen lang jeden Tag an derselben Stelle zu parken, weil auf der anderen Straßenseite ein B-Horrorfilm gedreht wurde und das Produktionsteam darauf angewiesen war, dass der Hintergrund unverändert blieb.

Meine beste Freundin wohnte in Porter Ranch, wo die unvergesslichen Halloween- und Polizeijagd-Szenen für Steven Spielbergs Klassiker *E.T. – Der Außerirdische* gedreht wurden. Nachdem wir den Film gesehen hatten, machten wir uns auf und durchsuchten das freie Gelände gegenüber von ihrem Haus nach den Erdnussbutterbonbons, die Elliot bekanntlich als Köder fallen ließ, um E.T. anzulocken. Die Süßigkeiten fanden wir nicht, aber immerhin stießen wir auf die Schleuderspuren der Polizeistreifenwagen von der berühmten Verfolgungsjagdszene (oder zumindest redeten wir uns ein, dass die Spuren daher rührten).

Hin und wieder besuchten wir mit der Familie die Universal Studios und machten die weltberühmte Studioführung mit. In einer Tram fuhren wir herum und sahen das Bates Motel, wurden von Star-Wars-Sturmtruppen «gefangen genommen» und überquerten eine Brücke, um den Schauplatz meiner Lieblingsserie *Gilligan's Island* zu sehen. Ich war immer verblüfft, wie klein und unspektakulär alles aussah. In meinen Kinderaugen schien es, als könnte ein erwachsener Mensch das ganze Gelände mit zehn Schritten durchqueren.

Aber das Unspektakulärste überhaupt war wohl das «Meer», über das Charlton Heston als Mose in *Die zehn Gebote* seinen Stab ausstreckte, um das Rote Meer zu teilen. Es befand sich keine hundert Meter von Gilligan's Island entfernt, und es sah so aus, als ob die Tram geradewegs ins Wasser fahren würde. Gerade rechtzeitig teilten sich die Fluten, und die Tram fuhr auf trockenen Schienen hindurch und dann auf eine Brücke hinauf.

Als wir gerade weiterfuhren, sprang direkt neben der Tram der Weiße Hai aus dem Wasser und jagte uns einen Mordsschrecken ein. Das alles spielte sich in einem Areal ab, das nicht größer zu sein schien als ein olympisches Wettkampfschwimmbecken.

Weizen und Unkraut

Genau wie sich in den Universal Studios Gilligan, der Weiße Hai und Mose alle rund um denselben kleinen Tümpel zusammendrängten, finden sich gute Gedanken und schlechte Gedanken oft auf engem Raum miteinander vermischt. Selbst in unseren Gemeinden sind Wahrheit und Lügen manchmal zusammengezwängt wie Sardinen, was viele Christen verwirrt und entmutigt. Jesus erzählte darüber einmal eine Geschichte:

> *Gottes himmlisches Reich kann man vergleichen mit einem Bauern und der guten Saat, die er auf sein Feld säte. Eines Nachts, als alles schlief, kam sein Feind, säte Unkraut zwischen den Weizen und schlich sich davon. Als nun die Saat heranwuchs und sich Ähren bildeten, ging auch das Unkraut auf.*
>
> *Da kamen die Arbeiter des Grundbesitzers und fragten ihn: «Herr, hast du nicht gute Saat auf dein Feld gesät? Woher kommt dann das Unkraut?»*
>
> *«Das muss mein Feind gewesen sein», antwortete der Bauer. «Sollen wir hingehen und das Unkraut ausreißen?», fragten die Arbeiter.*
>
> *«Nein, dabei würdet ihr ja den Weizen mit ausreißen. Lasst beides bis zur Ernte wachsen. Dann werde ich den Erntearbeitern befehlen: Reißt zuerst das Unkraut aus und bindet es zusammen, damit wir es verbrennen können! Den Weizen aber bringt in meine Scheune!»*
>
> Matthäus 13,24–30

Jesus legte dieses Gleichnis für seine Jünger aus, indem er erklärte, er sei der Bauer. Das Feld ist die Welt, der Weizen sind «die Menschen, die zu Gottes himmlischem Reich gehören», und das Unkraut sind «die Leute, die dem Satan gehorchen».[73] Und dieser vertrackte «Feind», der diese bösen Leute unter den Weizen streut? Das ist der Teufel. Die Ernte ist das Ende der Welt, und die Erntearbeiter sind Engel.

Mit dieser Geschichte prophezeit Jesus, wie es uns als seiner Gemeinde ergehen wird. Im Grunde sagt er damit: Solange wir hier auf der Erde sind, wird es immer ein Gemisch aus Gutem und Schlechtem geben. Wahre Christen und falsche Christen werden gemeinsam in derselben Welt leben, sich sogar im selben Gotteshaus miteinander versammeln – im selben Gottesdienst –, werden dieselben Lieder singen und dieselben Predigten hören. Und all den Christen, die am liebsten gleich zur Sichel greifen und das Unkraut ausjäten würden, sagt er: Wartet ab. Das ist nicht unsere Aufgabe, und wenn wir es zu unserer Sache machen würden, so würden uns unweigerlich auch manche Weizenhalme zum Opfer fallen.

Dieses Gleichnis war vermutlich für jemanden, der im Römischen Reich des ersten Jahrhunderts lebte, leichter zu verstehen, denn anderen Leuten Unkraut in ihre Felder zu säen, war damals tatsächlich keine Seltenheit – eine Art «primitiver Bioterrorismus», wie es der Neutestamentler Craig Blomberg ausdrückt.[74] Es gab sogar römische Gesetze, die das verboten.

Das Wort, das in diesem Abschnitt als «Unkraut» übersetzt wird, ist nicht nur ein allgemeiner Begriff für Unkraut. Es steht für eine ganz bestimmte Pflanze, das Weidelgras, das dem reifenden Weizen sehr ähnlich sieht, nur dass seine Samenkörner dunkel sind … und giftig. Wenn ein Bauer in der Antike zwischen seinen Weizenpflanzen Weidelgras fand, versuchte er nicht, es gleich auszujäten, weil er dabei wahrscheinlich einiges an Weizenpflanzen mit ausgerissen hätte. Stattdessen wartete er, bis das ganze Feld reif war und er den Weizen ernten konnte. Dabei wurde vielleicht auch etwas Weidelgras ausgerissen, aber nach der Ernte wurde sowieso das ganze Feld ausgejätet.

Auffällig ist, dass in Jesu Gleichnis die Reihenfolge umgekehrt wird. Zuerst wird das Unkraut ausgerissen, dann der Weizen eingebracht. Aber der da erntet, ist kein gewöhnlicher Bauer der Antike. Jesus wird seine Engel senden, damit sie mit rasiermesserscharfer Präzision «alle aus seinem Reich aussondern, die andere zur Sünde verführt und sich gegen Gottes Gebote aufgelehnt haben» (Matthäus 13,41), und dafür sorgen, dass die Gerechten «im Reich ihres Vaters leuchten wie die Sonne» (V. 43). Mit anderen Worten, würden *wir* versuchen, das Unkraut zu entfernen, so würden wir nur alles durcheinanderbringen und das Feld heillos zerwühlen. Für den Augenblick müssen wir uns klarmachen, dass Weizen und Unkraut gemeinsam wachsen und sich sehr ähnlich sehen.

Was sagt uns das? Heißt das, wir sollten nie andere kritisieren oder ihnen widersprechen? Heißt es, wir sollten Irrtümer und falsche Lehrer nicht beim Namen nennen? Im Gegenteil, die Bibel ist voll von Texten, die Christen auffordern, genau das zu tun: unser Urteilsvermögen anwenden.[75] Diesen Auftrag hatten Christen von Anfang an. Warum? – Weil Jesus vorhersagte, dass Wölfe in seine Gemeinde einfallen würden. Er warnte davor, dass sich alle möglichen falschen Lehrer und betrügerischen Scharlatane aus ihrem Innern erheben und ihre üblen Irrtümer als legitim präsentieren würden: «Nehmt euch in Acht vor denen, die in Gottes Namen auftreten und falsche Lehren verbreiten! Sie kommen zu euch, getarnt als Schafe, aber in Wirklichkeit sind sie reißende Wölfe. Wie man einen Baum an seiner Frucht erkennt, so erkennt ihr sie an dem, was sie tun» (Matthäus 7,15–16).

Diese Lehrer werden aussehen wie Schafe, reden wie Schafe, gehen wie Schafe und sich verhalten wie Schafe. Aber diese schafähnlichen Tiere sind nicht darauf aus, sich Gras und Klee schmecken zu lassen. Es sind fleischfressende Jäger, die ihre Zähne in ein schönes, saftiges Lammkotelett schlagen wollen.

Weizen und Unkraut stehen für wahre und falsche Lehrer, aber ein räuberischer Wolf ist noch einmal eine ganz andere Art von Bestie. Es kann für eine Herde besonders verwirrend sein, wenn der betreffende Wolf sich als Hirte verkleidet – als die einzige Person, bei der Schafe sich sicher fühlen.

In dem Kurs meiner damaligen Gemeinde kam es mir so vor, als stellte sich der Pastor als Schaf unter Schafen dar, das demütig nach Wahrheit suchte und Gott besser erkennen wollte. Anfangs glaubte ich ihm das. Ich dachte, wir säßen im selben Boot. Und da er mein «Hirte» war, der sich meinen Respekt und mein Vertrauen erworben hatte, ließ ich meine Deckung sinken.

Ein großer Teil des Neuen Testaments, unter anderem der gesamte Judasbrief, ist darauf ausgerichtet, Christen dabei zu helfen, nach solchen Wölfen im Schafspelz Ausschau zu halten, sie zu erkennen und sie zu meiden. Als ich mir einige dieser Passagen genauer anschaute, fiel mir auf, dass der Themenkomplex «Falsche Lehrer und falsche Lehren» in zweiundzwanzig der siebenundzwanzig neutestamentlichen Bücher ausdrücklich angesprochen wird. Die Aufforderung, am wahren Glauben festzuhalten und Geisterunterscheidung zu praktizieren, ist in jedem ohne Ausnahme zu finden. Hier sind nur einige Stichproben von dem, was andere neutestamentliche Autoren über falsche Lehrer zu sagen haben:

> *Denn es wird eine Zeit kommen, in der die Menschen von der gesunden Lehre nichts mehr wissen wollen. Sie werden sich nach ihrem eigenen Geschmack Lehrer aussuchen, die ihnen nur nach dem Munde reden. Und weil ihnen die Wahrheit nicht gefällt, folgen sie allen möglichen Legenden.*
>
> 2. Timotheus 4,3–4

In Bezug auf die Briefe des Paulus schreibt Petrus:

> *Er spricht in seinen Briefen mehrfach darüber. Allerdings ist manches davon nur schwer zu verstehen. Und deshalb haben unverständige Leute, die im Glauben nicht gefestigt sind, vieles verdreht und verfälscht. So machen sie es ja auch mit den anderen Heiligen Schriften und stürzen sich damit selbst ins Verderben.*
>
> 2. Petrus 3,16

> *Doch schon damals hat es im Volk Israel falsche Propheten gegeben. Solche Leute werden auch bei euch auftreten und Lehren verbreiten, die euch ins Verderben stürzen sollen. Damit verleugnen sie Christus, den Herrn, der sie doch von ihren Sünden freigekauft hat, und besiegeln so ihren schnellen Untergang.*
>
> 2. Petrus 2,1

> *Denn bei euch haben sich einige Leute eingeschlichen, über die Gott schon längst sein Urteil gefällt hat. Sie wollen von Gott nichts wissen und missbrauchen seine Gnade als Freibrief für ihr ausschweifendes Leben; ja, sie verraten damit Jesus Christus, der doch allein unser Herr und Herrscher ist. … Genauso lassen sich in euren Gemeinden Leute von falschen Visionen leiten und vergehen sich am eigenen Körper. Sie leugnen Gott als ihren Herrn und Richter und lästern alle höheren Mächte.*
>
> Judas 1,4 und 8

Achten Sie hier auf die Wortwahl. Die falschen Lehrer *schleichen sich ein*, um ihre verdrehten Gedanken über Gott hereinzuschmuggeln. Sie zielen auf unsere Leidenschaften und Wünsche und sagen uns das, was wir hören wollen. Sie kündigen sich nicht mit Plakaten an Brust und Rücken an, auf denen steht:

«Hallo, ich bin ein falscher Lehrer. Darf ich dir die juckenden Ohren kratzen?» Sie sehen aus wie wir, reden wie wir, benehmen sich wie wir und geben vor, einer von uns zu sein. Kein Wunder, dass es ihnen so gut gelingt, viele arglose Gläubige hinters Licht zu führen.

Notizen aus dem Kurs

Mit jeder Sitzung wurde mein Unbehagen über das, was wir im Kurs besprachen, schmerzhafter und deutlicher. Ständig schalt ich mich selbst dafür, dass ich innerlich so harte Urteile fällte, aber gleichzeitig war ich absolut überzeugt davon, dass der Kurs in eine völlig falsche Richtung führte.

Eines Nachmittags machte mir die profunde Missachtung der Gottesfurcht unter den Kursteilnehmern schwer zu schaffen, und kurz vor dem Abschluss der Sitzung brach ich in Tränen aus. Später rief mich der progressive Pastor an und schlug vor, ich solle mich mit einer Frau in der Gemeinde treffen, die eine zugelassene Therapeutin war. Für mich hörte sich das an wie die verschlüsselte Botschaft: «Das ist offensichtlich *dein* Problem. Du musst einfach irgendein Kindheitstrauma überwinden, das dich so emotional auf all diese genialen neuen Einsichten über das Christentum reagieren lässt, und wieder in die Spur kommen.»

Keine Woche später fand ich mich in ihrem behaglichen, natürlich beleuchteten Sprechzimmer wieder. Als ich anfing, ihr mein Unbehagen über die Bücher, Lehren und Gespräche zu schildern, die mir durch den Pastor vermittelt wurden, nahm sie zwei extra große Mars-Riegel aus der Bonbonniere auf ihrem Schreibtisch. Sie legte sie nebeneinander und forderte mich auf, mir vorzustellen, wie sie einen davon auspackte und in eine andere Hülle steckte. Es wäre immer noch ein Mars-Riegel ... nur in einer anderen Verpackung. Genau das sei es, was der Pastor tue, sagte sie mir – er gebe mir denselben Schokoriegel mit einem anderen Etikett.

Umgekehrt wird ein Schuh draus, stichelte mein innerer Monolog. «Mir scheint eher, dass er zwei völlig verschiedene Schokoriegel in dieselbe Verpackung steckt», erwiderte ich. «Von außen sehen sie genauso aus, aber der Kern ist völlig verschieden.» Weizen zwischen Unkraut.

Irrlehren sind nichts Neues; sie sind in der Gemeinde Jesu beinahe von Anfang an aufgetaucht. Das Christentum war noch nicht einmal richtig in Gang gekommen, ehe die ersten Evangelienfälschungen die frühe Kirche zu infiltrieren und zu beeinflussen begannen. Mit anderen Worten: Kaum waren Schafe da, tauchten die Wölfe auch schon auf.

Wie man sie erkennen kann? Jeder von ihnen schien Jesu Gebot an seine Jünger umdeuten zu wollen: «Wenn jemand mir nachkommen will, verleugne er sich selbst und nehme sein Kreuz auf und folge mir nach!» (Matthäus 16,24; Elberfelder).

Dieselbe Verpackung, anderer Schokoriegel #1: Die Beschneidungspartei

Danach sagte Jesus zu seinen Jüngern: Wenn jemand mir nachfolgen will, lasse er sich beschneiden und folge mir nach!

1. Judaisierer 16,24

Das Buch *1. Judaisierer* gibt es natürlich gar nicht, aber wenn es existierte, stünde darin sicher etwas Ähnliches wie der obige

Satz im Mittelpunkt. Die Beschneidungspartei, auch «Judaisierer» genannt, war eine Gruppe von Juden, die lehrten, wenn Nichtjuden Christen werden wollten, müssten sie sich zuerst an die jüdischen Sitten anpassen. Mit anderen Worten, sie müssten erst Juden werden, bevor sie Christen werden könnten. In Anbetracht der Tatsache, dass der jüdische Übergangsritus die Beschneidung war, braucht man nicht viel Fantasie, um zu verstehen, wieso sich das für die erwachsenen männlichen Nichtjuden besonders beunruhigend anhörte.

In seinem Brief an Titus erläuterte Paulus die Charaktereigenschaften und Merkmale, die Gemeindeälteste besitzen sollten. Sie sollten beherrscht, demütig, diszipliniert und heilig sein, und darüber hinaus sollten sie sich die Fähigkeit aneignen, falsche Lehren zu widerlegen. Warum das? – Wegen der Judaisierer oder der Beschneidungspartei, der ersten häretischen Gruppe, die sich unter Christen breitmachte. Paulus beschreibt sie so:

> *Denn es gibt viele, die sich gegen Gott auflehnen, Schwätzer und Verführer, besonders unter getauften Juden. Man muss ihnen unbedingt den Mund verbieten; denn es ist ihnen schon gelungen, ganze Familien vom rechten Glauben abzubringen. Sie verbreiten ihre falschen Lehren und wollen sich dadurch auch noch bereichern!*
>
> Titus 1,10–11

Die Judaisierer verdrehten das Evangelium, und Paulus wurde auf diese spezielle Sorte Wölfe so sauer, dass er vorschlug, sie sollten doch gleich ganze Sache machen und sich selbst kastrieren (Galater 5,12). Der Einfluss der Beschneidungspartei war so verbreitet, dass große Teile des Neuen Testaments (besonders in

Galater, Titus, Apostelgeschichte und 1. Timotheus) darauf verwendet werden, ihre Lehre zu entkräften und die Gläubigen vor ihnen zu warnen. Nach Galater 2,11–14 hatte sich sogar Petrus von dieser prominenten Gruppe einschüchtern lassen!

Die Beschneidungspartei versuchte dem Werk Jesu etwas *hinzuzufügen.* Von meinem jetzigen Pastor habe ich oft gehört, woran man Häresie am leichtesten erkennen kann: Jesus + *irgendetwas* = ein falsches Evangelium. Im Fall der Beschneidungspartei lautete die linke Seite der Gleichung: Jesus + *Beschneidung.*

Geklärt wurde diese Frage auf dem ersten von vielen Konzilen, die im Lauf der Kirchengeschichte zusammentraten, um die verschiedensten Häresien anzusprechen. Apostelgeschichte 15 berichtet von diesem Konzil, auf dem sich Paulus, Barnabas, Petrus und Jakobus mit ihren Argumenten gegen diese aufkeimende Blasphemie zu Wort meldeten. So wurde die erste Häresie der Kirchengeschichte erledigt, und das Konzil wurde Vorbild für die Kirchenführung vieler kommender Jahre.

Als Christusnachfolger sind wir anfällig dafür, dem Evangelium etwas hinzufügen zu wollen, ob wir nun das Heil von einer bestimmten politischen Partei erwarten oder uns fragen, ob wir Gottes besondere Gunst dadurch erringen können, dass wir zu «Superchristen» werden, die keine *Stille Zeit* auslassen. Mit ihrer Leugnung des Sühnewerkes Jesu am Kreuz jedoch gehen viele progressive Christen noch einen Schritt weiter: Jesus ist bei ihnen nicht mehr unser Retter, sondern nur noch ein Vorbild dafür, wie wir gute Werke in der Welt tun und anderen vergeben können. Das ist zur höchsten Tugend erhoben worden, und alle anderen Wahrheitsansprüche werden danach beurteilt. Somit ist das progressive Evangelium Jesus + *soziale Gerechtigkeit.*

Dieselbe Verpackung, anderer Schokoriegel #2: Die Gnostiker

Danach sagte Jesus zu seinen Jüngern: «Wenn jemand mir nachfolgen will, der finde den göttlichen Funken in sich und folge meiner geheimen Weisheit!»

1. Gnosticus 16,24

Bei der Beschäftigung mit den Häresien in der frühen Kirche fiel mir auf, wie verbreitet und vielfältig in den ersten Jahrhunderten nach Christus die Überzeugungen einer Schule waren, deren Mitglieder als die «Gnostiker» bekannt wurden. Im 5. Jahrhundert verfasste Augustinus seine berühmte Widerlegung der Manichäer, einer Sekte, die einige Gemeinsamkeiten mit der Gnostik aufwies und der er vor seiner Bekehrung zum Christentum selbst angehört hatte.

Die Manichäer sahen die Welt als einen Kampf zwischen der spirituellen Welt des Lichts und der materiellen Welt der Finsternis. Dies war, zusammen mit dem Fokus auf «Selbstfindung», wie wir es heute vielleicht formulieren würden, ein gemeinsames Motiv unter Gnostikern jeglicher Couleur. Ein Buch *Gnosticus* gibt es zwar nicht, aber die Gnostiker formulierten durchaus ein Evangelium, das sich erheblich von dem, das wir in der Bibel finden, unterschied.

Der Kirchenvater Irenäus schrieb sein Opus magnum über Häresien um das Jahr 180 und behandelte darin manche gnostischen Gedanken, die in die Kirche eindrangen. Für moderne Leser ist das auf eine skurrile Art faszinierend. Für die Menschen der Antike dagegen, die mit den Werken der griechischen Philosophie vertraut waren, dürften gnostische Spekulationen nichts Ungewöhnliches gewesen sein. Es gibt ein spirituelles

Universum, *Pleroma* genannt, zu dem ein böser Demiurg (Weltenschöpfer) und seine Mutter Sophia gehören. Dann gibt es Monogenes, der den «Vater» und den «Heiligen Geist» geboren hat. Es gibt Emanationen und Äonen und eine göttliche Mutter namens Achamoth, häufiger auch «Barbelo» genannt. Bei all den verschiedenen Ausdrucksformen der Gnostik unter diversen Gruppen kann es schwierig sein, den Finger auf ein gemeinsames Motiv zu legen. Manchmal hat man den Eindruck, eine antike religiöse Schrift zu lesen, dann wieder kommt es einem vor, als läse man Schulungsmaterial einer bizarren modernen Sekte. Doch abgesehen von allen Merkwürdigkeiten gibt es ein praktisches Element in der Gnostik, das gut zu vielen modernen Grundannahmen passt.

Das griechische Wort *gnosis* bedeutet einfach «Erkenntnis». In der Gnostik ging es nicht um Sünde. Die Gnostiker glaubten überhaupt nicht daran, dass die Welt dadurch kaputtgegangen war, dass Adam sich entschieden hatte, gegen Gott zu sündigen. Ihrer Meinung nach war sie durch den bösen Demiurgen verdorben, der sie erschuf und über sie herrscht. Die einzige «Sünde» war Unwissenheit. Deshalb glaubten die Gnostiker auch nicht, Jesus sei gekommen, um uns von der Sünde zu retten, sondern um uns geheimes Wissen mitzuteilen, durch das wir in die Lage versetzt würden, am göttlichen Pleroma teilzuhaben. Dieses Wissen zu erlangen, hieß: Erlösung zu finden.

«Die Freiheit des Gnostikers ist Freiheit vom Unterworfensein unter den himmlischen Herrscher, den bösen Demiurgen. Diese Freiheit erlangt er durch Teilhabe am göttlichen Bereich, dem Pleroma.»[76]

Die frühen Gnostiker gaben sich viel Mühe, ihre Ideen unter Christen zu verbreiten, indem sie behaupteten, selbst Christen zu sein, und indem sie sich neben ihren eigenen Schriften auch auf die Bibel beriefen, um ihre Ideen zu «belegen». Irenäus erklärte, dass sie nicht nur die Schriften des Neuen Testaments missbrauchten, um «Erklärungen [zu] verdrehen und die Deutungen leicht[zu]nehmen», sondern auch Gleichnisse und Allegorien aus dem Alten Testament in lügnerischer und trügerischer Weise interpretierten.[77]

In der Einleitung zu Irenäus' Buch *Gegen die Häresien* schreibt John Arendzen:

> *Als die Gnostik mit dem Christentum in Berührung kam, was unmittelbar nach dessen Erscheinen der Fall gewesen sein muss, warf sich die Gnostik mit einer merkwürdigen Schnelligkeit in christliche Gedankenformen, indem sie sich an der christlichen Nomenklatur bediente, Jesus als Retter der Welt anerkannte, christliche Sakramente nachahmte, sich als esoterische Offenbarung Christi und seiner Apostel ausgab und die Welt mit apokryphen Evangelien, Apostelgeschichten und Apokalypsen flutete, um ihren Anspruch zu untermauern.*[78]

So kurios sich die Gnostik für uns heute anhören mag, bei vielen Christen, die bereits mit ähnlichen Spekulationen aus dem griechischen Denken der damaligen Zeit vertraut waren, kam sie sehr gut an. Wie das progressive Christentum, das wir in unserer Kultur finden, ahmte sie in vielerlei Hinsicht das Christentum nach, indem sie dieselben Begriffe verwendete und sogar den Vater, den Sohn und den Heiligen Geist anerkannte. Sie imitierte die Sakramente.[79] Sie benutzte die Heilige Schrift, um ihre Ideen zu untermauern, und hielt sich für die wahre Ausdrucksform des Christentums. Die Gnostiker hielten sich für viel «erleuchteter» als die schlichten Leute, die glaubten, Jesus sei gestorben, um für unsere Sünden zu sühnen. Stattdessen sahen sie ihn als den, der den verdorbenen Kosmos, den der böse Demiurg erschaffen hatte, wieder in Ordnung brachte.

Es gibt viele auffällige Ähnlichkeiten zwischen der Gnostik von damals und dem progressiven Christentum. Letzteres lebt davon – mit seiner Inanspruchnahme christlicher Begriffe und Sakramente und der Heiligen Schrift und mit seinem Streben nach Selbstannahme –, sich selbst als eine aufgeklärtere, reifere Version des Christentums zu betrachten. John Zmirak drückte das mit einer ordentlichen Prise Sarkasmus in einem 2017 verfassten Artikel namens «Progressive Christen sind die besten Christen aller Zeiten. Fragt sie nur selbst!» aus. Dort schrieb er:

> *Vielleicht liegt der Grund dafür, dass sie alles ablehnen, was alle bisherigen Christengenerationen zu einer langen Liste von Themen geglaubt haben, darin, dass diese Leute endlich herausgefunden haben, was Jesus mit allem, was er sagte und tat, wirklich gemeint hat. Vielleicht ist das die Antwort!*[80]

Brian McLaren spricht sich in seinem Buch *A New Kind of Christianity* sehr leidenschaftlich für diese Denkweise aus. Wie wir in Kapitel 9 sehen werden, ist McLaren der Meinung, heutige Christen hätte eine reifere Sicht auf Gott als unsere Vorfahren, die die Bibel niedergeschrieben haben. Er stellt die frühesten biblischen Autoren den aufgeklärteren späteren Stimmen gegenüber und zeichnet ihre «allmähliche Reifung» von einer grob vereinfachenden und geradezu falschen zu einer reiferen, richtigen Sicht nach. Seiner Meinung nach sind manche Gottesbilder im Alten Testament sogar «christus-unähnlich».[81] Für McLaren gipfelt das in der «höheren und weiseren» Sicht Gottes, die wir heute haben.[82]

Die gnostische Lehre behauptete in der Zeit der frühen Kirche Ähnliches. Den Gnostikern zufolge wurde der Schöpfergott des Alten Testaments in der Schrift zu Unrecht als der *einzige* Gott bezeichnet. Es gibt zwar viele Varianten der gnostischen Mythologie, aber unter allen Gnostikern ist die Lehre verbreitet, dass es Quellen besonderer Erkenntnis gab, die durch alle Zeitalter hindurch von einem anderen höchsten Wesen ausstrahlten, das noch über dem Schöpfergott der alttestamentlichen Schriften stand.

Man beachte die Ähnlichkeiten in den Denkmustern bei den Gnostikern und den Progressiven von heute. Beide berufen sich auf Erkenntnisquellen außerhalb der Bibel, mit denen wir die Bibel beurteilen können und sollten. Das Problem mit McLarens Standpunkt ist, dass wir, um zu beurteilen, was in der Bibel «richtig und falsch» ist, keinen anderen Maßstab zur Verfügung haben als unser eigenes persönliches Empfinden für richtig und falsch (das meistens von unseren kulturellen Grundannahmen geprägt sein wird).

C. S. Lewis hatte für so etwas einen Namen: «chronologischer Snobismus». So nannte er das unkritische «Annehmen des intellektuellen Klimas, das in unserer eigenen Zeit verbreitet ist, und die Annahme, daß alles, was nicht mehr aktuell ist, aus diesem Grunde diskreditiert sei».[83] Leute, die gründlich nachdenken wollen, ermuntert er, Fragen zu stellen wie: «Warum ist dieser Gedanke nicht mehr aktuell?», «Wurde er je widerlegt, oder kam er einfach aus der Mode?», «Und wenn es widerlegt wurde, von wem? Wie? Mit welcher Begründung?» Es geht um die Demut und intellektuelle Ehrlichkeit, zuzugeben, dass die Zeit, in der wir jetzt leben, auch nur eine Phase in der Weltgeschichte ist.

Genau wie alle Menschen, die uns vorausgegangen sind, sind auch wir beeinflusst von unseren kulturellen Paradigmen, gesellschaftlichen Normen und kollektiven Denkvoraussetzungen. Nur weil unsere Kultur sich über etwas einig geworden ist, ist es noch nicht wahr oder richtig. Schließlich gab es in der Geschichte auch schon einmal eine Zeit, in der diejenigen, die in der Kultur das Sagen hatten, sich ziemlich einig waren, die Sklaverei sei eine gute Sache. Und viele von ihnen verdrehten sogar die Bibel, um diese Überzeugung zu rechtfertigen, was dafür spricht, dass gute Hermeneutik etwas Unverzichtbares ist.

Wie die Gnostik baut das progressive Christentum auf einem Fundament des «Neuen» auf. Wie wir in Kapitel 9 sehen werden, bezieht sich das sogar auf seine Sicht der Bibel. Den progressiven Christen zufolge haben wir die Bibel bisher immer falsch verstanden. Haben wir erst jetzt, zweitausend Jahre später, herausgefunden, wie wir sie richtig lesen müssen? Hat Gott nun endlich einigen wenigen Auserwählten unter den wohlhabendsten Leuten der westlichen Zivilisation offenbart, wie die Heilige Schrift richtig auszulegen und anzuwenden ist? Ich glaube nicht.

Das progressive Evangelium ist Jesus + *neue Erkenntnis.*

Dieselbe Verpackung, anderer Schokoriegel #3: Die Markionisten

Danach sagte Jesus zu seinen Jüngern: «Wenn jemand mir nachfolgen will, der verwerfe Gedanken wie Hölle und Gericht und folge einfach meinem Leben der Liebe und Barmherzigkeit!»

1. Markion 16,24

Um die Mitte des zweiten Jahrhunderts gewann ein Lehrer namens *Markion* Anhänger und Einfluss in der Kirche. Er fand, die Lehren Jesu passten überhaupt nicht zu dem kleinlichen, eifersüchtigen und zornigen Gott, den er im Alten Testament wahrnahm. Seiner Meinung nach waren der Gott des Alten Testaments und der Gott des Neuen Testaments zwei verschiedene Gottheiten: der Erstere ein niederes, bösartiges und engstirniges Wesen, der Letztere liebevoll und alles vergebend. Im krassen Gegensatz zur Beschneidungspartei fand Markion das alttestamentliche Gesetz gewalttätig und widersprüchlich. Darum sei jeder, der an alttestamentlichen Überzeugungen und Praktiken festhalte, gegen das Christentum.

Markion gründete seine Theologie auf die überlieferten Aussprüche Jesu und auf einige Briefe des Paulus, den er als wahren Apostel akzeptierte, weil Paulus lehrte, Christen seien nicht verpflichtet, das alttestamentliche Gesetz zu befolgen. Berühmt wurde Markion auch dafür, dass er seinen eigenen Kanon der Heiligen Schrift zusammenstellte, aus dem natürlich das gesamte Alte Testament ausgeschlossen blieb. Tatsächlich enthielt er nur zehn Paulusbriefe und eine Version des Lukasevangeliums, das er gemäß seiner Überzeugung, das Christentum müsse von seinem jüdischen Kontext befreit werden, bearbeitete.

Letzten Endes lehnten die Markionisten alle Aspekte Gottes und des Christentums ab, die mit Zorn, Hölle oder Gericht zu tun hatten. Markion wurde im Jahr 144 exkommuniziert, aber seine Gedanken leben weiter, denn – seien wir ehrlich – es ist doch viel leichter, die unbequemen Teile des Evangeliums einfach wegzulassen und uns nur auf das Angenehme zu konzentrieren. Aber wie wir in Kapitel 10 entdecken werden, ist ein Gott ohne Zorn ein Gott, der niemanden retten kann, und das wäre für niemanden eine gute Nachricht.

Mit seiner Auffassung, dass der alttestamentliche Gott engstirnig und boshaft sei, seiner Leugnung des göttlichen Zorns und der Hölle und seinem Unbehagen gegenüber der Blutsühne Jesu nimmt sich das progressive Christentum ein bisschen aus wie aufgewärmter Markionismus.

Ähnlich wie Markion glaubt Brian McLaren, der Gott, den wir im Alten Testament finden, sei verschieden von dem «gerechten, heiligen und barmherzigen Gott und Vater unseres Herrn Jesus Christus»,[84] der uns im Neuen Testament begegne. In den hebräischen Schriften, schreibt er, finde er «eine Gestalt namens ‹Gott›, die eine Flut schickt, die bis auf Noahs Familie die ganze Menschheit vernichtet», die gern und reichlich alles Mögliche «schlägt» und ehemalige Sklaven dazu anstiftet, gegen die umliegenden Völker in den Krieg zu ziehen. Ja, er bezeichnet all diese Handlungen als «Verbrechen».[85] Doch indem er die Bibel als ein Zeugnis des allmählichen Reifungsprozesses im Verständnis der Menschheit von Gott begreift, kann er die schwierigeren Passagen, die Gottes Gericht und seine Taten der Gerechtigkeit beschreiben, einfach abschütteln.

In diesem Fall heißt die Häresie Jesus *minus* etwas. Das progressive Evangelium ist Jesus minus Gericht.

Wir müssen aufmerksam darauf achten, Elemente anderer Häresien auszumachen, die in der Kirchengeschichte immer wieder einmal auftauchen. Es gab beispielsweise den Arianismus, der die Gottheit Jesu leugnete; den Pelagianismus, der die Erbsünde bestritt; und den Monarchianismus, nach dessen Überzeugung Gott, der Vater, Mensch geworden ist und am Kreuz gelitten hat.[86] Nach der Reformation gab es den Sozinianismus, der die Erbsünde, die Dreieinigkeit und den stellvertretenden Sühnetod ablehnte.

Ebenso wie die unorthodoxen Bewegungen, die ihnen vorausgegangen sind, bieten progressive Christen in ihrer Lehre nichts Neues. Sie geben lediglich alten Gedanken eine neue

Stimme, einen gewissen Anstrich und ein aktuelles Image. Und davor, dass das eines Tages geschehen würde, warnte der Apostel Paulus schon vor zwei Jahrtausenden:

> *Ich wundere mich sehr über euch. Gott hat euch doch in seiner Gnade das neue Leben durch Jesus Christus geschenkt, und ihr kehrt ihm so schnell wieder den Rücken. Ihr meint, einen anderen Weg zur Rettung gefunden zu haben? Doch es gibt keinen anderen! Es gibt nur gewisse Leute, die unter euch Verwirrung stiften, indem sie die Botschaft von Christus ins Gegenteil verkehren wollen. Wer euch aber einen anderen Weg zum Heil zeigen will als die rettende Botschaft, die wir euch verkündet haben, den wird Gottes Urteil treffen – auch wenn wir selbst das tun würden oder gar ein Engel vom Himmel.*
>
> Galater 1,6–8

Bei meiner Beschäftigung mit den verschiedenen Häresien der frühen Kirche war es mir ein großer Trost, zu wissen, dass Gott uns nicht ohne Erkenntnis, Ausrüstung und Wissen gelassen hat. Er setzt uns nicht ungewappnet diesen Angriffen auf seine Wahrheit aus. Er hat uns etwas so unglaublich, so unfassbar Herrliches gegeben, etwas so Kostbares, dass es Robert Murray M'Cheyne, einen schottischen Geistlichen des 19. Jahrhunderts, zu dem Ausruf veranlasste: «Ein einziger Edelstein aus diesem Ozean ist so viel wert wie alle Kiesel irdischer Bäche zusammen.»[87]

Gott hat uns seine eigenen Worte gegeben.

Er gab uns die Bibel.

Wenn es eine Sache gibt, die mich immer mit der historischen Gestalt des Christentums verbunden hat, dann ist es die tiefe Liebe zur Heiligen Schrift, zu der Quelle, an die ich mich stets wandte, um Gott kennenzulernen und etwas über seinen Plan mit der Menschheit zu erfahren. Doch als ich mich nun mit frischem Blick und neuen Fragen an meine zerlesene Bibel setzte, machte mir die Möglichkeit zu schaffen, ich könnte auf einen Riss im Fundament stoßen. War ich im Begriff, etwas zu entdecken, was die ganze Sache zum Einsturz bringen würde?

7
Denn die Bibel sagt es so?

Was nützt es denn, zu sagen, die Autografien (d. h. die Originale) seien inspiriert gewesen? Die Originale haben wir ja nicht! Wir haben nur vor Fehlern strotzende Abschriften, und die überwiegende Mehrheit von ihnen ist Jahrhunderte von den Originalen entfernt und unterscheidet sich von ihnen offensichtlich in tausenderlei Hinsicht.

Bart Ehrman, «Misquoting Jesus»

Meine erste echte Bibel bekam ich geschenkt, als ich etwa neun Jahre alt war. Es war eine in burgunderrotes Kunstleder gebundene Großdruckausgabe der *Living Bible*, und unten rechts auf dem Umschlag war mein Name in goldener Schrift eingeprägt: *Alisa Girard.* Meine eigene Bibel. Ich hielt sie hoch in Ehren.

«Wo soll ich anfangen?», fragte ich meine Mutter. Sie schlug mir vor, es erst einmal mit den Sprüchen zu versuchen.

«Sprüche 3 war das erste Kapitel, das ich in dieser Bibel gelesen habe», steht handgeschrieben auf einer Notizenseite am Ende. Darunter steht: «GUTE VERSE» (natürlich in Großbuchstaben). Hier schrieb ich Wort für Wort alle «guten Verse» auf, die ich finden konnte. Ein herausstechender Eintrag ist Sprüche 22,15: «Ein Kind steckt voller Dummheiten, aber eine strenge Erziehung treibt sie ihm aus», wobei ich dort ein «/ihr» zugefügt und «ihr» eingekreist habe.

Der erste Vers, den ich in meiner geliebten Bibel angestrichen habe, ist Sprüche 3,6: «Denke bei jedem Schritt an ihn

[Gott].» Das leuchtete mir mehr ein als alles, was ich je gelesen hatte. Es packte mich. Ich wusste einfach, dass dieses Buch die Wahrheit sagte. Ich wusste, es kam direkt aus dem Mund Gottes, und daran konnte ich mein Leben ausrichten. Dasselbe brachten mir meine Eltern bei – es war das «Wasser», in dem ich schwamm.

Ich las sehr gern in der Bibel. Sobald ich lesen und schreiben gelernt hatte, las und studierte ich, was auf ihren Seiten geschrieben stand – und es wurde lebendig für mich. Ich ging mit Adam und Eva durch den Garten und dachte darüber nach, ob ich wohl auch von der Frucht gegessen hätte. (Ja, hätte ich.) Ich grübelte über die Schlange nach ... ob die wohl damals alle sprechen konnten? Warum wurde sie mit dem Fluch belegt, auf dem Bauch kriechen zu müssen? Hatten Schlangen ursprünglich einmal Beine?

Ich ging mit Noah und seiner Familie an Bord der Arche und segelte mit ernüchterndem Ernst fort von all den Menschen, die zurückblieben. Ob sie wohl versuchten, der Arche hinterherzuschwimmen? Ob sie schrien und flehten, man möge sie an Bord lassen? Versuchten sie sich mit den Fingernägeln an dem Boot festzukrallen, als sie ihren Irrtum erkannten? (Nebenbei: Ich war ein ziemlich ernstes Kind. Ich war keines von diesen kleinen Mädchen mit rosa Rüschenkleid und Haarschleife, die sonntags Bilder von der Arche Noah ausmalten und dachten, das wäre eine schöne Geschichte über einen schwimmenden Zoo.)

Ich spürte Moses bebende Angst und Ehrfurcht, als ich mit ihm vor dem brennenden Busch stand. Ich ritt mit Debora in die Schlacht, als ihr Heerführer sich fürchtete, allein zu gehen. Und Jaël – die kenitische Hausfrau, die dem kanaanitischen Angriff auf Israel ein Ende machte, indem sie dem Anführer der

Kanaaniter mit einem Hammer einen Zeltpflock durch den Kopf schlug –, die mochte ich sehr. Ich befand mich selbst in der Geschichte von David und Goliat, als der junge Hirte auf das höhnische Einschüchterungsgebrüll des rebellischen Riesen antwortete, indem er verkündete, der Kampf sei des Herrn. (Als ich die Geschichte in 1. Samuel 17 las, war ich natürlich David. Ich gehörte nicht zu den verängstigten Israeliten, die darauf warteten, dass jemand sie rettete – und die volle vierzig Tage lang nicht einen einzigen Mann finden konnten, der hinging und gegen den Meisterkämpfer der Philister antrat. Mit dem Alter und zunehmender Weisheit habe ich allerdings gelernt, dass ich in Wirklichkeit mehr Ähnlichkeit mit den verschreckten Israeliten habe.)

Ich fand mich auch in Esthers Geschichte wieder und fastete und betete mit ihr. Mit ihr lernte ich, Gott zu vertrauen, auch wenn ich mein Leben riskieren musste, um ihm zu gehorchen, und sagte mit ihr: «Wenn ich umkomme, dann komme ich eben um!» Ich sang mich durch die Psalmen und schöpfte aus der Weisheit Hiobs, der Sprüche und des Predigers. Der Satz «Denk schon als junger Mensch an deinen Schöpfer, bevor die beschwerlichen Tage kommen und die Jahre näher rücken, in denen du keine Freude mehr am Leben hast» brannte sich in mein Herz ein. Ich las das Hohelied Salomos und freute mich über den Gedanken, dass mein Mann mich eines Tages «O du schönste unter den Frauen» nennen würde.[88] Ich kicherte über die Stelle, wo Brüste mit jungen Gazellen verglichen werden, und nahm mir den Rat zu Herzen, die Liebe nicht vor der Zeit zu wecken. (Das hielt mich davon ab, vor Anfang zwanzig einen Mann auch nur zu küssen.)

Ich fühlte mit Jeremia, der fand, er sei zu jung und inkompetent, um Gott zu dienen. Es bewegte mich tief, bei ihm zu lesen, dass Gottes Worte seine Freude und sein Glück waren. Ich hatte Mitleid mit ihm, als er verfolgt und beschimpft wurde … durch Gottes Hand auf sich allein gestellt und von allen verlassen. Er dachte immer zuerst an Gott, so wie ich es in Sprüche 3,6 gelesen hatte. Mit Schadrach, Meschach, Abed-Nego und Jesus stand ich im Feuerofen – und Russ Taffs Hit «Not Gonna Bow» aus den Achtzigern erklang dabei wie ein Soundtrack in den Flammen.

Ich staunte über Jesus, der es fertigbrachte, in einem Atemzug allen, die zu ihm kamen, Ruhe anzubieten, und im nächsten die religiösen Führer als Schlangengezücht zu attackieren. Ein Mann, der bei seiner Geburt in eine stinkende Futterkrippe gelegt wurde und dennoch den Anspruch erhob, auf dem Thron des Universums zu sitzen. Ein Mensch, dessen erste Laute die Schreie eines neugeborenen Babys waren und der dennoch in der Offenbarung mit einem Schwert im Mund und einer Stimme wie das Tosen der Brandung auftritt. Ein Mensch, der die Geschichte in zwei Hälften teilte und jeden Menschen, der je leben würde, herausforderte, ihn entweder einen Lügner zu nennen oder ihn als Herrn anzubeten.

Ich war voller Staunen, als er mit den aramäischen Worten *Talita kum* – «Mädchen, steh auf» – (Markus 5,41) ein zwölfjähriges Mädchen vom Tod auferweckte. Tief im Innern spürte ich, dass er diese Worte auch an mich richtete. Ich war einst tot gewesen in meiner Sünde und brauchte seine Auferstehung. Das Wort Gottes sprach zu mir. *Talita kum.*

Ich stand mit Maria am Kreuz und sah zu, wie der Schweiß und das Blut Jesu an seinen Balken herabtropften. Ich sah ihn nach Atem ringen, als er schließlich ausrief: «Es ist vollbracht!»[89] Irgendwie merkte ich, dass alles, was ich in der Bibel gelesen hatte, hierher führte. Zu diesem Moment. Zum Kreuz.

Jesus war meine Arche. Mein Retter, der Riesen erschlug. Mein vierter Mann in den Flammen.

Ich las die Evangelien, die Briefe und den Rest des Neuen Testaments. Als ich zwölf war, hatte ich die ganze Bibel (mit Ausnahme einiger Passagen aus dem 4. Buch Mose) einmal durchgelesen. Ich verstand zwar nicht alles, aber ich notierte mir hier und da Sätze aus meiner *Living Bible.*

«Liebt einander weiterhin» (Hebräer 13,1).

«Alles, was Gott uns gibt, ist gut und vollkommen» (Jakobus 1,17).

«Niemand hat ein Recht, auf dich herabzusehen, weil du noch so jung bist» (1. Timotheus 4,12).

«Siehe, ich komme bald» (Offenbarung 22,12).

Notizen aus dem Kurs

Bevor ich mit dem Kurs begann, war ich absolut und von ganzem Herzen überzeugt, dass die Bibel das Wort Gottes ist – inspiriert, irrtumslos und unfehlbar. Aber außer, dass man es mir so beigebracht hatte, *hatte ich keine Ahnung, warum ich das glaubte.*

Eines Tages im Kurs fragte der progressive Pastor: «Wer von euch glaubt, dass die Bibel das Wort Gottes ist?» Ich hob meine Hand, zusammen mit einer anderen Frau.

«Warum?», fragte er kurz und schlicht.

Die andere Frau antwortete: «Weil ich das spüren kann. Das ist etwas, das tief in meinem Herzen schwingt – ich kann es förmlich greifen.»

Darauf erwiderte der Pastor: «Hat die Bibel das letzte Wort?»

«Ja, das letzte Wort», sagte sie mit gelassener Zuversicht und schlug mit der flachen Hand vor sich auf den Tisch. Ich war wirklich froh, dass sie an diesem Tag mit im Kurs saß. Sie war ein Gast … eine Freundin des Pastors und eine recht bekannte Vortragsrednerin auf Frauenveranstaltungen. Es begeisterte mich, zur Abwechslung mal nicht die Einzige zu sein, die anderer Meinung war als er.

Er musterte sie nachdenklich und erwiderte: «Ich habe Muslime kennengelernt, die genau dasselbe über den Koran sagen. Sie sagen, es sei etwas, das sie tief im Herzen spüren. Ein muslimischer Freund hat sogar auch gesagt, er könne es *förmlich greifen.*»

Ich sah die Frau an und hoffte, sie würde darauf eine Antwort haben, aber sein Gegenargument schien ihr die Sprache zu verschlagen. Sie saß nur stumm da, während ein paar unbehagliche Momente verstrichen.

In diesem Moment wurde mir klar, dass ich mein ganzes Leben auf ein Buch gegründet hatte und verstandesmäßig keinerlei Argument besaß, mit dem ich hätte begründen können, warum.

Das war ein Wendepunkt.

In der Vergangenheit hatte mich nie ein Argument gegen das Christentum ins Wanken gebracht, weil ich *einfach wusste*, dass die Bibel wahr ist. Wenn jemand meinte, Jesus sei in Wirklichkeit gar nicht von den Toten auferstanden oder die Menschen stammten von den Affen ab, konnte ich einfach meine Bibel aufschlagen und ihn widerlegen. «Die Bibel sagt …» – mehr brauchte ich nicht, um eine Frage abschließend zu klären.

Nun aber hatte jemand der Bibel den Boden weggezogen – und ich hatte nichts. Die Wahrheit ist, dass ich nicht wusste, wieso ich glaubte, dass die Bibel auf meinem Schoß dieselben Worte enthielt, die vor Jahrtausenden niedergeschrieben worden waren. Ich wusste nicht, wie die Bibel zusammengestellt, kanonisiert, abgeschrieben und übersetzt worden war. Ich wusste nicht, warum ich glaubte, dass die Evangelien von Augenzeugen des Lebens Jesu geschrieben worden waren. Ich wusste nicht, welchen Unterschied es gab zwischen mir und dem Muslim, der über seinen Koran ganz genauso empfand wie ich über meine Bibel. Beide waren wir überzeugt, dass wir den wahren Gott gefunden hatten. Beide waren wir tief in der Seele ganz sicher, dass unser heiliges Buch das richtige war. Wir beide *glaubten fest*, dass wir recht hatten. *Aber wir konnten nicht beide recht haben*, denn die Bibel und der Koran widersprechen einander in vielerlei Hinsicht.

Nehmen wir zum Beispiel die Frage nach dem Tod Jesu. Wissen Sie noch, wie ich im ersten Kapitel sagte, der christliche Glaube stehe oder falle damit, dass die Auferstehung Jesu sich wirklich historisch ereignet hat? Nun, der Koran lehrt, Jesus sei am Kreuz gar nicht gestorben. Wenn der Koran aber recht hat und Jesus nicht gestorben ist, dann konnte er auch nicht auferstehen, und der Glaube der Christen wäre widerlegt. Hat aber die Bibel recht und Jesus ist am Kreuz gestorben und wurde auferweckt, dann wäre der Islam widerlegt. Da steht viel auf dem Spiel. Wegen solcher Widersprüche gibt es keine warme, kuschelige «meine Wahrheit», wenn es um die historischen Fakten geht. Entweder ist Jesus am Kreuz gestorben oder nicht. Ich *musste* wissen, warum ich glaubte, dass die Bibel es richtig darstellt. Und ich musste bereit sein, diesen Glauben aufzugeben, wenn er nicht der Wahrheit entsprach.

So machte ich mich auf eine Reise, um der Zuverlässigkeit der Bibel auf den Grund zu gehen, und mit dem Neuen Testament fing ich an. Dazu musste ich zwei wichtige Fragen stellen, die mir helfen würden, festzuhalten, worauf es wirklich ankommt:

1.) Haben wir eine genaue Abschrift dessen, was ursprünglich geschrieben wurde?
2.) Sagen diese Aufzeichnungen die Wahrheit über Jesus, sein Leben und seine Lehre?

Wenn ich diesen beiden Fragen auf den Grund gehen konnte, war das ein guter Anfang. Ich vermutete, dass es gute Gründe dafür gab, warum so viele christliche Gelehrte, Pastoren, Theologen und Laien dem Neuen Testament seit zweitausend Jahren vertrauten, aber jetzt musste ich diese Gründe für mich selbst herausfinden.

Haben wir eine genaue Abschrift?

Zuerst las ich ein paar apologetische Bücher, die überzeugend für die Zuverlässigkeit der Bibel argumentierten. Aber da ich jemand bin, der chronisch zu viel nachdenkt und von Natur aus skeptisch ist, wollte ich nicht einfach nur eine Analyse darüber lesen, was die Bibelforscher sagten. Ich wollte es von den Forschern selbst hören. Besser noch, ich wollte die Primärquellen lesen, die auch die Forscher lasen und analysierten.

Auf diesem Weg entdeckte ich die Textkritik, eine Forschungsdisziplin, die sich mit den erhaltenen Manuskripten antiker Texte befasst. Für eine Drückebergerin wie mich, die praktisch allergisch ist gegen Wörter wie *Forschung* und *Textgeschichte*, hörte sich das nach einer höchst intellektuellen Beschäftigung an. Ich stellte mir hochnäsige Professoren vor, die einen von oben herab anschauten und sich lustig machten über die Einfaltspinsel, die nicht einmal den Unterschied zwischen Prälapsarianismus und Postlapsarianismus kennen. (Das dürfen

Sie selber googeln.) Aber es beruhigte mich auch, zu wissen, dass dies eine richtige Wissenschaft war ... mit richtigen Forschern ..., die richtige Doktortitel hatten ... von richtigen Universitäten wie Princeton und Cambridge. Diese Informationen hatte sich nicht irgendein spinnerter Blogger ausgedacht. Das war etwas Handfestes.

Wie ich erfuhr, ist Textkritik eine Disziplin, die sich nicht nur mit der Bibel befasst. Mit dieser Methode rekonstruieren Forscher den Wortlaut aller alten Schriften, deren Originaldokumente nicht erhalten sind. Falls Sie also je Platons *Staat*, Homers *Ilias*, Aristoteles' *Rhetorik* oder Shakespeares *Romeo und Julia* gelesen haben, können Sie sich bei einem Textkritiker dafür bedanken.

Wie funktioniert das?

Ich machte mich daran, alles über Textkritik zu lesen, was ich in die Finger bekam. Ich hörte mir Debatten, Vorträge und Online-Seminare an. Dabei lernte ich von Forschern, die die Bibel für zuverlässig halten, ebenso wie von solchen, die der gegenteiligen Meinung sind. Ich las liberale, konservative, evangelikale, progressive, ja sogar atheistische Wissenschaftler. Dabei merkte ich, dass Neutestamentler sich über *eine Menge* Dinge uneins sind. (Das ist noch milde ausgedrückt!) Wollte ich einen Forscher finden, der mir sagt, die Bibel sei ein Durcheinander gefälschten Materials voller Widersprüche, so würde ich einen finden. Wollte ich einen Forscher, der mir sagt, die Bibel sei Gottes eigenes Wort, perfekt niedergeschrieben und fehlerfrei überliefert, so würde ich auch einen solchen finden.

Statt mir also den Wissenschaftler auszusuchen, der am besten zu dem passte, was ich gerne als Ergebnis haben *wollte*, beschloss ich, mir die Fakten anzuschauen, über die sie sich allgemein einig sind. (Nebenbei: Das ist ein wirklich guter Ansatz, wenn Sie sich zwischen all den widersprüchlichen Aussagen der Fachleute auf irgendeinem Forschungsgebiet nicht zurechtfinden.)

Darf ich einmal kurz auf die Kanzel steigen? Natürlich gibt es immer extreme «Randpositionen» unter den Gelehrten auf beiden Seiten einer Debatte. Zum Beispiel stimmen die meisten Neutestamentler, ob Christen oder Atheisten, darin überein, dass Jesus als historische Person existiert hat – aber das heißt nicht, dass man nicht hier und da auch einen Wissenschaftler fände, der das Gegenteil behauptet. Und machen wir uns nichts vor … *alle Gelehrten* sind voreingenommen. Lassen Sie uns das noch einmal alle zusammen sagen: *Alle Gelehrten sind voreingenommen.*

Lassen Sie sich von keinem Skeptiker einreden, Sie müssten Ergebnisse, die von bekennenden Christen sorgfältig erforscht und begründet wurden, wegen deren «pro-christlicher Befangenheit» verwerfen. Atheistische Forscher sind genauso befangen. Zum Beispiel werden die meisten atheistischen Forscher Ihnen sagen, dass übernatürliche Ereignisse in der Bibel – wie etwa Wunder – nicht wirklich stattgefunden haben. Das sagen sie aber nicht, weil sie Belege für diese Schlussfolgerung haben … sie *setzen* einfach *voraus*, dass die biblischen Wunder nicht stattgefunden haben, weil sie auch ein Vorurteil haben: das sogenannte antisupernaturalistische Vorurteil.

Meiner Meinung nach sind also die zuverlässigsten Wissenschaftler diejenigen, die ihre Befangenheit zugeben, sich ehrlich dazu stellen und ihr Bestes tun, um unparteiisch zu sein. Und diejenigen, die ihre Befangenheit nicht erkennen? Die stehen am meisten unter dem Einfluss ihrer uneingestandenen Vorausannahmen und Vorlieben. Okay, ich steige wieder von der Kanzel.

Ich machte es mir also zur Mission, die Fakten herauszufinden, über die sich die meisten Neutestamentler im Hinblick auf die Textkritik einig sind. Unumstritten scheint zu sein, wie viele Manuskripte wir haben, wann sie allgemein zu datieren sind und wie viele Abweichungen es zwischen den Manuskripten gibt. Worüber sich die Gelehrten streiten, ist, *was das alles bedeutet.* Aber ehe wir vorgreifen, erst einmal ein paar Worte zur Geschichte.

Vor der Erfindung des Buchdrucks ließen sich Kopien von Büchern und Texten nur auf die altmodische Art herstellen – per Hand. In neutestamentlicher Zeit schrieben Schreiber gewissenhaft die Augenzeugenberichte und Briefe ab, die die Apostel (und in einigen Fällen Leute, die die Apostel kannten oder zu ihrem Umfeld gehörten) verfasst hatten. Diese handgeschriebenen Kopien werden «Manuskripte» genannt. Als die Zahl der Christen zunahm und der Glaube sich im Römischen Reich ausbreitete, wurde es zunehmend notwendig, weitere Abschriften von den Schriften der Apostel herzustellen. Schließlich konnte Paulus nicht mal schnell 1300 Kilometer von Jerusalem nach Korinth pendeln, um dort jede Woche zu predigen.

Wenn Paulus einer der Gemeinden unter seiner Obhut einen Brief schrieb, adressierte er ihn oft an eine ganze Region. Der Galaterbrief zum Beispiel richtet sich an «die Gemeinden [Plural] in Galatien» (1,2). Die Neutestamentler Andreas Köstenberger und Michael Kruger merken dazu an: «Es ist unwahrscheinlich, dass jede dieser Untergemeinden den *Originalbrief* des Paulus in die Hände bekam; zweifellos wurden Abschriften erstellt.»[90]

In manchen Fällen wies Paulus eine Ortsgemeinde an, den Brief laut zu verlesen und dann an eine andere Gemeinde weiterzuleiten (wobei er voraussetzte, dass er dazu abgeschrieben werden würde), wie in Kolosser 4,16. Somit waren von Anfang an viele Abschriften in der gesamten bekannten Welt in Umlauf.

Noch einmal der Pfirsich-Cobbler
(Wieso geht es eigentlich in diesem Buch dauernd um Pfirsiche?)

Um zu verstehen, wie Textkritik funktioniert, kommen wir noch einmal auf das Pfirsich-Cobbler-Rezept meiner Großmutter zurück. Wissen Sie es noch auswendig? Bitte nicht zurückblättern zum dritten Kapitel, aber ich gebe Ihnen einen Tipp: «Tasse, Tasse, Tasse.»

Mal angenommen, meine Großmutter hätte das schlechteste Gedächtnis der Welt gehabt und deshalb beschlossen, das Rezept aufzuschreiben, für den Fall, dass sie je die Zutaten vergessen sollte. Stellen wir uns weiter vor, ich hätte mir dieses Original angeschaut und es sorgfältig abgeschrieben. Dann wollten meine drei Schwestern auch eine Kopie haben, also hätte ich für sie auch je eine gemacht. Angenommen, eine meiner Schwestern hätte beschlossen, das Rezept, das ich ihr gegeben habe, auch selbst noch ein paar Mal abzuschreiben, um es an ihre Töchter weiterzugeben. Die wiederum schrieben es für ihre eigenen Kinder nochmals ab, und so weiter und so fort. Innerhalb weniger Generation könnten auf diese Weise Dutzende, ja Hunderte von handgeschriebenen Kopien des Rezeptes meiner Nana entstehen.

Wäre nun ihr Original im Nebel der Geschichte verschollen oder den Motten zum Opfer gefallen oder was auch immer, wie könnte jemand dann herausfinden, ob die Abschrift, die er besitzt, genau dem entspricht, was meine Großmutter ursprünglich einmal aufgeschrieben hat? Gäbe es nur eine einzige Abschrift, so könnte man das nie wissen. Vielleicht hat jemand einen Fehler gemacht, ein Wort falsch geschrieben, oder – schlimmer noch – absichtlich eine der Zutaten verändert, um das Rezept zu verbessern (keine Chance, aber danke für den Versuch). Die einzige Möglichkeit, dahinterzukommen, ob man eine genaue Abschrift hat, wäre die, *sie mit den anderen Abschriften zu vergleichen.* Um das gründlich zu machen, würde man sein Rezept mit so vielen anderen Abschriften wie möglich vergleichen, und zwar bevorzugt mit den am frühesten entstandenen – denen, die dem Original zeitlich am nächsten sind.

Schauen wir uns einige der Abschriften an.

Wie Sie auf Seite 148 sehen werden, gibt es zwischen den «Manuskripten» von Nanas Rezept einige Unterschiede. Anscheinend hat sich beim ersten Manuskript jemand bei dem Wort «Butter» verschrieben. Manuskript Nr. 2 ist kaum zu lesen, weil offenbar jemand Kaffee darüber geschüttet hat. Manuskript Nr. 3 scheint nur ein abgerissenes Fragment zu sein, auf dem nur noch ein paar Buchstaben lesbar sind. Manuskript Nr. 4 listet die Zutaten in einer anderen Reihenfolge auf. Betrachten wir aber alle Manuskripte zusammen, so ist es trotz der Unterschiede unschwer zu verstehen, was das Rezept ursprünglich besagte. Gerade *weil* es so viele Manuskripte gibt, die im Großen und Ganzen so zuverlässig sind, müsste man sich tatsächlich ziemlich anstrengen, um bei diesem Rezept etwas falsch zu machen.

Nanas Pfirsich-Cobbler
1 Tasse Mehl mit Backpulver
1 Tasse Zucker
1 Dose Pfirsiche mit Saft
1/2 Stück Futter
Die ersten drei Zutaten mischen.
Die Butter in Scheiben schneiden und
obendrauf anrichten.
Bei 180°C 30 Minuten backen.
1 Tasse Zucker
1/2 Stück Butter
Die ersten drei Zutaten mischen.
Die Butter in Scheiben schneiden und
obendrauf anrichten.
Bei 180°C 30 Minuten backen.
1 Tasse Mehl mit Backpu
1 Tasse Zucker
1 Dose Pfirsiche mit Sa
Nanas Pfirsich-Cobbler
1/2 Stück Butter
1 Dose Pfirsiche mit Saft
1 Tasse Mehl mit Backpulver
1 Tasse Zucker

Die Belege des Neuen Testaments

Mit der Verifizierung des Neuen Testaments ist es natürlich nicht so einfach wie mit dem Vergleich von drei verschiedenen Wortlauten in nicht einmal einem Dutzend Abschriften. Die Analogie mit dem Rezept soll nur den Grundgedanken veranschaulichen, wie Textkritik funktioniert. Beim Neuen Testament kommen viele Aspekte ins Spiel. Forscher analysieren jedes Manuskript äußerst aufmerksam, unter Einbezug aller Details – wie zum Beispiel die schreiberische Qualität, die Datierung und viele andere Faktoren.

Wie viele Manuskripte zum Neuen Testament haben wir also? Nach Auskunft konservativer ebenso wie liberaler Forscher besitzen wir über fünftausend Manuskripte in Griechisch, der Sprache, in der es verfasst wurde.[91] Wie alt sind sie? Das früheste Manuskript, das wir haben, ist ein Fragment aus dem Johannesevangelium. Es hat etwa die Größe einer Kreditkarte und ist etwa fünfzig bis hundert Jahre nach dem Original entstanden.[92] Ich will Sie nicht mit allen Einzelheiten langweilen, aber es lässt sich zuverlässig sagen, dass es für das Neue Testament *mehr* und *frühere* Abschriften gibt als für *jedes* andere Werk der antiken Literatur.

Und jetzt wird es knifflig. Unter den Tausenden von Manuskripten, die wir haben, gibt es irgendetwas zwischen 400.000 und einer halben Million Unterschiede oder Varianten, wie die Forscher sie nennen.[93] Das hört sich nach viel an, aber ehe Sie jetzt Ihre Bibel in Stücke reißen und damit den Kamin anheizen, kann ich Sie beruhigen: Die meisten dieser Varianten tun dem Sinn des Textes keinen Abbruch. Das ist ein weiterer Fakt, über den christliche und säkulare Forscher sich einig sind. Nehmen Sie zum Beispiel den bekanntermaßen skeptischen Neutestamentler Bart Ehrman, von dem auch das Zitat zu Beginn dieses Kapitels stammt. Ein vormals evangelikaler Christ, der zum Agnostiker und Atheisten wurde,[94] nachdem er meinte, faktische Irrtümer in den biblischen Berichten entdeckt zu haben. Er debattiert regelmäßig mit evangelikalen christlichen Wissenschaftlern und war schon bei CNN, in *The Colbert Report* und in *The Daily Show with Jon Stewart* zu sehen und zu hören. Er hat seinen Glauben verloren und es sich zur Berufung gemacht, uns zu erklären, warum auch wir unsere Überzeugungen infrage stellen sollten. Doch *selbst er* stimmt zu, dass der größte Teil dieser Abweichungen im Grunde bedeutungslos ist. Er schreibt:

> *Die überwiegende Mehrzahl dieser Hundertausenden von Unterschieden sind ganz und gar unwichtig und bedeutungslos und spielen überhaupt keine Rolle. Die bei weitem häufigsten Unterschiede zeigen uns lediglich, dass die Schreiber der Antike auch nicht besser rechtschreiben konnten als die meisten Leute heutzutage (und dass die Schreiber damals noch keine Rechtschreibprüfung hatten!). Wenn wir wirklich wissen wollen, was der Apostel Paulus über die Bedeutung des Todes und der Auferstehung Jesu zu sagen hatte, spielt es dann eine Rolle für uns, wie er das Wort «Auferstehung» buchstabierte? Wohl eher nicht. Darüber hinaus sind etliche andere Arten von Unterschieden in unseren Manuskripten – wie wir noch sehen werden – leicht zu erklären und wirken sich nicht im Geringsten auf den Sinn des Geschriebenen aus.*[95]

Ein kleiner Anteil dieser Abweichungen allerdings, führt Ehrman weiter aus, sind durchaus relevant für den Textsinn, und das müssen wir ehrlich zugeben und uns damit auseinandersetzen. Dies sind die sogenannten *bedeutsamen* Varianten … die

Teile des Textes, die möglicherweise mit den Originalschriften übereinstimmen, vielleicht aber auch nicht.

Meine biblische Lieblingsgeschichte, die gar nicht in der Bibel steht

Ich werde nie vergessen, wie ich in meiner Küche stand, nachdem ich erfahren hatte, dass eine meiner *Lieblingsgeschichten* in der ganzen Bibel eine dieser bedeutsamen Varianten ist. Ich hatte gerade den Kühlschrank aufgemacht, um die Zutaten für ein paar belegte Brote für die Kinder herauszuholen, während ich mir auf meinem Computer einen Seminarvortrag anhörte. Mitten in der Bewegung erstarrte ich plötzlich, als ich den Referenten sagen hörte, dass Johannes 7,53–8,11, jene beliebte Geschichte, wie Jesus einer Frau, die beim Ehebruch ertappt worden war, das Leben rettete, in den frühsten und zuverlässigsten Manuskripten des Johannesevangeliums nicht enthalten sei.

Einen Moment lang stand ich benommen neben dem Kühlschrank. Das bekam ich jetzt nicht von dem progressiven Pastor zu hören. Das sagte der Leiter eines neutestamentlichen Seminars an einer konservativen evangelikalen Hochschule. Doch in einem solchen Fall, wenn die Verlässlichkeit meiner Bibel infrage gestellt wurde, war ich nicht bereit, irgendjemandem einfach zu glauben – nicht einmal einem promovierten Seminarlehrer. Also forschte ich nach und stieß auf einen angesehenen Textkritiker namens Dan Wallace. Ich hörte mir seinen Podcast an und stieß auf eine Episode mit dem Titel «Mein Lieblingsabschnitt, der nicht in der Bibel steht».[96] Er bestätigte, dass dieser Bericht bei Johannes, in dem wir berühmte Aussprüche Jesu wie «Wer unter euch ohne Sünde ist, der werfe den ersten

Stein» und «Geh hin und sündige hinfort nicht mehr» finden, in den frühesten und zuverlässigsten Manuskripten des Johannesevangeliums fehlen. Er wies sogar nach, dass das früheste Manuskript, in dem diese Geschichte enthalten ist, aus dem fünften Jahrhundert stammt, etwa vierhundert Jahre nach der Abfassung des Originals.[97]

Wie aber kam die Geschichte dann in unsere modernen Bibeln? In englischen Bibeln ist sie seit der King-James-Version fester Bestandteil, obwohl sie in Hunderten von griechischen Manuskripten fehlt. Die King-James-Bibel ist keine schlechte Übersetzung, aber die Manuskripte, auf die sie sich stützt, waren nicht die frühesten und zuverlässigsten. In späteren Übersetzungen blieb der Abschnitt erhalten, wenn er auch in den meisten modernen Bibeln mit eckigen Klammern und einem Hinweis markiert ist. In der New International Version findet sich die folgende Anmerkung: «[In den frühesten Manuskripten und bei vielen anderen antiken Textzeugen ist Johannes 7,53–8,11 nicht enthalten. Einige Manuskripte fügen diese Verse, vollständig oder teilweise, nach Johannes 7,36, Lukas 21,38 oder Lukas 24,53 ein.]»

Zwischen praktisch allen Neutestamentlern – ob konservativ, liberal oder atheistisch – besteht Einigkeit darüber, dass dieser Textabschnitt ursprünglich nicht zum Johannesevangelium gehörte. Mir ist klar, wie bestürzend diese Offenbarung sein kann. Mich jedenfalls erschütterte sie so heftig, dass ich ein ganzes Jahr brauchte, um sie zu verarbeiten und zu durchdenken. Was bedeutete das für den Rest meiner Bibel? War sie vertrauenswürdig? Gab es noch andere Geschichten in der Heiligen Schrift, auf die ich mich verlassen und an die ich geglaubt hatte, die ebenfalls nicht authentisch waren? Hatte Jesus in Wirklichkeit nie gesagt: «Geh hin und sündige hinfort nicht mehr»?

Als ich darüber nachdachte, wie viele Predigten sich schon

auf diesen Abschnitt gestützt haben, tröstete mich die Entdeckung, dass die meisten Forscher zwar diese Passage nicht als echte Heilige Schrift anerkennen, manche aber dennoch glauben, dass die Geschichte wirklich passiert ist. Vielleicht war es ein reales Ereignis, das zunächst mündlich überliefert und später von einem Schreiber hinzugefügt wurde, damit es nicht in Vergessenheit geriet. Genau wissen können wir das nicht. Aber als jemand, der die Bibel studiert und sich auf ihre Autorität verlässt, musste ich mich damit auseinandersetzen.

Der einzige andere längere Abschnitt, den die meisten Forscher für nichtauthentisch halten, ist Markus 16,9–20. Man nennt diese Verse auch «das lange Ende des Markusevangeliums». Auch sie werden in den meisten Bibeln in eckige Klammern gesetzt und mit Fußnoten versehen.

Vielleicht sind Sie bei Ihrer Bibellese auch auf andere bedeutsame Varianten gestoßen. Ist Ihnen zum Beispiel je aufgefallen, dass manchmal ein Vers in einer Bibelübersetzung kürzer (oder länger) ausfällt als in einer anderen? Meistens sind das keine längeren Abschnitte oder ganzen Geschichten wie in den beiden obigen Beispielen. Die meisten bedeutsamen Varianten betreffen nur ein paar Worte hier und da. Wenn Sie zum Beispiel Markus 9,29 in der *English Standard Version* und in der *New King James Version* miteinander vergleichen, werden Sie einen Unterschied finden. In dieser Geschichte versuchen die Jünger Jesu erfolglos, einem Knaben einen Dämon auszutreiben. Wie lautet nun Jesu Antwort, als sie ihn fragen, warum sie daran gescheitert sind? «Diese Art kann nur durch Gebet ausgetrieben werden» oder «Die Art kann nur durch Gebet und Fasten ausgetrieben werden»? Was stimmt denn nun? Nur Gebet oder Gebet *und Fasten?* Kommt drauf an, welche Übersetzung Sie lesen. Es ist nicht unumstritten, aber viele Forscher sind sich einig, dass «und Fasten» nicht im ursprünglichen Manuskript enthalten war. Auch auf diesen Umstand weisen viele Bibelausgaben mit Fußnoten hin.

Was für einen Reim habe ich mir also auf all das gemacht? Diese Informationen waren überwältigend, aber ich habe gelernt, dass diese bedeutsamen Varianten tatsächlich sehr wichtig sind. Denn gerade weil wir sie erkennen können, können wir tatsächlich *wissen*, wie originalgetreu unsere Version des Neuen Testaments ist.

Die gute Nachricht? Unser Neues Testament wurde erstaunlich akkurat überliefert. Kein anderes Werk der antiken Literatur kommt dem auch nur nahe. Und das wirklich Aufregende: Weil die Forscher wissen, wie die bedeutsamen Varianten lauten, können wir sicher sein, dass *keine von ihnen* irgendeine wesentliche christliche Lehre beeinträchtigt. Auch darüber sind sich die meisten Forscher einig. Tatsächlich wurde Bart Ehrman 2008 während einer Debatte über das Neue Testament von Dan Wallace genau danach gefragt. Selbst Ehrman stimmte zu, dass keine dieser Varianten irgendeine christliche Hauptlehre infrage stellt.[98]

Tausende von Abschriften aus verschiedenen Zeiten, theologischen Traditionen und Teilen der Welt, und *alle sagen im Grunde dasselbe.* Das ist ein ungemein starker Beleg dafür, dass das Neue Testament in Wirklichkeit nicht erhebliche Veränderungen erfuhr, sondern akkurat abgeschrieben wurde. (Für so etwas kann ich mich begeistern.)

Wir haben nur vor Fehlern strotzende Abschriften?

Ich habe bewusst dieses Kapitel mit einem ziemlich provokativen Zitat von Bart Ehrman eingeleitet:

> Was nützt es denn, zu sagen, die Autografien (d. h. die Originale) seien inspiriert gewesen? Die Originale *haben* wir ja nicht! Wir haben nur vor Fehlern strotzende Abschriften, und die überwiegende Mehrheit von ihnen ist Jahrhunderte von den Originalen entfernt und unterscheidet sich von ihnen offensichtlich in tausenderlei Hinsicht.[99]

Ehrman ist ein hoch angesehener Akademiker, der sich auf seinem Fachgebiet bestens auskennt. Aber ich möchte Ihnen zeigen, dass Sie kein Bibelwissenschaftler sein müssen, um seinen Fehler auszumachen. Der Neutestamentler Peter Gurry legte dieses Zitat einer Gruppe von Christen vor, um zu sehen, ob jemand den logischen Fehler entdecken würde. Das Ergebnis postete er auf Twitter, und wissen Sie was? Es war kein Pastor oder Bibellehrer oder Theologe, der das Problem erkannte; es war ein Jurist – jemand, der im logischen Argumentieren und in der Kunst des kritischen Denkens geschult ist.[100] Sehen Sie, Ehrman kann ja logischerweise nicht behaupten, wir hätten nur vor Fehlern strotzende Abschriften, wenn wir seinem eigenen Zugeständnis zufolge die Originale nicht haben und folglich auch die Abschriften nicht mit ihnen vergleichen können.

Erinnern Sie sich noch an meine Spontanpredigt zum Thema Befangenheit? Obwohl sich nicht belegen lässt, dass das Neue Testament nennenswert verändert wurde (abgesehen von den Varianten, von denen wir wissen), setzt er einfach etwas voraus. Weil er befangen ist.

Seit ich etwas über Textkritik und ihre Methoden gelernt und mich durch die Varianten gekämpft habe, gehe ich beruhigt davon aus, dass das Neue Testament auf meinem Schreibtisch akkurat wiedergibt, was vor fast zweitausend Jahren niedergeschrieben wurde. Aber das reicht mir noch nicht. Haben denn die biblischen Autoren auch die Fakten richtig wiedergegeben? Theoretisch könnte es ja sein, dass ich da eine textlich einwandfreie Geschichte über eine Religion lese, die ein paar Typen sich im ersten Jahrhundert ausgedacht haben.

Was ich da in der Hand halte, könnte auch eine akkurate Abschrift einer *Lüge* sein.

8
War es nur ihre persönliche Wahrheit?

Die Evangelien unterscheiden sich, weil ihre Verfasser zu verschiedenen Zeiten und an verschiedenen Orten lebten und aus verschiedenen Gründen schrieben, und das Jahrzehnte nach der Lebenszeit Jesu. … Wahrscheinlich war keiner von ihnen ein Augenzeuge.

Peter Enns, «The Bible Tells Me So»

«Wer möchte eine neue Religion gründen?», fragte ich eine muntere Truppe von Teenagern während der dritten Woche eines sechswöchigen Apologetik-Kurses, den ich in ihrer Jugendgruppe unterrichtete. Nachdem ich eine Stunde lang so getan hatte, als wäre ich Atheistin, und sie herausgefordert hatte, ihren Glauben zu verteidigen, waren sie inzwischen daran gewöhnt, dass ich komische Fragen stellte. Eine Hand ging hoch, dann noch eine. Nachdem zwei weitere ihre Hände gehoben hatten, bat ich die vier Jungs zu mir auf die Bühne.

«Okay, die Regeln sind folgende: Ihr vier verschwört euch jetzt, eine brandneue Religion zu gründen, von der ihr wisst, dass sie *nicht wahr* ist. Dann versucht ihr, alle, die ihr kennt, davon zu überzeugen, euch zu glauben und dem, was ihr ihnen sagt, zu folgen. Aber bevor ihr diese angebliche Religion tatsächlich gründet, möchte ich euch eine Frage stellen. Wieso macht ihr das überhaupt? Was habt ihr dabei zu gewinnen?»

Es folgte eine lange Pause, bis der erste Junge wieder seine

Hand hob. Es war nicht zu übersehen, dass er unter seinen Altersgenossen den Ton angab und beliebt war. Nach seinem Panda-Jumpsuit zu urteilen, war er auch so etwas wie ein Komiker.

«Geld», sagte er trocken.

«Okay, gut. Das liegt nahe, dass man mit der Erfindung einer Religion eine Menge Geld verdienen könnte. Man kann Bücher und Merchandise verkaufen, große Spendensammlungen halten und sich als Geistlicher sogar selbst ein saftiges Gehalt genehmigen. Noch jemand eine Idee? Warum würdest *du* eine falsche Religion gründen?»

«Vielleicht … um Macht zu bekommen?», schlug ein anderer Junge vor.

«Ah ja. Macht. Es könnte sehr verlockend sein, Leute davon zu überzeugen, an etwas zu glauben, wovon du weißt, dass es falsch ist, wenn das bedeutet, dass sie ständig an deinen Lippen hängen und dir als einflussreichem Anführer folgen.»

Der dritte Junge hob seine Hand und sagte: «Um berühmt zu werden.»

«Natürlich!», erwiderte ich. «Wenn du Erfolg hast, gibt es Podcasts und YouTube-Videos und Interviews im Radio und Fernsehen. Ganz zu schweigen davon, dass du in den sozialen Medien der Star bist.»

Da dem vierten Jungen nichts einzufallen schien, schlug ich selbst ein Motiv vor: Mädchen. «Ich stelle mir vor, wenn du reich, mächtig und berühmt bist, kriegst du auch eine Menge Aufmerksamkeit vom anderen Geschlecht, nicht?»

Alle vier rissen die Augen auf und kicherten ein wenig, als ihnen aufging, was für ein starkes Motiv das war. Inzwischen waren alle am Lachen und fragten sich vermutlich schon, ob diese Jungs gleich das Treffen verlassen und anfangen würden, Pläne zu schmieden. Doch bevor ich sie losschickte, um zu tüchtigen kleinen Sektenführern zu werden, beschloss ich, ihre Blase zum Platzen zu bringen.

Ich bat sie, sich vorzustellen, was sie wohl tun würden, wenn sie mit ihrer neuen Religion *kein* Geld verdienen sollten. «Eure neue Religion bringt sogar nicht nur keinen Profit, es *kostet* euch auch noch Geld, eure Botschaft zu verbreiten. Und damit nicht genug: Was ist, wenn ihr auch die Macht und den Ruhm nicht bekommt, auf die ihr aus wart, sondern stattdessen dafür, dass ihr eure Botschaft verkündet, ausgepeitscht und ins Gefängnis gesteckt werdet? Und ihr könnt euch ja sicher auch vorstellen, wie attraktiv ein bettelarmer, geprügelter Knastvogel auf die Damen wirkt.»

Sie dachten angestrengt über weitere Gründe nach, warum sie ihre neue Religion immer noch verbreiten sollten, aber einer nach dem anderen verstummte und zog ein langes Gesicht. Als das Gedankenspiel vorbei war, schlurften sie geknickt zurück zu ihren Plätzen. Ihnen war aufgegangen, was ich begriffen hatte, nachdem ich mich jahrelang mit der historischen Zuverlässigkeit der Evangelien beschäftigt hatte: Die ersten Christen hatten kein vernünftiges Motiv, sich das Ganze auszudenken. Im Gegenteil, sie hätten allen Grund gehabt, angesichts der Bedrohung durch Tod und Folter alles zu widerrufen. Aber das taten sie nicht.

Weil es die Wahrheit war.

Notizen aus dem Kurs

Ein durchgängiges Thema unseres Kurses mit dem progressiven Pastor war, dass die ersten Christen quasi das Christentum in seinem Säuglingsalter repräsentierten. Der Gedankengang verlief etwa so: Von einem neugeborenen Baby erwarten wir nicht, dass es schon alles weiß, was es wissen wird, wenn es erwachsen ist, oder dass es gleich anfängt zu rennen, sobald es aus dem Mutterschoß heraus ist. Erst muss es krabbeln lernen, dann laufen. Warum sollten wir also von den Anhängern einer neugeborenen Religion erwarten, dass sie schon dasselbe Verständnis haben wie zweitausend Jahre später? Der Pastor erklärte uns: «Wir haben uns inzwischen weiterentwickelt. Die Bibel sagt, dass der Heilige Geist uns führen und in alle Wahrheit leiten wird …, und genau das tut er auch.» Dahinter schien die Vorstellung zu stecken, dass Paulus, Petrus und die anderen Verfasser des Neuen Testaments das Christentum in seiner primitivsten Form repräsentierten. Und dass der Heilige Geist uns nun leitet, dieselbe Arbeit zu tun, die sie taten … falsche Lehren und Wahrnehmungen zu korrigieren. Die Stimme Gottes für unsere Zeit zu hören.

Für mich ergab das absolut keinen Sinn. Einerseits sehen wir tatsächlich, dass Gott im Lauf der Weltgeschichte immer mehr von sich offenbart. Gewiss hatte Mose mehr Offenbarung von Gott als Abraham. Jenseits des Kreuzes hatte Paulus ein tieferes Verständnis der Sühne, als die Israeliten im Alten Testament es besaßen.

Später lernte ich, dass Theologen dies als fortschreitende oder «progressive» Offenbarung bezeichnen. «Progressiv» ist sie in dem Sinne, dass Gott im Lauf der Zeit den Menschen immer mehr Informationen offenbarte. Es bedeutet aber nicht, dass die Offenbarung vom Irrtum zur Wahrheit fortschritt. Insofern besteht ein riesiger Unterschied zwischen dem, was Theologen historisch unter fortschreitender Offenbarung verstanden haben, und dem, was progressive Christen damit meinen.

Der Hauptunterschied ist, dass die fortschreitende Offenbarung, die wir in der Bibel finden, sich nie selbst widerspricht und dass die Offenbarung Gottes in Jesus Christus ihren Höhepunkt erreicht. Hebräer 1,1–2 macht das auf herrliche Weise deutlich: «In der Vergangenheit hat Gott immer wieder und auf vielfältige Weise durch die Propheten zu unseren Vorfahren gesprochen. Doch jetzt, in dieser letzten Zeit, sprach Gott durch seinen Sohn zu uns. Durch ihn schuf Gott Himmel und Erde, und ihn hat er auch zum Erben über alles eingesetzt.»

Mit anderen Worten: Jesus ist Gottes letztes Wort. Fortschreitende Offenbarung funktioniert wie Bausteine, die aufeinandergeschichtet werden und die Mauer eines Gebäudes bilden.

Progressive Theologie dagegen sagt, wir haben mit den falschen Bausteinen angefangen, also müssen wir sie wieder wegnehmen und stattdessen andere verbauen – also die ganze Mauer einreißen und von vorn anfangen.

Es ist zwar richtig, dass die Jünger Jesu die ersten Christen waren, aber sie waren auch am nächsten an Jesus dran. Sie kannten ihn. Sie waren mit ihm unterwegs. Sie lernten von dem Mensch gewordenen Gott persönlich. Mir erschiene es ausgesprochen arrogant und kurzsichtig, wenn wir uns einbilden würden, mehr über Gott zu wissen als sie.

Als ich diese Gedanken gegenüber dem Pastor einmal zu formulieren versuchte, sagte ich: «Aber das, was in den Evangelien steht, wurde doch von Leuten geschrieben, die Jesus tatsächlich kannten … von denen, die drei Jahre lang mit ihm unterwegs gewesen sind.»

Rasch fragte er zurück: «Woher weißt du, dass sie mit ihm unterwegs gewesen sind?»

«Was? Glaubst du das denn nicht?», fragte ich ungläubig zurück.

«Das habe ich nicht gesagt. Ich frage nur, warum *du* glaubst, dass die Leute, die die Evangelien geschrieben haben, dieselben waren, die Jesus tatsächlich kannten und mit ihm durchs Land gezogen sind.»

Darauf hatte ich keine Antwort. Ich war ratlos. In der nächsten Woche, sagte er mir, würden wir uns mit «Verfasserschaftsproblemen» beschäftigen. Den Ausdruck hatte ich noch nie gehört, aber mir graute jetzt schon vor der nächsten Sitzung.

Als hätte ich noch nicht genug Steine im Schuh, brachte mich die Frage «Warum glaubst *du*, dass die Evangelienschreiber diejenigen waren, die mit Jesus unterwegs gewesen waren?» zusätzlich zum Humpeln. *Warum glaube ich das?*, legte mein innerer Monolog los. *Es gibt doch bestimmt einen guten Grund, warum Christen das seit zweitausend Jahren glauben. Kann doch nicht sein, dass wir die erste Generation sind, die diese Frage stellt.*

Nachdem ich nun überzeugt war, dass meine Bibel den ursprünglichen Manuskripten getreu entsprach, setzte ich meine Nachforschungen fort. Jetzt ging es darum, dahinterzukommen, ob das Neue Testament auf meinem Schoß die tatsächlichen Ereignisse des ersten Jahrhunderts akkurat schilderte oder ob es lediglich die akkurate Abschrift einer Lüge war. Diese Frage konnten mir die Textkritiker nicht beantworten. Jetzt brauchte ich die Historiker und die Theologen.

Ich lernte, dass es bei jedem Werk der Geschichtsschreibung bestimmte Elemente gibt, nach denen Historiker Ausschau halten, um zu einem Urteil darüber zu gelangen, ob das Werk reale Ereignisse oder fiktive Geschichten schildert. Dabei stellte sich heraus, dass das Neue Testament diese Elemente im Überfluss enthält, was selbst die führende atheistische Historikerin Holly Ordway dazu veranlasste, ihre Meinung über das Christentum zu ändern. Was sie einst für einen seltsamen Aberglauben gehalten hatte, erkannte sie nun, war reale Geschichte. Sie schreibt:

> *Ich las die Evangelienberichte noch einmal und versuchte aufzunehmen, was sie sagten. … Mir wurde klar, dass es historische Berichte waren. Von Kindheit an bin ich von Folklore, Fantasien, Legenden und Mythen umgeben gewesen, und als Erwachsene hatte ich diese Literaturgattungen studiert; ich kannte ihren Tonfall, ihre Anmutung, ihren Rhythmus. Keiner dieser stilistischen Fingerabdrücke war in den neutestamentlichen Büchern zu finden, die ich las.*[101]

Waren die Evangelienschreiber Augenzeugen?

Manche christlichen Forscher datieren die Evangelien auf die Zeit vor dem Fall Jerusalems im Jahr 70 n. Chr., etwas früher als ihre säkularen Kollegen. Weitgehend einig sind sich aber alle darin, dass sie vor dem Ende des ersten Jahrhunderts geschrieben wurden. Selbst Bart Ehrman erwähnt, dass die meisten Historiker Matthäus, Markus, Lukas und Johannes in den Jahren zwischen 65 und 95 n. Chr. ansiedeln.[102] Der Neutestamentler Peter J. Williams merkt an: «Die oben angeführten Datierungen zeigen jedoch, dass selbst Forscher, die nicht an Jesus als den Messias glauben, die Evangelien so datieren, dass sie noch zuverlässige Erinnerungen von Augenzeugen wiedergeben konnten.»[103]

Nicht nur die Datierung weist darauf hin, dass die Evangelien von Zeitgenossen Jesu geschrieben wurden, sondern auch die Tatsache, dass die Bücher selbst eine rasiermesserscharfe Genauigkeit in den historischen Details aufweisen. In seinem

Buch *Glaubwürdig* legt Williams dar, dass alle vier Evangelienschreiber sich bestens in den geografischen Gegebenheiten auskannten, selbst bei völlig unbekannten Orten. Die Verwendung von Eigennamen entspricht haargenau den aktuellen Forschungsergebnissen hinsichtlich der Beliebtheit und Gebräuchlichkeit von Namen in der Region zur damaligen Zeit. (Interessanterweise erreichen die nicht-kanonischen Evangelien eine derartige Genauigkeit nicht einmal annähernd.)[104]

Das Neue Testament zeigt ein korrektes Verständnis botanischer Begriffe, finanzieller Normen und lokaler Sprachen und Sitten. Wohlgemerkt, zur damaligen Zeit konnte man solche Informationen nicht einfach googeln. Man musste dabei gewesen sein … oder jemanden kennen, der vor Ort gewesen war. Diese Details beweisen zwar nicht, dass die Autoren die Wahrheit über Jesus sagten, aber zumindest helfen sie, den Gedanken ad acta zu legen, es seien nur irgendwelche Leute gewesen, die Jahrzehnte später weit vom Schauplatz der Geschehnisse entfernt versucht hätten, sich zusammenzureimen, was damals geschehen sein könnte. Diese Details deuten darauf hin, dass die Autoren Augenzeugen waren oder aber von Augenzeugen unterrichtet wurden.

Das ist aber peinlich

Wenn ich mir über eine Sache an der menschlichen Natur sicher bin, dann darüber, dass wir dazu neigen, uns selbst in einem möglichst günstigen Licht darzustellen. Beweis gefällig? Klicken Sie nur mal auf Instagram. Immer, wenn ich meinen Instagram-Feed aufmache, bricht eine Flut von perfekten kleinen Familien über meine Sinne herein, die sich an perfekten kleinen Stränden an den Händen halten, wahre Kunstwerke von Latte-Macchiatos trinken, in ihren makellos manikürten Gärten leuchtend rote, glatte Tomaten ziehen oder mit ihren wohlerzogenen Kindern in professionell ausgeleuchteter Szenerie einen Eisbecher genießen. Wenn ich mir das Sperrfeuer von «No-Makeup-Selfies» von Promis in all ihrer makellosen Herrlichkeit anschaue, höre ich meinen inneren Monolog sarkastisch sticheln: *Wie tapfer von ihnen.*

Aber ich will mich nicht beschweren. Mir ist viel lieber, einen Schnappschuss von einem Paar frisch pedikürter Füße zu sehen, als mir einen Aufguss des Streits anzuschauen, den die Dame am selben Morgen mit ihrem Mann hatte (#keepinstagramhappy). Aber Instagram ist ja auch kein getreues Abbild der Wirklichkeit – es ist eine Montage der Highlights. Wir Menschen können nicht anders. Wir zeigen uns im Rampenlicht von unserer besten Seite.

Im Gegensatz dazu ist eines der Merkmale authentischer Augenzeugenberichte, nach denen Historiker in antiken Schriften Ausschau halten, das sogenannte «Peinlichkeitskriterium» (*criterion of embarrassment*). Es besagt, dass wir, ob jemand die Wahrheit sagt, unter anderem daran erkennen, dass er peinliche Einzelheiten über sich selbst oder seine Geschichte nicht verschweigt. In dieser Hinsicht sind die Evangelien unglaublich peinlich.

Denken Sie an die vier Jungen, über die ich am Anfang dieses Kapitels berichtet habe. Wenn sie sich eine Religion ausdächten, würden sie sich selbst dann als begriffsstutzige Feiglinge darstellen, die offenbar nie kapieren, wovon ihr spiritueller Guru eigentlich redet? Ich täte das jedenfalls nicht. Aber hier sind einige Beispiele, in denen die Verfasser des Neuen Testaments genau das tun:

- Jesu Jünger scheinen nie zu kapieren, wovon Jesus redet (Markus 9,32; Lukas 18,34; Johannes 12,16).
- Drei Mal schlafen sie ein, als Jesus sie drängt, zu beten (Markus 14,32–41).
- Sie werden von Jesus getadelt (Markus 8,33).
- Die Apostel streiten heftig miteinander (Galater 2,11).
- Die Jünger laufen weg und verstecken sich wie Feiglinge, als Jesus verhaftet wird (Markus 14,50–52).
- Sie verleugnen Jesus, als sie gefragt werden, ob sie ihn kennen (Matthäus 26,33–35.69–75).
- Sowohl die jüdischen Führer als auch die Jünger Jesu zweifeln ständig an ihm (Matthäus 12,39–41; 17,9.22–23; 28,16–17; Markus 16,14; Johannes 2,18–22).

Ebenso scheuten sich die Evangelienschreiber nicht, mit den Konventionen zu brechen und sich sogar lächerlich zu machen, indem sie eines der größten Wunder in der Geschichte auf die Aussagen von Frauen stützten.

- Alle vier Evangelien berichten, dass Frauen die ersten Zeugen der Auferstehung Jesu waren. Das ist peinlich, da zur damaligen Zeit Zeugenaussagen von Frauen nicht einmal vor Gericht zugelassen waren[105] (Matthäus 28; Markus 16; Lukas 24; Johannes 20).

Außerdem geben die Evangelienschreiber viele herausfordernde Aussagen Jesu und schwierige Details aus seinem Leben wieder. Kennen Sie die Stelle, wo Jesus den Leuten sagt, sie müssten sein Fleisch essen und sein Blut trinken? Ich hätte das wahrscheinlich weggelassen, wenn ich darauf aus gewesen wäre, meine neue Religion möglichst vielen Leuten schmackhaft zu machen. Die Verfasser berichten davon, wie Jesus Leute als «Feinde» (Matthäus 5,44), «Heiden» (Matthäus 5,47; Luther), «Heuchler» (Matthäus 6,2), «Diebe» (Matthäus 6,20), «Hunde» und «Säue» (Matthäus 7,6), «falsche Propheten» (Matthäus 7,15; Luther), «ein böses und ehebrecherisches Geschlecht» (Matthäus 12,39), «blinde Blindenführer» (Matthäus 15,14; Luther), «unrein» (Matthäus 15,18), «blinde Narren» (Matthäus 23,17), «weiß getünchte Grabstätten» (Matthäus 23,27), «Schlangen» und «Otterngezücht» (Matthäus 23,33) und «Verfluchte» tituliert … und das alles allein im Matthäusevangelium.

Wenn ich mein neues Glaubenssystem so vielen Leuten wie möglich andrehen wollte, würde ich wahrscheinlich nicht den Umstand erwähnen, dass Jesu eigene Familie meinte, er hätte den Verstand verloren (Markus 3,20–21), oder dass andere ihn einen «Weinsäufer» (Matthäus 11,19; Luther) und «wahnsinnig» (Johannes 10,20) nannten. Für mein größtenteils jüdisches Publikum hätte ich mir auf keinen Fall ausgedacht, dass die zentrale Figur meiner neuen Religion gekreuzigt wird – wenn doch in meinem eigenen Heiligen Buch steht, dass jemand, der gekreuzigt wird, verflucht ist (5. Mose 21,23). Da könnte ich ja gleich sagen: «He, den Kerl hier müsst ihr anbeten … er ist verflucht!» Die Wahrheit ist, dass man solche Details einfach nicht berichten würde, wenn sie nicht den Tatsachen entsprechen.

Wäre das Evangelium von einem Haufen jüdischer Männer des ersten Jahrhunderts zusammengezimmert worden, dann hätten diese doch versucht, die Aussprüche Jesu zu vereinfachen, zu vereinheitlichen, klarer und schöner zu machen – das Christentum viel breiter, leichter und angenehmer zu machen. Aber das taten sie nicht, weil es nun einmal nicht breit, leicht oder angenehm ist. Es ist unglaublich schwierig. Es wird beschrieben als ein schmaler Weg, den nur wenige Menschen finden (Matthäus 7,13–14).

Bei meinem Bemühen, herauszufinden, ob die historischen Behauptungen des christlichen Glaubens wahr sind, wurde es mir wichtig, eine Unterscheidung zu treffen. Bevor ich beurteilen konnte, ob ich glaube, dass die Bibel irrtumslos und inspiriert ist, musste ich erst wissen, ob das *Evangelium* wahr ist. Und dafür brauchte ich einfach verlässliche Augenzeugenberichte.

Notizen aus dem Kurs

Es war beruhigend, zu entdecken, dass die Evangelien die nahöstliche Welt des ersten Jahrhunderts akkurat beschrieben und sich nicht scheuten, peinliche Einzelheiten über Jesu Leben und seine Anhänger preiszugeben. Beides deutete darauf hin, dass es sich um vertrauenswürdige Berichte handelte.

Doch eine Frage machte mir noch zu schaffen: Warum unterscheiden sich die Evangelienberichte in so vielen Details? Liegt das daran, dass die Autoren doch nicht diejenigen waren, für die die Kirche sie immer gehalten hatte? Waren sie einfach nur irgendwelche Leute, die Jahrzehnte nach der Lebenszeit Jesu und an verschiedenen Orten aus verschiedenen Gründen ihre Texte verfassten? Und wenn ja, wie konnten sie dann die Dinge so eindrucksvoll akkurat beschreiben? Nach dem, was ich bereits herausgefunden hatte, schien mir das ein bisschen weit hergeholt. Aber warum gab es diese Unterschiede überhaupt?

Eines Tages ging der progressive Pastor im Kurs einige dieser angeblichen Widersprüche mit uns durch. «Waren am triumphalen Einzug Jesu in Jerusalem zwei Esel im Spiel, wie Matthäus berichtet, oder war es nur einer, wie es bei Markus, Lukas und Johannes zu lesen ist?», fragte er. «War bei Jesu Auferstehung ein Engel zugegen, wie Matthäus und Markus sagen, oder waren es zwei, wie bei Lukas und Johannes?»

Er merkte an, dass Christen oft ein ganzes Evangelium durchlesen, und bis sie beim nächsten angekommen sind, bemerken sie meist gar nicht mehr die Unterschiede in denselben Geschichten, weil sie sie nicht parallel lesen. Dann fragte er uns, ob irgendjemand sie schon einmal auf diese Weise gelesen habe, und ich hob meine Hand.

«Was hast du dir bei den Unterschieden gedacht?», erkundigte er sich.

«Nun ja, ich glaube, sehr viele sind mir nicht aufgefallen», sagte ich, «aber die wenigen, die ich gesehen habe, haben mich nicht gestört. Was die Anzahl der Esel angeht, dachte ich mir einfach, dass Matthäus wohl einen anderen Blickwinkel hatte als Johannes oder es nicht für nötig hielt, den zweiten Esel zu erwähnen. Schließlich hat er ja nicht behauptet, es wäre nur einer gewesen», improvisierte ich.

Fragen bezüglich der Exaktheit der Bibel machen seit vielen Jahren Skeptikern Freude – und verunsicherten Christen zu schaffen. Das Thema wurde intellektuell so ausführlich durchleuchtet, dass inzwischen Tausende Seiten gelehrter Abhandlungen in dicken Bänden gesammelt wurden, in denen man seine Neugier stillen kann. Letzten Endes lassen sich diese sogenannten «Widersprüche» auflösen, aber hinter allen Nachforschungen steckt eine grundlegendere Frage: *Können wir dem Zeugnis der vier Evangelien vertrauen?*

Das ist eine Frage, die J. Warner Wallace keine große Sorge bereitet. Als Mordermittler ist er darin geschult, zu erkennen, wann jemand lügt. Sein Job verlangt von ihm eine gewisse Expertise, was Augenzeugenberichte angeht. In seinem Buch *Cold Case Christianity* erzählt er, wie er einmal an einen Tatort gerufen wurde, wo alle vier Augenzeugen zusammen hinten in einem Polizeifahrzeug saßen und auf ihn warteten. Das hätte seine Ermittlungen beinahe von vornherein ruiniert, schreibt er. Warum? Weil Augenzeugen, wenn sie die Chance haben, miteinander zu reden und sich über ihre Beobachtungen auszutauschen, unweigerlich ihre Geschichten einander angleichen. Das ist ein todsicheres Anzeichen dafür, dass wesentliche Details, die für die Lösung des Falles entscheidend sein können, wahrscheinlich unter den Tisch fallen oder glattgebügelt werden.

Wenn Augenzeugen voneinander getrennt werden, berichtet Wallace, «ist die Wahrscheinlichkeit viel höher, dass sie unbeeinflusst nur das schildern, was sie wirklich gesehen haben».[106] Wie er schreibt, *rechnet* er sogar damit, dass authentische Aussagen voneinander abweichen, weil jeder Augenzeuge eine einzigartige Perspektive, Weltsicht und Lebenserfahrung hat. Deswegen konnte er einen Raubüberfall in einem kleinen Lebensmittelladen aufklären, obwohl die beiden Augenzeugen entscheidende Details sehr unterschiedlich schilderten.

Die eine Zeugin war eine achtunddreißigjährige Innendesignerin. Sie berichtete, der Räuber habe ein Poloshirt von Izod getragen, und erwähnte nichts davon, dass er eine Waffe gehabt hatte. Der andere Zeuge war ein unverheirateter dreiundzwanzigjähriger Klempner. Er sagte, der Räuber habe eine 9-mm-Handfeuerwaffe vom Typ Ruger P95 gehabt und möglicherweise ein T-Shirt getragen. Auch andere Details der beiden Schilderungen unterschieden sich stark, sodass Wallace sich fragte, ob die beiden nicht zwei völlig verschiedene Verbrechen beobachtet hatten. Wie sich herausstellte, stand die Frau hinter dem Räuber und bekam die Waffe nie zu Gesicht. Sein Poloshirt fiel ihr auf, weil sie als Designerin darauf konditioniert war, solche Details zu bemerken, und außerdem gerade ein ähnliches Shirt für ihren Mann gekauft hatte. Der Mann (der auf Mode weniger achtete) stand dem Räuber direkt gegenüber. Aus seiner Perspektive bemerkte er die Waffe und erkannte sie sofort als eine Ruger P95, weil sein Vater genau die gleiche Pistole besaß.

So konnte Wallace rekonstruieren, was sich tatsächlich ereignet hatte. Er schreibt:

> *Es ist bei jedem Fall, den ich bearbeite, das Gleiche: Zeugen sind sich selten über alle Einzelheiten einig. Wenn zwei Leute in allen Details ihrer Aussagen vollkommen übereinstimmen, neige ich sogar dazu, anzunehmen, dass sie sich entweder gegenseitig mit ihren Beobachtungen kontaminiert haben oder zusammenarbeiten, um mich hinters Licht zu führen. Von wahrhaftigen, verlässlichen Zeugen erwarte ich eigentlich fast, dass sie sich irgendwo widersprechen.*[107]

Deshalb störte sich Wallace, als er als überzeugter Atheist die Evangelien las, nicht groß an den Differenzen. Falls ihm überhaupt etwas zu schaffen machte, dann gerade der Umstand, dass er auf den Seiten von Matthäus, Markus, Lukas und Johannes genau die Merkmale echter Augenzeugenberichte vorfand, die zu erkennen er als Detektiv gelernt hatte. Das war eines der Indizien, die ihn schließlich zum Glauben an Christus führten.

Er kam zu demselben Schluss wie ich. Die Evangelienschreiber waren verlässliche Augenzeugen der Ereignisse im Leben Jesu. Doch jeder von ihnen schrieb aus einer anderen Perspektive und für eine andere Zielgruppe.

Nehmen wir zum Beispiel Matthäus. Er schrieb sein Evangelium für eine jüdische Leserschaft und erwähnte deshalb natürlich Details im Zusammenhang mit alttestamentlichen Prophezeiungen, die auf Jesus als den jüdischen Messias hindeuten.[108] Vielleicht war es ihm deshalb wichtig, den zweiten Esel beim triumphalen Einzug zu erwähnen. Eine Prophezeiung aus Sacharja 9,9 besagt, der Messias werde «auf einem Esel, ja, auf dem Fohlen einer Eselin» in Jerusalem einreiten. Ein Fohlen ist noch abhängig von seiner Mutter, und deshalb verweist Matthäus darauf, dass die beiden Esel zusammen vorgefunden wurden. Für Matthäus war das ein wichtiges Detail, weil er zeigen wollte, dass Jesus die jüdische Prophezeiung erfüllte.

Markus dagegen schrieb für eine umfassendere römische Leserschaft. Mit spezifisch jüdischen Details hielt er sich nicht lange auf, weil sein Publikum mit diesen Informationen nicht viel hätte anfangen können. Lukas war ein sorgfältiger Historiker, der die Augenzeugen befragte, um für die Belesenen und Gebildeten in der nichtjüdischen Welt alles «der Reihe nach aufzuschreiben» (Lukas 1,1–4). Für Markus und Lukas bestand keine Notwendigkeit, die Anwesenheit des zweiten Esels (des Muttertiers) zu erwähnen, weil es für ihre Leser keinerlei Bedeutung gehabt hätte.

Johannes, der seinen Bericht etwas später schrieb, scheint sich mehr für die theologischen Implikationen der Ereignisse in Jesu Leben interessiert zu haben als für die Chronologie oder die historischen Details. Schon um das Jahr 200 n. Chr. sagt uns Clemens von Alexandrien (paraphrasiert von Eusebius von Cäsarea): «Zuletzt habe Johannes in der Erkenntnis, dass die menschliche Natur in den Evangelien (bereits) behandelt sei, auf Veranlassung seiner Schüler und vom Geiste inspiriert ein geistiges Evangelium verfasst.»[109] Im Johannesevangelium heißt es schlicht: «Jesus ließ sich ein Eselfohlen bringen und ritt auf ihm in die Stadt.» Johannes ging davon aus, dass seine

Leser mit den Berichten von Matthäus, Markus und Lukas bereits vertraut waren, und verdichtete die Einzelheiten so weit wie möglich, um auf die theologische Bedeutung dieses Ereignisses zu kommen.

Nun zu der Frage, die zweifellos allen Leserinnen und Lesern unter den Nägeln brennt: Wie viele Esel waren es denn nun? Weder Markus noch Lukas noch Johannes sagen, es sei nur *ein* Esel gewesen. Ganz einfach, es waren zwei, und Matthäus war der Einzige, der den zweiten erwähnte.[110]

Das ist natürlich nur eine von vielen derartigen Differenzen, aber ich führe sie als Beispiel an, um zu zeigen, wie viel Arbeit es ist, ein Buch wirklich verstehen zu wollen, das in einer Kultur, einer Zeit und einer Weltgegend geschrieben wurde, die den meisten von uns völlig fremd sind.

Angesichts dieser Konflikte hätte ich einfach sagen können: «Matthäus sagt, es waren zwei Esel, Markus sagt, es war einer. Alles gelogen. Ich bin draußen.» Ich hätte aufgeben können. Stattdessen verschlang ich wie eine Verdurstende in der Wüste ein Buch und einen Vortrag nach dem anderen. Ich hungerte nach Wahrheit, und ausgerechnet die Instanz, die ich immer aufgesucht hatte, um Wahrheit zu finden, stand jetzt im Kreuzverhör. Unterm Strich musste ich herausfinden, was die Wahrheit war … so oder so. Aber so eine Suche ist harte Arbeit. Ich habe einmal jemanden sagen hören, ein klein wenig Wissen macht dich zum Atheisten, aber viel Wissen macht dich zum Christen. Nach meiner Erfahrung stimmt das. Über die Zuverlässigkeit des Neuen Testaments sind stapelweise Bücher geschrieben worden. Wenn ein Zweifler weiter liest – weiter sucht, weiter gräbt –, wird er schließlich auf die Wahrheit stoßen.

Es kostet Mühe, und ein hungriger Zweifler wird diese Mühe auf sich nehmen.

«Frag mich, was du willst»

«Frag mich, was du willst. Ich merke, dass dir das, was wir im Kurs gelernt haben, ziemlich zusetzt», sagte mir der progressive Pastor.

Ich wusste selbst nicht genau, warum ich an diesem Nachmittag überhaupt zum Telefon gegriffen hatte, um ihn anzurufen. Zum Teil hoffte ich, unser Gespräch würde darin gipfeln, dass ich sagte: «Danke für die Einladung, aber dieser Kurs ist nichts für mich.» Es war noch früh genug für mich, um ohne großes Aufsehen still zu verschwinden, wie eine Studentin, die in den ersten Wochen des Semesters ihr Studium abbricht. Kein großes Ding.

Doch wie er uns in einer der ersten Sitzungen gewarnt hatte, hatte ich inzwischen Dinge gelesen und gehört, die ich nicht mehr aus meinem Bewusstsein tilgen konnte. Und da ich nun einmal von Natur aus nach Wahrheit suche, würde es für mich praktisch unmöglich sein, all diese Fragen in der Luft hängen zu lassen. Außerdem hatte ich in einem der Bücher aus unserer Lektüreliste eine beunruhigende Aussage über die göttliche Natur Jesu gelesen. Ich erwähnte das und sprach außerdem davon, dass ich vieles anders sehe als die anderen im Kurs und dass ich mich frage, warum wir dieses Buch überhaupt lesen. Er unterbrach mich: «Ich will dir einfach sagen, wenn dir bei irgendetwas unbehaglich wird, dann frag einfach. Ich verspreche dir, dass ich jede Frage ehrlich beantworte. Wenn ich eines weiß, dann, dass das Evangelium jeder Prüfung standhält. Es gibt keinen Grund, sich zu fürchten.»

Ich entspannte mich sofort. *Siehst du, er glaubt doch an das Evangelium. Vielleicht versucht er uns nur ein bisschen anzutreiben, damit wir am Ende noch fester in unseren Überzeugungen werden,* dachte ich. Er hatte recht. Ich hatte um den heißen Brei herumgeredet. Ich musste direkter sagen, was ich wirklich wissen wollte.

Ich nahm meinen Mut zusammen und platzte heraus: «Glaubst du, die Bibel ist von Gott inspiriert? Glaubst du an die Hölle?»

«Ja. Ich glaube, die Bibel ist von Gott inspiriert, und ich glaube an die Hölle. Ich glaube nicht, dass Hitler gleich nach seinem Tod im Himmel aufgewacht ist. Ein klares Ja zu beiden Fragen.»

«Okay», sagte ich mit einem erleichterten Lächeln. «Ich glaube, das zu wissen reicht mir im Moment. Danke.»

Keine Ahnung, warum mir in diesem Moment ausgerechnet diese beiden Fragen in den Sinn kamen. Vielleicht, weil man eigentlich kein vernünftiges Gespräch über die Gottesnatur Jesu führen kann, wenn man nicht glaubt, dass die Bibel Gottes Wort ist. Vielleicht, weil das alles überhaupt keine Rolle spielen würde, wenn es die Hölle nicht gäbe. Wenn sowieso alle in den Himmel kommen, was hätte es dann für einen Sinn, sich über irgendwelche theologischen Feinheiten zu unterhalten? Einfach leben und leben lassen. Am Ende wird alles gut.

Aber meine Erleichterung war von kurzer Dauer – weil es auf Wörter ankommt. Wörter wie «Hölle», «göttlich» und «inspiriert» können für verschiedene Leute unterschiedliche Bedeutungen haben. Später fand ich heraus, dass das, was er unter diesen Begriffen verstand, und das, was ich darunter verstand, nicht gegensätzlicher hätte sein können. Und wenn es darum geht, wie wir über die Bibel reden, so sollte ich bald erfahren, wie sehr es zutrifft, dass der Teufel im Detail steckt.

9
Autoritätsprobleme

Die Kirche wird immer irrelevanter werden, wenn ihre beste Verteidigung darin besteht, Briefe von vor 2000 Jahren zu zitieren.

Rob Bell

An den Tagen, an denen der Kurs stattfand, konnte ich jeweils mit ziemlicher Sicherheit vorhersagen, was in mir vorgehen würde, wenn ich den Seminarraum betrat. Ich würde auf dem Parkplatz ankommen, mir meine Argumente zurechtlegen, aus dem Auto aussteigen und mich selbst anfeuern. Mein innerer Monolog hörte sich ungefähr so an:

Okay, Childers, sei jetzt stark. Sag die Wahrheit. Du weißt, was der Mann da lehrt, ist falsch, und du hast die ganze Woche über nachgedacht und gebetet, um herauszufinden, was du sagen sollst. Du schaffst das. Lass dich nicht unterkriegen.

So marschierte ich mit aufgepepptem Selbstbewusstsein in den Seminarraum, erblickte meine Kurskameraden, und (Einsatz traurige Posaunen) machte sofort einen Rückzieher. Jedes Fünkchen Stärke verschwand, sobald meine innere Stimme, die eben noch so hilfreich gewesen war, mich im Stich ließ und zu jammern begann: *Oh, schau dir nur ihre Gesichter an. Die sind alle so liebevoll und so nett. Die wollen doch nur den Dingen auf den Grund gehen. Er will den Dingen nur auf den Grund gehen. Hör doch auf, immer alles gleich zu verurteilen. Wahrscheinlich bist du diejenige, die falsch liegt.*

Und dann wurde mir innerhalb weniger Minuten klar, dass die Antworten, die mir inzwischen auf die Fragen der letzten Woche eingefallen waren, sowieso keine Rolle mehr spielten, weil alle sich bereits der jeweils neuen schönen skeptischen Kontroverse des Tages zugewandt hatten.

Irgendwann fiel bei mir endlich der Groschen: Für den Pastor und meine Kurskameraden waren die Fragen wichtiger als die Antworten. Mir schien, als interessierte sich eigentlich keiner wirklich dafür, Fakten zu recherchieren oder zu Schlussfolgerungen zu kommen. Viel erpichter schienen sie darauf zu sein, bei der nächsten Frage zu landen – je kontroverser, desto besser. Das war für mich, die ich immer auf der Suche nach Wahrheit war, die maßgeschneiderte Hölle.

Die Kurssitzungen waren meistens wie eine emotionale Achterbahn, aber in einer der letzten Sitzungen, an denen ich teilnahm, fühlte ich mich ein bisschen stärker. Ich wusste, dass ich nicht mehr lange bleiben würde, und war ein wenig aufmüpfig. Der progressive Pastor warf eine Frage zur Bibel in die Runde: «Glaubt ihr, diese Autoren waren tatsächlich von Gott inspiriert, oder haben sie einfach geschrieben, so gut sie es wussten?»

Mir fiel unser Gespräch darüber ein, ob die Heilige Schrift von Gott inspiriert sei, und ich fiel ihm ins Wort. «Moment mal. Du hast selbst gesagt, dass du glaubst, die Bibel sei göttlich inspiriert. Kannst du mal genauer erklären, wie du diese Frage meinst?» (Eine Lektion fürs Leben, die ich in diesem Kurs gelernt hatte, ist, dass manche Fragen in Wirklichkeit nur als Fragen getarnte Antworten sind.)

Seine Augen wurden groß wie Untertassen, und er verstummte. Den Blick auf die Oberfläche seines weißen Klapptisches gesenkt, schwieg er beharrlich, während einige andere ein paar Bemerkungen machten. Nach einer kleinen Weile blickte er auf und sagte: «Vor ein paar Minuten habe ich eine Frage gestellt … und ich möchte das noch einmal verdeutlichen. Wenn ich sage, die Bibel sei ‹göttlich inspiriert›, dann meine ich damit, dass sie in demselben Maße inspiriert ist wie etwas, das A. W. Tozer oder C. S. Lewis geschrieben haben … oder vielleicht wie eine meiner Sonntagspredigten. Sie ist inspiriert, aber vielleicht nicht in dem Sinne, wie das Wort landläufig gebraucht wird.»

Ich konnte nicht glauben, was ich da hörte. Er wusste genau, worum es mir gegangen war, als ich ihn einige Monate zuvor nach seiner Meinung zur Inspiration gefragt hatte. Doch er hatte das Wort umdefiniert (ohne es mir mitzuteilen) und mir die Antwort gegeben, von der er meinte, dass ich sie hören wollte. Aber ich hatte nicht genau diese Antwort hören wollen. Ich hatte die Wahrheit gewollt.

Wie sehen progressive Christen die Bibel?

Keine Frage, progressive Christen finden die Bibel packend, genau wie Anhänger des historischen Christentums auch. Der Unterschied ist, dass sie in ihr nicht das maßgebliche Wort Gottes an die Menschen sehen, sondern eine antiquierte Sammlung von Büchern, die wir untersuchen können wie antike Reliquien. Nach ihrer Auffassung stellt die Bibel das aufrichtige Bemühen unserer geistlichen Vorfahren dar, in ihren eigenen Kulturen mithilfe des damals verfügbaren Wissens Gott zu verstehen. Und da die Menschen heute eine höhere, weisere Sicht auf Gott haben, glauben progressive Christen, wir seien jetzt in der Lage, die Bibel so zu lesen, wie sie eigentlich gelesen werden sollte – nicht als maßgebliches Wort Gottes, sondern als geistliches Reisejournal unserer Vorfahren.

Der Bibelkundler und progressive Wortführer Peter Enns schreibt ausführlich von dieser Warte. In seinem Buch *The Bible Tells Me So: Why Defending Scripture Has Made Us Unable to Read It* berichtet Enns davon, wie er mit der Bibel Ernst zu machen begann, nachdem er seinen Abschluss an einem christlichen College gemacht hatte und sich blamiert fühlte, als er einer Debatte zwischen zwei Freunden zugehört hatte: einem «schlauen Atheisten» und einem «schlauen Christen». Diese Debatte wurde für Enns zu einem Wendepunkt, bei dem ihm klar wurde, dass er dieses «Jesus-Ding» intellektuell noch nicht richtig durchdacht hatte.[111] Daraufhin machte er sich daran, die ganze Bibel mehrere Male durchzulesen, begleitet von Büchern über Theologie, Kirchengeschichte und Philosophie. Nachdem er einen theologischen Abschluss mit dem Schwerpunkt Altes Testament gemacht hatte, ging er nach Harvard, wo er im Fach Sprachen und Kulturen des Nahen Ostens promovierte. Enns ist kein Bibel-Ignorant.

Nachdem er sich mit modernen liberalen Texten beschäftigt hatte und zu der Überzeugung gelangt war, dass er die Bibel einfach nicht mehr im Zaum halten konnte, kam er während des Vortrags eines jüdischen Rabbiners an einen endgültigen Wendepunkt. Der Professor versuchte, den Sinn der Szene in der Wüste herauszuarbeiten, wo Mose auf einen Felsen schlägt, aus dem dann Wasser sprudelt. Dies geschah zweimal im Abstand von vierzig Jahren während der Wüstenwanderung der Israeliten, was aufmerksame Leser dazu bringt, sich zu fragen, woher sie in der Zeit zwischen den beiden Vorfällen mit den Schlägen auf den Felsen ihr Wasser bekamen. Der Rabbiner erklärte dazu, manche antiken jüdischen Gelehrten wären auf den Gedanken gekommen, der Felsen müsse einfach den Israeliten durch die Wüste gefolgt sein wie eine Art «mobiler Wasserspender».[112] Für Enns hörte sich das ein bisschen abwegig an, aber das kümmerte ihn nicht sonderlich, da es ja jüdisches und nicht christliches Denken widerspiegelte – bis der Rabbiner seine Seminarteilnehmer 1. Korinther 10,4 aufschlagen ließ, wo der Apostel Paulus dieser Theorie zuzustimmen scheint.

Enns schreibt:

> *In 1. Korinther 10,4 erwähnt der Apostel Paulus – als wäre es kein großes Ding und eigentlich allen klar – genau dieselbe Vorstellung von einem Felsen, der den Israeliten durch die Wüste folgt und sie mit Wasser versorgt. Er schreibt: «Denn sie tranken von dem geistlichen Felsen, der ihnen folgte; der Fels aber war Christus.» Da war also nicht nur ein Felsen in der Wüste, der mit Mose mitlief, sondern dieser Felsen, sagt Paulus, war Jesus. …*
>
> *Meine ganze Sicht der Bibel fiel vor meinen Augen zusammen wie ein Kartenhaus – eben noch da, vertraut und scheinbar stabil, und im nächsten Moment umgepustet von einer steifen Brise.*[113]

Der Ausflug des Rabbiners in Enns' eigenes Reich (das Neue Testament) verursachte eine schwere Erschütterung in seiner Sicht auf die Bibel. Enns machte es zu schaffen, dass Paulus in diesem Kommentar zu einer Textstelle aus dem Alten Testament offenbar nicht der grammatisch-historischen Regel der Bibelauslegung folgte, die Enns auf dem theologischen Seminar gelernt hatte. Wenn Paulus von Gott dazu inspiriert war, Heilige Schrift zu schreiben, warum wich er dann hier vom «Drehbuch» ab und baute eine seltsame jüdische Legende in seinen Kommentar ein?

Enns erwähnt allerdings nicht die Worte, die der zitierten Stelle unmittelbar vorausgehen: «… und haben alle dieselbe geistliche Speise gegessen und haben alle denselben geistlichen Trank getrunken» (1. Korinther 10,3–4; Luther). Denselben *geistlichen* Trank. Paulus behauptet nicht, den Israeliten sei ein buchstäblicher Felsen durch die Wüste gefolgt, sondern dass der Felsen Jesus *symbolisiere* … und ihnen *geistliche* Speise und Wasser gegeben habe.

Dennoch schildert Enns dies als den «Tropfen, der das Fass zum Überlaufen brachte».[114] Er folgerte daraus, dass die biblischen Autoren nicht das Sprachrohr Gottes waren, sondern mit ihren Worten über Gottes Wesen, sein Handeln und seine Ratschlüsse womöglich nur ihre eigene, ehrliche Meinung artikulierten, gemäß dem, was sie in ihrem eigenen Umfeld vorfanden. Enns' Einfluss auf das progressive Denken über die Bibel ist kaum zu überschätzen. Er gilt als in der progressiven Bewegung gefeierter Wissenschaftler, den etwa Rachel Held Evans als einen «Mentor» bezeichnete[115].

Begrenzt

Peter Enns schreibt: «Die Bibel – von vorn bis hinten – ist die Geschichte Gottes, erzählt aus dem begrenzten Blickwinkel realer Menschen, die zu einer bestimmten Zeit an einem bestimmten Ort lebten.» Seine Herangehensweise an das Lesen der Bibel lässt sich am besten mit seinen eigenen Worten zusammenfassen:

> *Die Bibel ist ein antikes Buch, und es sollte uns nicht überraschen, wenn wir sehen, dass sie sich auch so benimmt. Wenn wir also Gott als gewalttätigen Stammeskrieger dargestellt sehen, dann nicht, weil Gott so ist, sondern weil er von den alten Israeliten, die in ihrer Zeit und an ihrem Ort mit Gott unterwegs waren, so wahrgenommen wurde.*[116]

Der progressiv-christliche Pionier Brian McLaren drückt es so aus:

Menschen können nicht anders, als in jedem einzelnen Augenblick nach bestem Wissen über Gott zu reden, wie sie Gott verstehen, und … die Heilige Schrift liefert ein getreues Bild davon, wie unsere Vorfahren immer wieder ihr Bestes gaben und sich dabei weiterentwickelten, auszudrücken, was sie jeweils von Gott verstanden haben. Die Fähigkeit des Menschen, zu einer höheren und weiseren Sicht von Gott zu gelangen, nimmt zu, und jede neue Vision ist in der Bibel treu bewahrt wie Fossilien in übereinanderliegenden Gesteinsschichten.[117]

Der progressive Pastor und Theologe Brian Zahnd schreibt:

Das Alte Testament ist die inspirierte Erzählung der Geschichte, wie Israel seinen Gott kennenlernte. Es ist ein Prozess. Gott entwickelt sich nicht, aber Israels Verständnis von Gott tut das offensichtlich. … Es liegt auf der Hand, dass wir akzeptieren müssen, dass Israel in diesem Prozess, die Offenbarung Jahwes zu empfangen, manche unvermeidlichen Mutmaßungen angestellt hat. Eine dieser Mutmaßungen war, dass Jahwe die gewalttätigen Charakterzüge anderer im Nahen Osten der Antike verehrten Gottheiten teilte. Diese Mutmaßungen waren unvermeidlich, aber sie waren falsch.[118]

Der unter Progressiven beliebte Franziskanermönch Richard Rohr schreibt:

Die jüdischen Schriften, voller Anekdoten über Schicksal, Scheitern, Sünde und Gnade, bieten fast keine in sich nachvollzieh-

baren philosophischen und theologischen Schlussfolgerungen, die immer zutreffen. … Sogar das Leben Jesu bieten Matthäus, Markus, Lukas und Johannes in vier oftmals widerstreitenden Versionen dar. Wir bekommen keine eindeutige Theologie über Gott, Jesus oder die Geschichte präsentiert, und wenn wir uns noch so mühen, zu tun als ob.[119]

Der progressiven Weisheit zufolge haben die Propheten, von denen Christen stets glaubten, sie redeten im Namen Gottes, nicht wirklich für ihn gesprochen. Sie taten lediglich ihr Bestes, um anderen mitzuteilen, was sie zu der Zeit und an dem Ort, wo sie lebten, über Gott dachten. Also wenn Gott zum Beispiel Mose aufträgt, die Kanaaniter aus dem verheißenen Land zu vertreiben, sie zu vernichten, ihre Altäre zu zerstören und ihre Götzen zu verbrennen (5. Mose 7,1–6), war das nach progressiver Interpretation nicht unbedingt Gott. Wahrscheinlich war das nur Mose, der aussprach, was er *meinte*, Gott sagen zu hören. Oder erinnern Sie sich, wie Gott zu Hesekiel sagte, er solle sich 430 Tage lang auf die Seite legen (Hesekiel 4,4–8)? Das war vermutlich auch nicht Gott. Und als Gott angeblich Jesaja befahl, drei Jahre lang nackt und barfuß herumzulaufen (Jesaja 20,1–6)? Wahrscheinlich *dachte* Jesaja auch nur, dass Gott das von ihm wollte.

Aber wenn man die Bibel so liest, wirft das einen Haufen neuer Fragen auf. Wenn die Propheten sich mit dem Reden Gottes geirrt haben … Woher sollen wir dann wissen, welche Teile der Bibel tatsächlich sein Wort sind? Wenn die Propheten Gottes Wort falsch gehört haben, waren sie bestenfalls unwissend – schlimmstenfalls waren sie Lügner und Betrüger. Man muss kein Bibelgelehrter sein, um zu merken, wie diese Denkweise jeden Begriff von biblischer Inspiration und Autorität rettungslos aushöhlt. Man muss kein studierter Theologe sein, um zu erkennen, dass auf diese Weise die Bibel der Autorität des Lesers unterstellt wird, statt dass der Leser der Autorität des Wortes Gottes untersteht.

Subjektiv

In seinem Buch *What Is the Bible? How an Ancient Library of Poems, Letters, and Stories Can Transform the Way You Think and Feel about Everything* widmet Rob Bell der Frage der biblischen Autorität ein ganzes Kapitel. Wenn Christen von «Autorität» sprechen, argumentiert er, weisen sie diese eigentlich nur jemandem zu, der ihnen gesagt hat, was die Bibel aussagt und bedeutet. Mit anderen Worten, wir schreiben die Autorität in Wirklichkeit nicht der Bibel zu, sondern ihren Auslegern. Er schreibt:

> *Sie haben von ihrem Pastor oder ihren Eltern oder Autoritätspersonen gelernt, sich der Autorität der Bibel unterzuordnen, aber das ist unmöglich, ohne sich zuerst denjenigen unterzuordnen, die darüber entscheiden, was die Bibel überhaupt aussagt. … Das Problem ist natürlich, dass die Leute, die am meisten von der Autorität der Bibel sprechen, anscheinend zugleich auch am meisten über Dinge wie objektive und absolute Wahrheit reden, eine Wahrheit, die unabhängig von Beziehungswirklichkeiten existiert.* [120]

In einem Punkt hat er recht: Leute, die an die Autorität der Bibel glauben, legen viel Gewicht auf absolute Wahrheit – eine Wahrheit, die unabhängig von Beziehungswirklichkeiten existiert. Wissen Sie noch, die Sache mit dem gebratenen Speck? (Ich schätze, ich bin wohl eine von diesen «Leuten».) Unsere *Wahrnehmung*, wie Speck sich in unserem Körper auswirkt, mag davon beeinflusst sein, was Experten (oder auch Nicht-Experten) uns darüber erzählen, aber die Wahrheit wird sich in der handfesten Wirklichkeit zeigen – egal, woran wir inständig glauben oder nicht glauben. Unser Ziel sollte es sein, falsche Wahrnehmungen und Überzeugungen zu korrigieren, die vielleicht von anderen weitergegeben wurden. Ebenso werden ernsthafte Bibelleserinnen und -leser bemüht sein, zu verstehen, was die Bibel aussagt, und es richtig auszulegen, auch wenn es ihren «Beziehungswirklichkeiten» widerspricht.

An dem, was Rob Bell sagt, ist etwas dran. Auch der konservativste Christ gibt zu, dass beim Glauben an die Inspiration und Autorität der Heiligen Schrift eine gewisse «Beziehungswirklichkeit» im Spiel ist. Durch die lange Kirchengeschichte hindurch ist man sich in vielem, was die Bibel angeht, im Allgemeinen einig, und in meinem Bemühen, dem historischen christlichen Glauben auf den Grund zu gehen, gebe ich zu, dass diese Überzeugungen ein gewisses Gewicht haben. Obwohl die Gläubigen während der gesamten Kirchengeschichte wie verrückt über verschiedene Auslegungen debattiert haben, waren sich die Anhänger des historischen Christentums in einem stets einig: Die Bibel – *die ganze Bibel* – ist Gottes Wort, inspiriert von Gott und maßgeblich für unser Leben. Daran glauben wir aufgrund guter philosophischer und logischer Argumente. Aber es gibt auch eine Beziehungswirklichkeit, die wir nicht ignorieren oder gering schätzen dürfen: das historische Zeugnis.

Als ich zuerst über Bells Argument nachdachte, kam mir der Gedanke: *Aber Moment mal! Ist denn Bells Sicht nicht auch von Beziehungswirklichkeiten geprägt?* Mit anderen Worten: Stehen er und die anderen hier zitierten progressiven Stimmen nicht allesamt unter dem Einfluss diverser kultureller Stimmen, wenn sie umdefinieren, was die Bibel ist und wie viel Autorität sie über unser Leben hat?

Ein perfektes Beispiel dafür, wie der Begriff der biblischen Inspiration und Autorität untergraben wird, findet sich im Buch *Unverschämt schamlos: Mein Plädoyer für eine sexuelle Reformation* der progressiven lutherischen Pastorin Nadia Bolz-Weber. Bolz-Weber ist der Ansicht, die seit zweitausend Jahren von Christen vertretene Auffassung über Sexualität und Gender bedürfe einer gründlichen Überholung. Ihrer Meinung nach kann es schädlich sein und das sexuelle Gedeihen junger Leute unterdrücken, wenn man ihnen sagt, sie sollen mit dem Sex bis zur Ehe warten. Im Bejahen von gleichgeschlechtlichen Beziehungen, Gender-Nonkonformität, Abtreibung und sogar mäßigem Pornografiekonsum tritt Bolz-Weber nicht einfach nur dafür ein, unsere christliche Sozialethik hier und da ein bisschen zu ergänzen. Sie schreibt: «Ich sage, lasst uns den ganzen Mist vernichten und von vorn anfangen.»[121]

In ihrem Buch geht es nicht in erster Linie um die Bibel, aber um ihre neue Sicht der Sexualität zu entfalten, muss sie umdefinieren, was biblische Autorität ist und wie die Bibel zu lesen und auszulegen ist. Bolz-Weber erzählt die Geschichte von einem ihrer Gemeindeglieder, einer lesbischen Frau, die von sich sagt, sie habe in einer Schwitzhütte der Lakota-Indianer sexuelle Heilung gefunden. Vor der Feuerstelle stehend riss die Frau acht Seiten aus ihrer Bibel heraus – nämlich diejenigen, die das Thema Homosexualität direkt ansprechen. Eine nach der anderen warf sie sie in die Flammen, um sich von ihren Verdikten und von dem strengen gemeindlichen Umfeld, in dem sie aufgewachsen war, zu befreien. Dann riss sie die vier Evangelien heraus, drückte sie ans Herz und schleuderte den Rest ihrer Bibel ins Feuer. Bolz-Weber erklärt:

> *Es gibt Leute, die sagen, es sei «gefährlich», zu glauben, wir könnten selbst entscheiden, was in der Bibel heilig ist und was nicht. Ich lehne diesen Gedanken ab, und zwar aus folgendem Grund. Die Evangelien sind ein Kanon innerhalb des Kanons. … Das Gravitationszentrum ist die Geschichte von Jesus, das Evangelium. Je dichter ein biblischer Text an dieser Geschichte oder am Herzen der Botschaft dieser Geschichte dran ist, desto mehr Autorität hat er. Je weiter er davon entfernt ist, desto geringer ist seine Autorität.*[122]

Diese Aussage macht deutlich, dass Bolz-Weber nicht glaubt, dass die ganze Bibel gleichermaßen maßgeblich oder inspiriert ist. Wenn manche Teile davon «heiliger» sind als andere, gerät der Leser in die Position, zu entscheiden, welchen Teilen er gehorcht und welche er wegwirft.

Richard Rohr wird noch deutlicher, wenn er erklärt, was er unter «Jesus-Hermeneutik» versteht:

> *Legt einfach die Schrift so aus, wie Jesus es tat! Er ignoriert, verleugnet oder stellt sich offen gegen seine eigene Heilige Schrift, wann immer sie imperialistisch, strafend, ausschließend oder dem Stammesdenken verhaftet ist.*[123]

Wie Sie gleich lesen werden, bin ich nicht der Meinung, dass Jesus die Heilige Schrift ignoriert oder sich gegen sie gestellt hat. Dazu kommt, dass wir, wenn wir so mit der Bibel umgehen, im Grunde den Leser zum Maßstab dafür machen, was wahr ist. Mit einer Bibel aber, die wir nach unserem eigenen Bild neu erschaffen haben, ist es nicht mehr Gott, dem wir gehorchen; vielmehr folgen wir nur unseren eigenen Gedanken, Gefühlen und Vorlieben.

Die Frage ist also wohl diese: Auf welche Beziehungswirklichkeit wollen wir uns berufen, wenn wir entscheiden, wie wir es sehen wollen? Auf unsere eigenen verfinsterten Herzen, die der Kultur folgen, die uns umgibt? Oder sollten wir uns an denen orientieren, die Jesus am nächsten waren – oder womöglich gar an Jesus selbst?

Wie sah Jesus die Heilige Schrift?

Als ich zum ersten Mal von diesen (zumindest für mich) neuen Herangehensweisen hörte, die Bibel zu lesen und zu verstehen, hätte Rob Bell mich schon sehr richtig eingeschätzt. Ich hielt die Heilige Schrift für maßgeblich, weil es mir so beigebracht worden war, das zu glauben. So hatte ich es auf meinen christlichen Privatschulen, in meinen evangelikalen Gemeinden und von meinen bibelgläubigen Eltern gelernt. Das waren die Beziehungen, die meine Wirklichkeit geprägt haben. Doch als ich anfing, mich selbst mit diesen Themen auseinanderzusetzen, reichte das nicht mehr, um sicher zu sein, dass die Bibel auf meinem Schoß dem entsprach, was ursprünglich geschrieben wurde … oder um sicher zu sein, dass ihre Verfasser die Wahrheit schrieben. Selbst wenn diese beiden Fragen der Überprüfung standhielten (und ich hoffe, die letzten beiden Kapitel haben gezeigt, dass sie das tun), blieb da noch die brennende Frage: *Ist die Bibel das Wort Gottes?*

Als ich mir diese Frage stellte, wurde mir klar, dass es unmöglich ist, wissenschaftlich zu beweisen, dass die Bibel Gottes Wort ist. Selbst wenn Gott persönlich am Himmel erschiene und verkündete: «Die Bibel ist mein Wort!», gäbe es noch Skeptiker, die das irgendwie wegerklären würden.

Außerdem wird uns ja schon in 1. Korinther 2,14 gesagt: «Der irdisch gesinnte Mensch aber erfasst nicht, was vom Geist Gottes kommt» (Elberfelder). Wenn das stimmt, ist damit zu rechnen, dass viele Leute bestreiten, dass die Bibel Gottes Wort ist.

Was sollte ich nun damit anfangen? Ist die Überzeugung, dass die Bibel Gottes Wort ist, nichts als ein Glaubenssprung ins Ungewisse oder vielleicht nur eine Art Gefühl in meinem Herzen? – Ich glaube nicht, und zwar aus folgenden Gründen:

Wenn die Bibel sowohl im Hinblick auf die Text- als auch die Augenzeugenüberlieferung zuverlässig ist, dann habe ich gute Gründe, dem zu vertrauen, was sie *über Jesus* sagt. Ich habe gute Gründe, zu glauben, dass sie zutreffend wiedergibt, was Jesus gesagt und gelehrt hat. Und den vier Evangelien zufolge hat Jesus eine ganze Menge über die Heilige Schrift zu sagen.

In seiner berühmten Bergpredigt sagte Jesus, er sei nicht gekommen, um das Gesetz und die Propheten abzuschaffen, sondern um sie zu erfüllen (Matthäus 5,17). Unter «Gesetz und Propheten» verstanden Juden dieselben Bücher, die wir heute als «Altes Testament» bezeichnen. Später, im Matthäusevangelium, erteilt Jesus den Pharisäern eine ziemlich drastische Rüge und nennt sie «Schlangengezücht». Nach der Vorhersage, sie würden manche der Propheten, die Jesus senden würde, verfolgen, auspeitschen und sogar umbringen, verkündet er folgendes Gerichtswort:

> *Darum werdet ihr auch zur Rechenschaft gezogen werden für den Mord an all jenen Menschen, die nach Gottes Willen gelebt haben, angefangen bei Abel bis zu Secharja, dem Sohn von Berechja, den ihr zwischen Tempel und Brandopferaltar ermordet habt.*
>
> Matthäus 23,35

Das Gesetz und die Propheten im Judentum enthalten zwar dieselben Bücher wie unser Altes Testament, aber in einer anderen Reihenfolge. In den jüdischen Schriften wurde Abel im ersten Buch, der Genesis, getötet, und Secharja im letzten, den Chroniken. Indem er also das Schicksal der Pharisäer besiegelte, *bekräftigte Jesus zugleich das ganze Alte Testament als Heilige Schrift.*

Autorität

Als ich Anfang zwanzig war, habe ich einmal versucht, volle sieben Tage zu fasten. Sieben. Tage. Der erste Tag war Peanuts (nur ohne Peanuts, versteht sich). Nachdem ich jedoch am zweiten Tag begann, mich ein bisschen schwindelig zu fühlen, dachte ich mir, wenn ich ein «Flüssigkeitsfasten» daraus machte, würde es immer noch zählen. Also trank ich ein bisschen Karottensaft. Am dritten Tag hatte sich meine Entschlossenheit ebenso verflüssigt wie der Saft, und ich genehmigte mir noch ein bisschen Proteinpulver dazu. Ab dem vierten Tag gab ich praktisch vollständige Mahlzeiten in den Mixer, damit sie als «flüssig» durchgingen. Mein siebentägiges Fasten war eine Pleite auf der ganzen Linie.

Ich kann mir nicht vorstellen, wie es für Jesus gewesen sein muss, vierzig Tage in der staubigen, steinigen Wüste zu verbringen, ohne irgendeiner Seele zu begegnen, außer vielleicht einem Räuber oder einem hungrigen Raubtier. Als schließlich der Teufel auftauchte, hatte Jesus vierzig Tage lang nichts gegessen, und er war hungrig. «Wenn du Gottes Sohn bist, dann befiehl doch, dass diese Steine zu Brot werden!», verhöhnte ihn der Feind. Der Teufel wusste, dass Jesus der Sohn Gottes war. In Kolosser 1,16 heißt es sogar, dass alle Dinge durch ihn und für ihn geschaffen wurden. Man stelle sich die Ironie vor, wenn ein geschaffenes Wesen zu seinem Schöpfer sagt: «Wenn du

Gottes Sohn bist, dann befiehl doch, dass diese Steine zu Brot werden!»

Als Schöpfer des Universums hätte Jesus eine Engelslegion zu sich rufen können, um den Teufel in die Flucht zu schlagen. Er hätte auch einfach mit einer Handbewegung den Teufel von sich schleudern können. Aber Jesus entschied sich, anders zu kämpfen. Er kämpfte mithilfe der *Autorität* der Heiligen Schrift. Er zitierte 5. Mose 8,3 und erwiderte: «Es steht in der Heiligen Schrift: ‹Der Mensch lebt nicht allein von Brot, sondern von allem, was Gott ihm zusagt!›» Noch zwei weitere Male führte ihn der Teufel in Versuchung, und beide Male leitete Jesus seine Antwort ein mit den Worten: «Es steht in der Heiligen Schrift …»

Was ich an diesem Dialog unfassbar finde, ist, dass der Teufel Jesus ebenfalls antwortet, indem er aus der Bibel zitiert! Er führt Jesus auf die Zinnen des Tempels in Jerusalem hinauf und fordert ihn auf, hinabzuspringen. «In der Schrift steht doch», sagt Satan und zitiert dann aus Psalm 91: «Gott wird dir seine Engel schicken. Sie werden dich auf Händen tragen, sodass du dich nicht einmal an einem Stein stoßen wirst!» Ist das zu fassen?! Der Teufel zitiert die Schrift korrekt, aber er *verdreht ihre Bedeutung*. Dies war keine Auseinandersetzung darüber, *was* in der Bibel steht, sondern darüber, wie es *auszulegen* ist. Aber Jesus ließ sich nicht darauf ein. Statt eine lange Debatte über Hermeneutik zu führen, antwortet er wiederum mit «Es steht geschrieben …». Der Bibelwissenschaftler Andrew Wilson kommentiert zu diesem Abschnitt:

> Ihm [Jesus] stehen alle Ressourcen des Himmels zu Gebote, doch er kämpft, indem er sich der Autorität der Heiligen Schrift bedient. … Seine Haltung ist unmissverständlich:

«Du versuchst mich in Versuchung zu führen, aber die Heilige Schrift hat gesprochen. Damit ist dieses Gespräch vorüber.»[124]

Inspiriert

Eines Tages sprach Jesus vor einer großen Menschenmenge im Tempelvorhof, wo einige Pharisäer sich versammelt hatten. In einem brillanten Wortwechsel führte er die *Inspiration* der Heiligen Schrift an, um ihnen begreiflich zu machen, dass der Messias mehr ist als nur ein Nachkomme Davids. Er sagte: «Warum hat David ihn [den Messias] dann, *geleitet vom Geist Gottes*, ‹Herr› genannt?»[125] Hier bekommen wir unsere Definition göttlicher Inspiration – von Jesus selbst.

Das historische Verständnis des Wortes *Inspiration* in Bezug auf die Heilige Schrift ist, dass Gott sein Wort durch Menschen buchstäblich «ausatmete». Natürlich erkennen wir ihre Persönlichkeiten, ihre Kulturen und ihre Schreibstile (sie waren schließlich keine menschlichen Schreibmaschinen), aber Gott gebrauchte sie als Vehikel, um seine Worte zu Papier zu bringen. Insofern waren es nicht die Autoren *selbst*, die inspiriert waren, sondern die Worte, die sie in der Bibel niederschrieben.

In 2. Timotheus 3,16–17 heißt es: «Denn die ganze Heilige Schrift ist von Gott eingegeben. Sie soll uns unterweisen; sie hilft uns, unsere Schuld einzusehen, wieder auf den richtigen Weg zu kommen und so zu leben, wie es Gott gefällt. So werden wir reife Christen und als Diener Gottes fähig, in jeder Beziehung Gutes zu tun.» Für «eingegeben» steht im Griechischen ein Wort, das andeutet, dass die Heilige Schrift der Atem Gottes selbst ist. Michael Kruger schreibt dazu: «Dies weist darauf hin, dass die Heilige Schrift absolut höchste Autorität besitzt, die Autorität der Stimme Gottes.»[126]

Wie Kruger ausführt, hängen die Autorität und die Inspiriertheit der Heiligen Schrift eng miteinander zusammen. Immer, wenn Jesus sagte: «Es steht geschrieben», berief er sich damit nicht nur auf Autorität, sondern auch auf Inspiration. In seinem Buch *Christ and the Bible* schreibt der Theologe und Bibelkundler John Wenham: «Es ist … offenkundig, dass für Jesus ‹Es steht geschrieben› gleichbedeutend war mit ‹Gott sagt›.»[127] Tatsächlich leiten Jesus und seine Apostel Dutzende neutestamentliche Zitate aus dem Alten Testament mit der Wendung «Es steht geschrieben» ein. Mit anderen Worten: Was Gott sagt, gilt. Wenn die Bibel Gottes inspiriertes Wort ist, wovon Jesus offensichtlich überzeugt war, dann besitzt sie die Autorität, unser Denken und Verhalten zu korrigieren – und nicht umgekehrt.

Das Wort Gottes

Wir brauchen uns jedoch nicht allein auf Wendungen wie «Es steht geschrieben» und «geleitet vom Geist Gottes» zu stützen, um zu erkennen, was die Heilige Schrift in Jesu Augen war. Immer wieder sagt er *ausdrücklich*, dass sie das *Wort Gottes selbst* ist. Als die Pharisäer ihm in Matthäus 15 eine Falle stellen, nennt er in seiner Antwort mehrere Gebote aus dem zweiten, dritten und fünften Buch Mose und sagt: «Gott hat doch gesagt …» (Matthäus 15,4). Beachten Sie, dass er hier nicht sagt: «Die Schrift gebietet» oder «Unser heiliges Buch sagt» oder «Eure Schriftgelehrten haben geschrieben». Nein. Es heißt: «Gott hat gesagt.» Später in Matthäus 22,31 zitiert er aus 2. Mose 3,6 und sagt: «Habt ihr nicht gelesen, *was Gott euch in der Heiligen Schrift sagt* …» (Hervorhebung von mir). In Markus 7,8–13 wirft er den Pharisäern vor, «Gottes Gebote außer Kraft zu setzen» und der Heiligen Schrift ihre eigenen Überlieferungen hinzuzufügen. Er sagt ihnen: «Ihr setzt also durch eure Vorschriften das *Wort Gottes* außer Kraft» (Hervorhebung von mir).

Offensichtlich sah Jesus in der Bibel nicht einfach nur ein Produkt menschlicher Kultur – *er sah in ihr das inspirierte und autoritative Wort Gottes.*

Aber was ist mit den Büchern des Neuen Testaments? Natürlich war das Neue Testament, als Jesus aus der Heiligen Schrift zitierte, noch gar nicht geschrieben. Doch seinen Jüngern gegenüber machte Jesus kurz vor seiner Kreuzigung zwei eindrückliche Aussagen:

> *Ich sage euch dies alles, solange ich noch bei euch bin. Der Heilige Geist, den euch der Vater an meiner Stelle als Helfer senden wird, er wird euch alles erklären und euch an das erinnern, was ich gesagt habe.*
>
> Johannes 14,25–26

Und:

> *Ich hätte euch noch viel mehr zu sagen, doch jetzt würde es euch überfordern. Wenn aber der Geist der Wahrheit kommt, hilft er euch dabei, die Wahrheit vollständig zu erfassen. Denn er redet nicht in seinem eigenen Auftrag, sondern wird nur das sagen, was er hört. Auch was in der Zukunft geschieht, wird er euch verkünden.*
>
> Johannes 16,12–13

Durch diese Aussagen sagte Jesus voraus und versprach, der Heilige Geist werde durch seine Apostel reden, um den Menschen die letzte Offenbarung von Gott zu bringen – unser Neues Testament. Seit Abfassung der Evangelien und der Briefe des Paulus haben Christen sie als Heilige Schrift anerkannt, der dieselbe Autorität und göttliche Inspiration eigen ist wie dem Alten Testament.[128]

Notizen aus dem Kurs

«Ich verstehe einfach nicht, warum so viele Christen die Bibel anbeten. Man könnte meinen, sie halten sie für das dritte Mitglied der Dreieinigkeit oder so etwas. Für mich hört sich das an wie Bibel-Vergötzung», stichelte jemand eines Tages im Kurs.

Ich fand das verwirrend. *Glauben die Leute wirklich, wenn man der Bibel Autorität zuschreibt, betet man sie damit an?* Ich hob den Finger, um zu erkennen zu geben, dass ich etwas zu sagen hatte. «Wenn wir glauben, dass die Bibel Gottes Wort ist, dann ist es doch keine Bibel-Vergötzung, zu tun, was sie sagt. Es ist schlicht und einfach Gehorsam», sagte ich. «Ich meine … die Bibel ist nicht am Kreuz für meine Sünden gestorben. Das hat Jesus getan. Aber aus der Bibel bekomme ich meine Informationen über Jesus. Das geht Hand in Hand.»

Es fiel mir unendlich schwer, zu verstehen, warum Leute den Glauben an die Autorität der Bibel mit Götzendienst gleichsetzen. Erst Jahre später kam ich allmählich dahinter, dass die Progressiven nicht dem Missverständnis erliegen, zu meinen, Christen beteten die Bibel an, sondern diesen Christen auch vorwerfen, mit der Bibel umzugehen wie mit einem Gesetzbuch.

Peter Enns scheint anzudeuten, dass Christen ihr Gehirn an der Garderobe abgeben, wenn sie die Bibel lesen, indem sie sie als einen «nahtlosen, glatten, problemfreien juristischen Schriftsatz» akzeptieren.[129]

Mir persönlich ist noch nie ein Christ begegnet, der die Bibel so beschreiben würde, und mir sind auch noch keine theologischen Bücher untergekommen, die die Heilige Schrift auf eine so schlichtsinnige Weise charakterisieren. Im Gegenteil, ich bin auf mehrere Tausend geschriebene Seiten gestoßen, die sich tiefschürfend mit Themen wie dem inneren Zusammenhang, schwierigen Bibelstellen und häufigen Missverständnissen, wie zum Beispiel die Bibel in ihrer Gesamtheit als juristischen Schriftsatz wahrzunehmen, auseinandersetzen.

Dennoch nennt Brian McLaren dies den «verfassungsrechtlichen Ansatz».[130] Er sagt:

> *Wie Juristen suchen wir nach Präzedenzfällen in vergangenen Auslegungsfällen, wobei wir manchmal ältere Auslegungen als Präzedenzfälle bevorzugen und andere Male behaupten, neuere Auslegungen hätten die alten überholt. Wir versuchen, den «Geist» vom «Buchstaben» zu unterscheiden, und berufen uns auf die «Intention der Verfassungsgeber», stellen aber nur selten die Frage, ob die Passage, um die es geht, von den ursprünglichen Autoren und Herausgebern tatsächlich als allgemeingültiges, ewig bindendes Recht gedacht war.*[131]

Wenn man die Bibel auf diese Weise lese, so sein Argument, könne man mit ihr so ziemlich alles rechtfertigen. Um seine Aussage zu belegen, stellt er die Frage: «Wie sollten wir mit unseren Feinden umgehen?», und lenkt die Aufmerksamkeit seiner Leser auf einige neutestamentliche Verse, die besagen, dass wir unsere Feinde lieben, ihnen Gutes tun und niemals nach Rache streben sollen. Dann verweist er auf einige alttestamentliche Verse, die uns, wie er sagt, auffordern, unsere Feinde zu hassen und restlos zu vernichten und mit Wonne ihre Kinder gegen Felsen zu schleudern. Ja, was denn nun?

Er stellt verschiedene Methoden dar, wie Theologen mit dieser Spannung umgegangen sind. Ohne Literaturbelege für seine Behauptungen schreibt er:

> *Manche sagen, die «erste Erwähnung» sei vorrangig. Andere sagen, die letzte Erwähnung übertrumpfe die erste. Manche sagen, das Alte Testament gelte, es sei denn dort, wo das Neue Testament das Alte ablöse. Andere sagen, nein, es ist ja ein neues Testament, also ist es nicht abhängig vom alten, sondern tritt an dessen Stelle. Manche sagen, die Bibel erlaube alles, was sie nicht verbiete, während andere sagen, sie verbiete alles, was sie nicht erlaube. Manche sagen, die Schrift sei mit der Schrift auszulegen, aber sie machen nie ganz deutlich, welche Schriftstelle die andere übertrumpft.*[132]

Ich habe Jahre damit verbracht, alle möglichen Theologen zu lesen, aber ich bin *nicht einem einzigen* begegnet, der irgendeine dieser Lösungen vorgeschlagen hätte (zumindest nicht in der Weise, wie McLaren es andeutet). Mag sein, dass dies verbreitete Auslegungsfehler unter ansonsten gutwilligen Christen sind, aber ich glaube nicht, dass sich heute noch irgendwo ein anerkanntes theologisches Seminar findet, an dem eine solche Hermeneutik gelehrt würde. Sicher ist es richtig, dass Theologen Bibelleser ermuntern, die Heilige Schrift durch die Heilige Schrift auszulegen, aber das bedeutet ja nicht, dass man darüber entscheidet, welche Bibelstelle «die andere übertrumpft».

Uns wurde im Gegenteil (bis zum Überdruss) in jeder theologischen Lehrveranstaltung, in der ich Gasthörerin war, eingebläut, der Bibel gut gerüstet mit Grammatik zu Leibe zu rücken, um kulturelle Idiome, Redewendungen und Gattungsmerkmale zu erkennen. Außerdem lernten wir, *deskriptive* (beschreibende) und *präskriptive* (vorschreibende) Texte voneinander zu unterscheiden. Mit anderen Worten: Die Bibel heißt nicht alles gut, worüber sie berichtet, und nicht alles, was in ihr steht, ist ein Gebot, das alle befolgen sollen. Um den Unterschied festzustellen, schauen wir uns an, wer das Buch geschrieben hat, an wen es geschrieben wurde und wie die ursprünglichen Adressaten es verstanden haben, um letzten Endes dahinterzukommen, was der Verfasser mitteilen wollte.

Wenn McLaren zum Beispiel eine Breitseite darauf abfeuert, was die Bibel über das Verhalten gegenüber Feinden sagt, lässt er die Tatsache unerwähnt, dass Gott Israel unter sehr besonderen Umständen aufgetragen hatte, die Kanaaniter «restlos zu vernichten».

Israel war Gottes auserwähltes Volk, und es hatte einen einzigartigen Bund mit ihm, den niemand sonst hatte. Gott gab den Israeliten gewisse Gesetze und Rituale, unter anderem bezüglich verschiedener Opfer, die in der Stiftshütte und später im Tempel darzubringen waren, sowie kultische Vorschriften, Reinheitsgesetze, Kleidungsvorschriften und Speiseregeln, die nur für sie galten.

Außerdem *war der alte Bund bekanntermaßen zeitlich begrenzt.* Er sollte nie für alle Menschen zu allen Zeiten bindend sein. Jeremia 31 und Hesekiel 36 blicken voraus auf einen *neuen Bund*, der an die Stelle des alten treten würde. Das Gebot, die Kanaaniter «restlos zu vernichten», war also eine einmalige Sache.

Gott machte auch sehr deutlich, *warum* er ihnen befahl, das zu tun. Mose hält fest: «Wegen der Gottlosigkeit dieser Nationen vertreibt der HERR, dein Gott, sie vor dir» (5. Mose 9,5;

Elberfelder). Offensichtlich war dies ein konkretes Gerichtshandeln gegen eine bösartige Nation und kein allgemeingültiges Gebot, wie wir unsere Feinde behandeln sollen.

Wir alle müssen uns entscheiden

G. K. Chesterton schrieb: «Ich bin der unheilbaren Überzeugung, dass wir sowohl unseren Verstand als auch unseren Mund zu dem Zweck öffnen, dass wir danach beides wieder um etwas Festes schließen können.»[133] Nachdem ich vier lange Monate in meiner Gesprächsgruppe ausgeharrt hatte, wusste ich, dass ich eine Entscheidung treffen musste. *Lasse ich einfach meinen Verstand offen stehen wie eine Mülltonne für endlose Fragen und skeptische Angriffe – oder schließe ich ihn um etwas Festes, Solides?* Es war an der Zeit, ihn wieder zu schließen – um echte Antworten. Ich hatte mehr als genug Fragen, denen ich nachgehen, Behauptungen, die ich widerlegen oder bestätigen, und Meinungen, über die ich mir klar werden musste. Und mein Glaube war inzwischen beinahe auf Grund gelaufen.

Zu dem allerletzten Treffen, an dem ich teilnahm, waren auch unsere Ehepartner eingeladen, sodass mein Mann mich begleitete. Das Thema: Homosexualität. Zu der Zeit gab es nicht viele Leute, die sich als Evangelikale bezeichneten und gleichgeschlechtliche Beziehungen bejahten, aber überall im Land in Gemeinderäumen und Online-Foren brachen Diskussionen darüber auf. Im Laufe unseres Gesprächs bekannten einige der Teilnehmer, ihre Meinung darüber geändert zu haben.

«Es war der Heilige Geist», gab eine Frau als Grund für ihren Wechsel von der historischen christlichen Sicht der Sexualität zu einer progressiveren an.

«Ich habe ein paar homosexuelle Freunde gefunden», berichtete ein anderer.

An einem Punkt sagte der Pastor: «Nun, mir ist klar, dass die Bibel Homosexualität verurteilt … also muss jeder Einzelne von euch entscheiden – wie viel Autorität hat dieses Buch in deinem Leben?»

Wohlgemerkt … das war keine Frage. Das war eine glatte Verneinung der biblischen Autorität. Und ich hatte genug. Nicht nur wegen der Ansicht des Pastors über Homosexualität oder über die Jungfrauengeburt oder über die Historizität des Alten Testaments. Wenn die Bibel keinerlei Rolle mehr spielen sollte für unsere Haltung zu allem, vom Heil bis zur Sexualität, dann gab es keinen gemeinsamen Nenner mehr.

In einem Punkt hatte er allerdings recht. Früher galt es als selbstverständlich, dass jemand, der sich Christ nannte, an die Autorität der Bibel glaubte. Angesichts der Infiltrierung und Infizierung der wahren Gemeinde Jesu durch das progressive Christentum müssen wir alle eine Entscheidung treffen: Wie viel Autorität hat dieses Buch in unserem Leben? Wenn wir uns eine Meinung über die Bibel bilden, können wir entscheiden, ob wir den Launen einer gottlosen Kultur folgen oder Jesus.

Ich entscheide mich für Jesus.

10
Hölle auf Erden?

Eines der interessanteren Dinge, die mir Leute manchmal sagen, ist: «Ich bin nicht religiös oder so. Ich hoffe einfach, es reicht, eine gute Person zu sein.» Worauf ich immer am liebsten entgegnen würde … «Es reicht wofür?» … Um der Strafe zu entgehen, im ewigen Feuer irgendeiner imaginären Hölle zu brennen?

Nadia Bolz-Weber

«Jeder in dieser Klasse ist mindestens sieben Jahre alt. Wusstet ihr, dass *sieben* das Rechenschaftsalter ist? Das bedeutet, wenn du mit sieben Jahren noch nicht Jesus als deinen persönlichen Herrn und Erlöser angenommen hast, wirst du für immer im Höllenfeuer brennen, während die Würmer bis in alle Ewigkeit langsam dein Fleisch auffressen.»

Ich wünschte, das wäre das Einzige, was meine Lehrerin je in der zweiten Klasse über die Hölle gesagt hätte. Aber nein. Zusätzlich zur regelmäßigen Erinnerung an die Existenz jenes Ortes der Verdammnis, *bohrte* sie auch gerne in der Bibelstunde unserer christlichen Grundschule nach.

Sie saß auf einem Hocker vor den aus Pappe ausgeschnittenen Buchstaben des Alphabets und dem Kalender mit der gezeichneten Raupe, die Hände gelassen im Schoß gefaltet. Mit ruhiger, aber strenger Stimme lotete sie den bodenlosen Abgrund der Hölle aus und nahm dabei kein Blatt vor den Mund. Langsam, in bedrohlich raunendem Ton, forderte sie uns auf, die Augen zu schließen und uns die Würmer vorzustellen …

uns auszumalen, welche langsamen, schmerzhaften Qualen jeden erwarteten, der es versäumte, Jesus in sein Herz einzuladen. Uns das Grauen vorzustellen, wie man um die köstliche Erlösung des Todes fleht, eines Todes, der nie kommen würde, um den Qualen ein Ende zu bereiten. *Es ist für immer, Kinder, und für immer geht niemals zu Ende. Niemals. Habe ich erwähnt, dass es für immer ist?*

In jenem Jahr verbrachte ich meine Tage damit, Rechnen und Schreiben zu lernen – und über ewige Qualen bei vollem Bewusstsein nachzudenken. An den Nachmittagen jagte ich in unserem Turnverein olympischen Träumen nach. Und abends setzte ich alles daran, die Pflicht der Hausaufgaben zu ignorieren – und die Panikattacken.

Etwa um diese Zeit hörte ich auch zum ersten Mal von der «Entrückung». Angeblich sollte das eine «gute Nachricht» sein, aber für eine Achtjährige, die ohnehin schon nahezu ständig in einer existenziellen Krise lebte, war die Vorstellung, Jesus würde seine Anhänger unverhofft in den Himmel beamen, ungefähr ebenso verstörend wie der Gedanke an die Horden von unersättlichen Zombie-Würmern, die darauf warteten, sich an meinem Gesicht gütlich zu tun. Ach ja, und der Himmel war natürlich auch für immer. Spätestens seit jemand den Himmel mit einem «ewigen Anbetungsgottesdienst» verglichen hatte, wusste ich nicht mehr, was schlimmer klang … ewige Flammen oder ewiges Mitsingen von Anbetungsliedern.

Allmählich wurde mir klar, dass mir in erster Linie nicht die Vorstellung von Himmel und Hölle Angst machte, sondern *die Ewigkeit.* Ich war völlig versteinert vor Angst, ewig zu leben … egal, wo ich landete. Eine Zeitlinie, die niemals endet, in meinen präpubertären Kopf zu kriegen – oder noch schlimmer, die Zeitlinie Gottes, die *nie einen Anfang hatte* –, das war mehr, als mein noch nicht voll entwickelter Frontallappen verarbeiten konnte.

Im Lauf der Jahre wurden mir diese Angst und Panik zu vertrauten Begleitern. Wenn abends mein Kopf aufs Kissen sank, ließ ich mir alle möglichen Szenarien einfallen, um nicht über die Hölle und die Ewigkeit nachzudenken. Als kreatives Kind mit einer blühenden Fantasie lernte ich schon sehr früh, mit Einfallsreichtum den bedrohlichen Gedankenwegen zu entrinnen, die mein Verstand oft meinem Bewusstsein aufdrängte. An manchen Abenden wurde ich zu einer olympischen Goldmedaillengewinnerin im Kunstturnen, die lächelnd und winkend durch die Arena rannte und dann in die Arme des strengen, aber freundlichen und väterlichen Trainers sprang. (Sehen Sie es mir nach. Es waren die Achtziger, und die Kunstturnerin Mary Lou Retton war einfach umwerfend.) An anderen Abenden verwandelte ich mich in eine interessante, extravagante Gestalt wie Punky Brewster aus der gleichnamigen Comedy-Serie oder ein mutiges, noch unentdecktes zukünftiges Mitglied des A-Teams.

Doch in welche Fantasien ich mich auch flüchtete, es reichte einfach nicht immer, um die hereinbrechende Panik abzuwehren. Die Gedanken an die Ewigkeit brachen sich langsam Bahn wie ein elektrischer Strom, der mich von den Fußsohlen bis zum Scheitel durchfloss. Schweißüberströmt, mit Herzrasen und am ganzen Leib fröstelnd kniff ich die Augen zusammen und sprang mit einem Adrenalinstoß aus dem Bett, der Tote hätte aufwecken können. Ich marschierte im Zimmer auf und ab, schüttelte meine Hände aus und flehte Gott an: *Bitte, bitte, mach, dass das aufhört.* Irgendwann hörte es dann auch auf, aber das Grauen vor dem nächsten Mal verließ mich nie.

Vom Abgrund der Hölle zurückgerissen

Als Kind durfte ich ab und zu mit meinen Eltern am «großen Gottesdienst» teilnehmen. Der große Gottesdienst für die Erwachsenen hatte etwas Warmes, Schweres an sich. Eine Ehrfurcht. Die Atmosphäre war ernst und nüchtern, ohne trocken oder unemotional zu sein. Sie war elektrisch aufgeladen, aber gebremst. Lebendig. Ich hatte dabei Empfindungen, die ich von der Sonntagsschule oder der Jugendgruppe nicht kannte. Diese Gefühle führte ich auf die Gegenwart Gottes zurück.

So war ich voller Hoffnung, als ich mit neunzehn den Gottesdienstsaal betrat, in dem ich schon Hunderte Male gewesen war – diesmal mit dem einzigen Ziel, meine Freundin vor der Hölle zu retten.

Nach dem Highschool-Abschluss hatte ich als Empfangsdame bei *Chili's* angeheuert und mich mit der Kellnerin Christina angefreundet, mit der ich besonders gut zusammenarbeitete. «Du kannst mich doppelt besetzen», sagte sie immer. «Schick mir ruhig Leute an die Tische, so schnell du kannst.» Während der Chef mir im Nacken saß und mich drängte, alle Tische so *schnell wie möglich* zu besetzen, warfen mir die meisten Kellnerinnen giftige Blicke zu, wenn ich ihre Abschnitte *zu schnell* füllte, und hungrige Gäste beklagten sich, dass sie nicht *schnell genug* einen Tisch angewiesen bekamen – der Job war ein stressiger Balanceakt.

Christina war ein Partygirl, aber sie war anders als meine anderen Kolleginnen. Sie versuchte nie, mich mit Geschichten aus ihrem wilden Leben zu schocken, aber sie verbot sich auch nicht den Mund und dachte, wenn sie in meiner Gegenwart einen Kraftausdruck gebrauchte, würde dieses arme puritanische Christenmädchen einschmelzen wie die grüne Hexe im *Zauberer von Oz*.

Als ich hörte, dass in meiner Gemeinde eine christliche Theatergruppe ein Stück über Himmel und Hölle aufführte, mit der sie rund um die Welt tourte, erkannte ich die Chance, meiner Freundin zu helfen, Jesus zu begegnen. Ich hatte Geschichten gehört, dass Leute von dieser Aufführung so überwältigt waren, dass sie am Ende in Scharen nach vorne zum Altar strömten. Das war es. Das war die perfekte Gelegenheit, mit Christina über das Evangelium ins Gespräch zu kommen. Diese überzeugenden Darstellungen von Himmel und Hölle mussten doch Eindruck auf sie machen. Gewiss würde sie erkennen, wie schnell dieses Leben vorüber ist und wie wichtig es war, sich jetzt zwischen Leben und Tod zu entscheiden. Ich war sicher, dass sie Jesus ihr Herz schenken würde.

Am Tag der Aufführung trafen Christina und ich uns im Foyer und suchten uns Sitzplätze. Gespannte Erwartung lag in der Luft, als die Lichter ausgingen. Unter einem rötlichen Lichtschimmer erklang Sandi Pattys Song «Via Dolorosa», während Jesus sich mit seinem Kreuz auf den Schultern den Mittelgang hinaufschleppte. Mir wurden die Augen feucht, als ich den Darsteller meines Erlösers dem Tod entgegenwanken sah – des Erlösers, der mir mehr bedeutete als Himmel oder Hölle. Gewiss durchschaute er doch alles, und ich würde eines Tages begreifen, dass all meine Angst unnötig gewesen war.

Dann wechselte die Musik plötzlich zu einem hektischen, schlagzeuglastigen Beat. Ganz gewöhnliche Leute wie ich fingen an, Jesus zu schlagen, ihn auszupeitschen, ihn zu verspotten und ihn anzuspucken. Mir stockte der Atem, als ich mir vorstellte, was das bedeutete. Ich – die Sünderin – nagelte Jesus ans Kreuz. Es war *meine* Rebellion, die ihn dorthin brachte, und seine große Liebe und Gnade, die bestimmte, dass dies geschah.

Auftritt des Schurken. Mit wahnsinnigem, heulendem Gelächter tauchte der Teufel aus seiner Feuergrube auf und half den Peinigern dabei, Jesus zu schlagen und ans Kreuz zu nageln. Das Gesicht des Teufels war mit schwarz-weißem Make-up bedeckt, sodass er eher wie ein Mitglied der Band *KISS* aussah als wie «der Fürst der Lüfte» (Epheser 2,2). So stellte ich mir die Hölle und den Teufel vor: ein wahnsinniger Gene-Simmons-Doppelgänger, der aus einem rot beleuchteten Trockeneisnebel mit einem bösartigen Lachen hervortrat, das Jack Nicholsons «Joker» alle Ehre gemacht hätte.

Nach der Kreuzigung stand Jesus wieder von den Toten auf und jagte den Teufel und seine Dämonenbande quer über die Bühne, um dann in den Himmel aufzusteigen, wo alles aus weißem Stoff und Alufolie bestand und die Leute weite, bodenlange weiße Roben trugen und irgendwie einfach nur für alle Ewigkeit dastanden.

Der Rest des Stückes bestand darin, dass eine Person nach der anderen sich nach ihrem vorzeitigen Tod an den glänzenden Metalltoren einfand. Ich balancierte auf der Stuhlkante, während ich gespannt darauf wartete, welches Schicksal jede der ewigen Seelen ereilen würde. Würde Jesus erscheinen, sie mit einer herzlichen Umarmung begrüßen und hinter den geheimnisvollen großen weißen Vorhang führen? Oder würde der Teufel mit seiner meckernden Lache aus seiner scharlachroten Grube emporfahren und sie in die Hölle zerren wie in einem Ozzy-Osbourne-Video? So oder so, der Teufel schien in der Hölle seinen Spaß zu haben.

Ich weiß nicht mehr genau, wie der Aufruf am Ende ablief. Vielleicht sagte der Pastor so etwas wie: «Während wir alle die Köpfe neigen und unsere Augen schließen, möchte ich Sie fragen, ob Sie wissen, wohin Sie gehen, falls Sie heute Abend sterben sollten.» Eine knisternde Energie lag in der Luft, als der Altarraum praktisch überrannt wurde. An einem Punkt bat uns der Pastor, für diejenigen zu beten, von denen wir wussten, dass sie Jesus noch nicht zum Herrn ihres Lebens gemacht hatten.

Dann wurden wir aufgefordert, unseren Sitznachbarn zu fragen: «Möchten Sie, dass ich mit Ihnen nach vorne zum Altar gehe?» Ich brauchte allen Mut, den ich hatte, um Christina diese Frage zuzuflüstern. Ich stellte mir vor, dass sie tief bewegt war und nur noch einen kleinen Anstoß von einer lieben Freundin brauchte. Als ich meine Augen einen winzigen Spalt weit öffnete, rechnete ich damit, Tränen über ihr Gesicht laufen zu sehen. Doch sie war ganz still und friedlich und hielt respektvoll ihre Augen geschlossen und ihren Kopf geneigt. «Oh, nein danke», flüsterte sie höflich zurück.

Wie kann das sein? Hatte sie das mit dem Für-immer-in-der-Hölle-Brennen nicht mitgekriegt? Hatte sie dem Teufel nicht geglaubt, als er verkündete, er habe all die Werbespots für Bier im Fernsehen inspiriert? Fand sie etwa nicht die Aussicht toll, die Ewigkeit in einem weiß drapierten, metallisch schimmernden Raum damit zu verbringen, sich von Jesus umarmen zu lassen? Anscheinend nicht. Christina bedankte sich für die Einladung, und wir gingen schweigsam hinaus. Ich konnte mir nicht erklären, wieso Christina so unbeeindruckt blieb, während so viele andere von dem Stück gepackt und überzeugt wurden.

Ich bin sicher, es gibt heute viele Christen, die irgendwann einmal bei einer ähnlichen Aufführung in einer Gemeinde nach vorn gegangen sind, um ihr Leben an Jesus festzumachen. Ich bin auch sicher, dass sie dann später eine differenzierte theologische Sicht auf Himmel und Hölle gewonnen haben. Doch mein Bild der Hölle glich noch viele Jahre meines Lebens dem aus diesem Theaterstück.

Das letzte Wort hat die Liebe

Zwar war mein Verständnis von der Hölle nicht gerade ausgefeilt, aber die meisten progressiven Christen haben eine völlig andere Sicht. In seinem Buch *Love Wins* stellt Rob Bell die Vermutung an, die Hölle sei vielleicht kein physischer Ort, sondern einfach die buchstäbliche Erfahrung des Bösen auf der Erde.[134] Mit anderen Worten: Die Hölle, das sind die Wunden, die Genozid, Vergewaltigung und Mord hinterlassen. Die Ironie will es, dass diese progressive Vorstellung von der Hölle teilweise zutrifft. Jedes Mal, wenn wir uns von der Wahrheit Gottes abwenden, bringen wir ein Stück Hölle in die Welt. Jedes Mal, wenn wir das Böse «gut» und das Gute «böse» nennen, schaffen wir kleine Nischen der Hölle auf der Erde. Aber das ist noch nicht die ganze Geschichte. Die Bibel lehrt, dass die Hölle darüber hinaus auch ein tatsächlicher Ort ist.

Die Verneinung eines tatsächlichen Ortes namens «Hölle» ist inzwischen unter progressiven Christen verbreitet, doch im Jahr 2011 war sie äußerst umstritten. Rob Bell entfachte mit *Love Wins* einen Feuersturm (Wortspiel beabsichtigt). In der Einleitung schreibt Bell:

> *Einer erschreckenden Anzahl von Leuten wurde beigebracht, einige wenige auserwählte Christen würden die Ewigkeit an einem friedlichen Ort voller Freude namens Himmel verbringen, während der Rest der Menschheit die Ewigkeit unter Qualen und Strafen in der Hölle verbringt, ohne Aussicht, dass es je besser wird. Vielen wurde klar zu verstehen gegeben, diese Überzeugung sei eine zentrale Wahrheit des christlichen Glau-*

bens, und wer sie ablehne, der lehne im Grunde Jesus ab. Das ist fehlgeleitet und toxisch, und letzten Endes untergräbt es die ansteckende Ausbreitung der Botschaft Jesu von Liebe, Frieden, Vergebung und Freude, die unsere Welt so dringend hören muss.[135]

Wie Bell ist auch Brian Zahnd der Meinung, die Hölle widerspreche der Lehre Jesu. Er schreibt:

Jesus legte jedenfalls nicht den Grund für eine Jenseitstheologie, die behauptet, alle Nichtchristen kämen in die Hölle. Das ist zu einer verbreiteten Denkweise über Himmel und Hölle geworden – «Christen kommen in den Himmel; Nichtchristen kommen in die Hölle» –, aber das gründet sich auf nichts, was Jesus je gesagt hätte![136]

Der Franziskanermönch und Autor Richard Rohr geht noch weiter und bezeichnet die Vorstellung, Gott sei ein Wesen, das Strafen verhängt und Belohnungen verteilt, als ungesund, «billig» und «toxisch». Er schreibt:

Jesus gebietet uns, unsere Feinde zu lieben, aber dieser «kulturelle» Gott tut das offenkundig nicht. Jesus gebietet uns, «siebzigmal siebenmal» zu vergeben, aber dieser Gott tut das nicht. Stattdessen lässt dieser Gott Menschen für alle Ewigkeit brennen. … Die meisten Menschen sind liebevoller und vergebungsbereiter als solch ein Gott. Wir haben ein unbrauchbares und toxisches Bild eines Gottes entwickelt, dem ein gesunder Mensch nie vertrauen würde. … Warum sollte jemand auch nur eine Stunde mit einem solchen Gott in Stille, Einsamkeit oder vertrauter Nähe verbringen wollen?[137]

Hat also Richard Rohr recht, wenn er sagt, die Vorstellung, Gott sei strafend und belohnend, sei ein Zeichen für toxisches Denken, das tiefer Heilung bedürfe? Oder ist das nichts weiter als eine geschickte Manipulation – eine Art geistliche Nebelgranate –, die einen dazu bringen soll, die eigene psychische Gesundheit infrage zu stellen, wenn man ihm nicht zustimmt?

Jedenfalls verschafft uns seine Sichtweise eine Erklärung für den Anklang, den der Universalismus unter denen findet, die den Gedanken verwerfen, dass ein liebender Gott die Menschen ablehnt, die ihn ablehnen.

Universalismus: So würden wir es machen

Viele moderne Christen sitzen hinsichtlich der Hölle und des Lebens nach dem Tod einem schwerwiegenden Irrglauben auf. Manche unserer Vorstellungen von der Hölle sind von Dantes *Inferno* aus dem Mittelalter geprägt, andere von den Feuer-und-Schwefel-Predigern der ersten Großen Erweckung, wieder andere von einer fehlgeleiteten Lehrerin in der zweiten Klasse oder einer reisenden christlichen Theatergruppe. Es ist daher nur verständlich, dass der Universalismus für viele Christen, die Mühe haben, Gottes Güte mit seiner angeblichen «Folterkammer» in Einklang zu bringen, eine so attraktive Alternative bietet.

Es gibt verschiedene Definitionen des Universalismus, aber einfach ausgedrückt ist er der Glaube, dass alle Menschen (und in manchen Fällen auch die gefallenen Engel) gerettet und die Ewigkeit bei Gott verbringen werden. Manche Vertreter des progressiven christlichen Paradigmas verwerfen den Gedanken, die Sünde trenne uns von Gott, gleich ganz, womit eine «Rettung» oder «Erlösung» in irgendeinem bedeutsamen Sinn überflüssig wird.

Eine Form des Universalimus, die sich einer christlicheren Sprache bedient, wird «Allversöhnung» genannt und besagt, Jesus sei zwar der einzige Weg zum Heil, aber alle Menschen würden letztendlich durch Jesus mit Gott versöhnt werden. William Paul Young vertritt diese Sicht und nennt sie universelle Erlösung,[138] während Nadia Bolz-Weber von christozentrischem Universalismus spricht: «Ich bekenne mich als christozentrische Universalistin. Für mich bedeutet das, dass das, was Gott, insbesondere am Kreuz, vollbracht hat, dieses christologische Ereignis, zur Wiederherstellung und Erlösung und Versöhnung aller Dinge und aller Menschen und der ganzen Schöpfung diente – für alle.»[139]

Der Universalismus wurde erstmals im dritten Jahrhundert von Kirchenvater Origenes formuliert (der sich dabei möglicherweise auf Clemens von Alexandrien bezog) – obwohl unter Fachleuten viel darüber gestritten wird, *was* genau er bezüglich des Universalismus glaubte und wie leidenschaftlich er ihn verteidigte. Auch *wann* genau seine Lehren als häretisch eingestuft wurden, ist umstritten. Diese Debatte überlasse ich gern den Gelehrten.

In seiner zweibändigen Geschichte und Interpretation des Universalismus begibt sich der Forscher Michael McClymond auf die Spur jener Lehre, angefangen bei Origenes im dritten Jahrhundert über den einflussreichen Theologen Karl Barth in der Mitte des zwanzigsten Jahrhunderts bis hin in die heutige Zeit. Er nennt sie «das Opium der Theologen» und hebt hervor, der Universalismus habe in den letzten fünfhundert Jahren immer mehr Zustimmung erhalten und passe «in die Zeit, in der wir leben». Er schreibt: «So hätten wir gerne die Welt.

Manche meinen, eine liebevollere und weniger verurteilende Kirche wäre in einer besseren Position, um neue Anhänger zu gewinnen. Doch die vollkommene Liebe ist in der Geschichte erschienen – und er wurde gekreuzigt.»[140]

Es ist nicht schwer zu verstehen, warum der Universalismus so viel Anklang findet. Niemand stellt sich gerne vor, dass seine ungläubigen Freunde, Nachbarn und Angehörigen bis in alle Ewigkeit Qualen erleiden müssen. Der Universalismus ist ein einfaches Mittel gegen einen beunruhigenden Gedanken. Aber so tröstlich er sich auch anhören mag, ich habe gelernt, dass er weder biblisch ist noch das historische Zeugnis der Kirche repräsentiert.

In einem Artikel, den der Neutestamentler Richard Bauckham in einer internationalen theologischen Fachzeitschrift über die Geschichte des Universalismus veröffentlichte (und der einer kritischen Überprüfung durch Fachleute standhielt), schreibt er:

> *Bis zum neunzehnten Jahrhundert lehrten fast alle christlichen Theologen die Realität ewiger Höllenqualen. Hier und da glaubten einige neben dem theologischen Mainstream, die Bösen würden letzten Endes vernichtet. … Die Allversöhnung befürworteten noch wenige, wenn auch einige wichtige Theologen der frühen Kirche. Die ewige Strafe wurde in den offiziellen Glaubensbekenntnissen der Kirchen klar bejaht. Sie muss als Teil des allgemeinen christlichen Glaubens ebenso unverzichtbar gewirkt haben wie die Lehren von der Trinität und der Inkarnation.*[141]

Der Universalismus spricht zwar unser modernes Empfinden an, aber er entspricht nicht der biblischen Lehre. Wie wir schon im letzten Kapitel erörtert haben, sorgt Gottes Zorn gegen die

Sünde dafür, dass, wer zu ihm gehört, die Ewigkeit nicht in Gegenwart der Sünde verbringen wird. Durch den Opfertod Jesu sind wir eingeladen in ein ewiges Reich, in dem Sünde und Tod für immer besiegt sein werden.

Wo in aller Welt ist die Hölle?

Einige Jahre vor der Veröffentlichung von *Love Wins* war ich gezwungen, mich mit meinen eigenen allzu simplen Überzeugungen hinsichtlich des Lebens nach dem Tod auseinanderzusetzen. Ich fand nämlich heraus, dass der progressive Pastor, als er mir gesagt hatte, ja, er glaube an die Existenz der Hölle, auch dieses Wort umdefiniert hatte. Bei einem späteren Kurstreffen gab er seine Meinung zu erkennen, die Hölle sei eine Art Rehabilitierungsprogramm oder vielleicht auch die Konsequenzen unseres falschen Handelns, die wir hier auf der Erde erleben. Passend zu dem hoffnungsvollen Agnostizismus, zu dem er sich anfangs bekannt hatte, war er sich seiner Sache nicht sicher, aber er hoffte, dass die Hölle nicht das sei, was Christen sich Jahrhunderte hindurch darunter vorgestellt hatten.

Angesichts meiner schlichten und unzutreffenden Annahme, die Hölle sei eine Folterkammer und der Himmel endlose Langeweile, hätten mir diese Gedanken heruntergehen müssen wie Öl. Warum war das nicht der Fall? Warum störte mich der Gedanke, dass es die Hölle womöglich gar nicht gab? Hatte ich vielleicht insgeheim meine Freude an dem Gedanken, dass Ungläubige für immer gequält werden? – Keineswegs! Schließlich hatte ich ja wegen dieser Vorstellung sogar Panikattacken gehabt. Lag es vielleicht daran, dass die Lehre von der Hölle in meiner Psyche so tief verankert war, dass sie «meiner Welt eine kranke Art von

Stimmigkeit»[142] verlieh, wie Richard Rohr meint? Hat Rohr recht damit, dass ich einer «tiefen Heilung» bedarf, weil ich an Konzepte wie Belohnung und Strafe glaube?[143]

Als ich mich ernsthaft mit der historischen und biblischen Vorstellung der Hölle zu beschäftigen begann, fand ich heraus, dass die biblische ein bisschen geheimnisvoller ist, als ich dachte. Es gibt eine Menge Dinge, die die Bibel uns nicht verrät, aber immerhin sagt sie uns, dass die Hölle kein Teil der ursprünglichen Schöpfung ist, die Gott «gut» nannte. Als Gott im 1. Buch Mose Himmel und Erde erschuf, war von der Hölle keine Rede. Wie es ohne Metall keinen Rost geben kann, gäbe es auch die Hölle nicht ohne Satans Entscheidung zur Rebellion (siehe Matthäus 25,41). Insofern war Satan derjenige, der die Hölle auf die Erde losließ.

Im Neuen Testament wird die Hölle beschrieben als

- ein Feuersee voll brennendem Schwefel (Offenbarung 21,8);
- ewiges Verderben (2. Thessalonicher 1,9);
- Verbannung vom Angesicht des Herrn und der Herrlichkeit seiner Macht (2. Thessalonicher 1,9);
- die Qualen des ewigen Feuers (Judas 1,7);
- ein See aus Feuer (Offenbarung 20,13–15); und
- der Wein des Zornes Gottes; Qualen durch Feuer und Schwefel in Gegenwart der Engel und vor den Augen des Lammes (Offenbarung 14,9–10).

Jesus selbst beschrieb die Hölle als

- ewige Strafe (Matthäus 25,46);
- einen Feuerofen, in dem «das Weinen und das Zähneknirschen» sein werden (Matthäus 13,50; Elberfelder);

- einen Ort, wo das Feuer nie verlöscht (Markus 9,43);
- einen Ort, «wo ihr Wurm nicht stirbt und das Feuer nicht erlischt» (Markus 9,48, wo Jesus aus Jesaja 66,24 zitiert); und
- äußere Finsternis; der Ort, wo «das Weinen und das Zähneknirschen» sein werden (Matthäus 8,12; 22,13; 25,30).

Beachten Sie, dass Jesus drei verschiedene Bilder gebraucht, um die Hölle zu beschreiben – Feuer *und* Finsternis *und* Würmer, die nicht sterben. Wenn Feuer und Finsternis miteinander auftreten sollen, muss mindestens eines von beiden als Metapher verstanden werden. Echtes Feuer würde die Finsternis erhellen, sodass es keine buchstäbliche Finsternis geben kann, wo Feuer ist. Dies und die Tatsache, dass die Hölle ursprünglich für den Teufel und seine Dämonen erschaffen wurde (die ja Geistwesen sind und keine physischen Körper haben, denen buchstäbliche Flammen etwas anhaben könnten), hat viele Theologen zu dem Schluss geführt, dass diese drei Bilder – Feuer, Finsternis und Würmer – Metaphern sind.

Norman Geisler und Thomas Howe schreiben:

> *«Feuer» und «Finsternis» sind kraftvolle Bilder, die die unvorstellbare Wirklichkeit der Hölle treffend beschreiben. Sie ist wie Feuer, weil sie ein Ort der Vernichtung und der Qualen ist. Doch sie ist auch wie die tiefste Finsternis, weil Menschen dort für immer verloren sind. Die Hölle ist zwar tatsächlich ein Ort, aber nicht jede ihrer Beschreibungen sollte wortwörtlich verstanden werden. Zur Darstellung dieses Ortes werden manchmal kraftvolle Redewendungen verwendet. Ihre grauenvolle Realität, in der Körper und Seele für immer leiden werden, geht weit über jeden bloßen Vergleich hinaus, mit dem man sie beschreiben könnte.*[144]

Doch selbst wenn diese Ausdrücke Metaphern sind, sollte uns das keine Erleichterung bringen. Es bedeutet lediglich, dass sich mit Worten nicht beschreiben lässt, was für ein furchtbarer Ort die Hölle ist. Der Theologe J. I. Packer beschreibt die Hölle so: «Die Hölle ist … die Negation der Gemeinschaft mit dem Herrn. Sie ist die Negation der Freude. Sie ist die Negation jeder Form von Zufriedenheit.»[145]

Stellen Sie sich ein Dasein vor, dem alles Gute fehlt. Kein noch so flüchtiges Gefühl von Frieden oder Freude. Keine Schönheit. Keine Hoffnung. Keine Liebe. Nichts, worauf man sich freuen könnte. Grenzenlose Verzweiflung. Für immer gefangen in den Qualen eines schlechten Traums. Es fällt uns schwer, uns einen solchen Zustand auch nur vorzustellen, weil wir alle – vom hartgesottensten Atheisten bis hin zum frömmsten Christen – *nicht die leiseste Ahnung* haben, wie ein Leben abseits der Gegenwart von Gottes Güte und Liebe wäre. Wir alle erfahren Gottes Gegenwart in der Welt. Theologen nennen das «allgemeine Gnade», und wir kennen nicht einmal eine Kategorie dafür, die beschreibt, wie es wäre, etwas anderes als diese Realität bewusst zu erleben. Das ist es, was J. I. Packer als das «Herz» der Lehre von der Hölle bezeichnet. Hölle ist ein Leben abseits der Liebe und Güte Gottes und unter der vollständigen Kontrolle und Herrschaft der Sünde. Packer merkt an: «Es ist schwierig, von der Hölle zu reden, weil sie schrecklicher ist, als wir es mit Worten beschreiben können.»[146]

So schwierig das Thema auch ist, es wird oft darauf hingewiesen, dass Jesus mehr von der Hölle sprach als irgendjemand sonst. Er gebrauchte mehrmals das Wort *Gehenna*, um die Hölle zu beschreiben – eine Anspielung auf das Tal Hinnom, wo antike Heidenvölker und Israeliten ihre Kinder im Feuer dem Gott Moloch opferten. Gott verwandelte diesen verfluchten Ort, an dem die Sünde und das Böse schrankenlos wüteten, in eine Gerichtsstätte und nannte sie «Mordtal» (Jeremia 19,6).

Jüngere Forschungen deuten darauf hin, dass die Juden zur Zeit Jesu die Hölle als einen Ort der Bestrafung nach dem Gericht auffassten. Es gibt Beispiele in jüdischen Schriften des ersten Jahrhunderts, in denen der «Feuerofen von Gehenna» als ein Abgrund der Qual nach dem letzten Gericht geschildert wird.[147] Mit anderen Worten, der Name bezog sich nicht *nur* auf ein Tal, in dem ihre Vorfahren grauenhafte Taten begangen hatten. Unter Gehenna verstand man die Hölle. Jesus wusste das, und hätte er den Namen Gehenna anders füllen wollen, als er gemeinhin verstanden wurde, so hätte er das deutlich erklären müssen. Aber das tat er nicht. Er gebrauchte das Wort Gehenna als Synonym für Hölle.

Jesus lehrte oft Theologie, indem er Gleichnisse erzählte. Eines dieser Gleichnisse steht in Matthäus 25, wo er das Himmelreich mit zehn Jungfrauen vergleicht, die auf den Bräutigam warten. Fünf von ihnen sind klug, die anderen fünf töricht. Die fünf klugen Jungfrauen brachten Öl für ihre Lampen mit, die fünf törichten nicht. Als der Bräutigam schließlich erscheint, ist den törichten Jungfrauen das Öl ausgegangen. Während sie zum Kaufmann gehen, um sich Nachschub zu holen, schließt sich die Tür zu der Hochzeitsfeier. Und nachdem sie einmal zu ist, öffnet sie sich nicht wieder. Hier sehen wir also, wie Jesus – der alle einschließende, tolerante, nie verurteilende Jesus – die Tür zu seinem Reich verschließt.

Danach erzählt er ein weiteres Gleichnis, in dem wiederum seine wahren Anhänger von den falschen geschieden werden – wobei die falschen in die äußere Finsternis hinaus geworfen werden.

Nach diesen beiden Gleichnissen spricht er über das Endgericht. Schafe und Böcke. Die Schafe finden ewiges Leben, während die Böcke zur «ewigen Strafe» verurteilt werden (Vers 46).

Diese Worte gehören zu den letzten, die von Jesus vor seiner Verhaftung und Kreuzigung überliefert sind. Er wollte seine Anhänger wissen lassen, dass es ein Endgericht geben würde. Dass es ewiges Leben und ewige Strafe geben würde. Die Tür zu seinem Reich würde sich eines Tages schließen. Er fordert uns eindringlich auf, uns bereitzuhalten. Trotz der Versuche progressiver Christen, diese Lehren aufzuweichen oder umzudeuten, konnte ich die Kraft dieser Worte Jesu nicht abschütteln.

Und im Zuge meiner weiteren Recherchen stellte ich fest, dass die frühesten christlichen Quellen mit dem Neuen Testament übereinstimmen. Die genaue *Natur* der Hölle ist umstritten, aber drei Dinge werden deutlich. Erstens: Die Hölle ist ewig. Zweitens: Die Seelen in der Hölle sind bei Bewusstsein. Drittens: Die Hölle ist eine Qual.

Als ich über das Wesen und die Gerechtigkeit der Hölle nachdachte, wurde mir klar, dass ich einigen schweren Irrtümern unterlegen war, was die Hölle anging und warum es sie gibt. Ich vermute, ebensoviele Christen wie Atheisten und Agnostiker haben ebenfalls eine falsche Vorstellung davon, worum es bei der Hölle geht.

Das erste Missverständnis: Menschen in der Hölle empfinden Reue

Als kleines Mädchen stellte ich mir vor, die armen Seelen, die in der Hölle «mit den Zähnen knirschen», wären unglückliche Opfer, die einfach nie die Chance hatten, auf Gottes Liebe zu antworten. Wie bei den Bier trinkenden Teenagern aus dem Theaterstück in der Gemeinde, deren Auto von einem Zug gerammt wurde (ja, das war tatsächlich eine der Szenen), war das Zähneknirschen der physische Ausdruck ihrer tränenreichen Trauer und ihres reuevollen Kummers darüber, dass sie nie die Chance gehabt hatten, Christus ihr Leben anzuvertrauen. Hätte ihnen doch nur jemand vom Evangelium erzählt, bevor es zu spät war!

Aber die Bibel zeichnet ein anderes Bild.

Von knirschenden Zähnen ist in der Bibel mehrfach die Rede. Im Alten Testament bezieht sich das typischerweise auf etwas, das Feinde in ihrer Wut und ihrem Trotz gegen ihre Gegner tun. Klagelieder 2,16 schildert, wie die Feinde Jerusalems die Stadt verhöhnen, indem sie freudigen Jubel über ihren Untergang zischen und mit den Zähnen knirschen. Psalm 37,12 beschreibt, wie die Gottlosen gegen die Gerechten mit den Zähnen knirschen, während sie ihre Pläne gegen sie schmieden. In Psalm 35,16 bezeichnet David diejenigen, die gegen ihn mit den Zähnen knirschen, als «Gottesverächter» (Elberfelder), die sich darüber freuen, wenn er strauchelt. Auch Hiob gebraucht das Bild des Zähneknirschens, um Gottes Zorn zu beschreiben (Hiob 16,9). Im Neuen Testament schildert uns Apostelgeschichte 7 die letzten Momente im Leben des Stephanus, kurz bevor er als erster Märtyrer des christlichen Glaubens in die Geschichte einging. Als Mitglieder des Sanhedrin Steine aufhoben, um ihn hinzurichten, gerieten sie in maßlose Wut und «knirschten mit den Zähnen gegen ihn» (Elberfelder).

Das ist nicht gerade das Bild einer unschuldigen Seele, die aus kummervoller Reue Tränen vergießt. Es ist eine Momentaufnahme der kochenden Wut eines Feindes. Es ist das Gegenteil von Reue und gottgefälliger Trauer. Vielleicht schrieb C. S. Lewis deshalb den berühmten Satz, dass «die Pforten der

Hölle von *innen* verriegelt sind.»[148] Ob er damit recht hat, weiß ich nicht, aber das scheint jedenfalls eine treffende Beschreibung für die anhaltende Rebellion derjenigen zu sein, die aus dem Reich Gottes ausgeschlossen bleiben.

Insofern ist also die Hölle nicht etwa eine Art göttliche Folterkammer, in der Gott sich sadistisch an den Qualen derer weidet, die ihn ablehnen. Sie entsteht dadurch, dass Gott ihnen ihren Willen lässt. Die Hölle ist ein Ort für diejenigen, die Gott ablehnen. Und Gott wird niemanden in sein Reich zwingen, der nicht seiner Herrschaft unterstehen will. Und Sünde und Verderben kann er nicht hereinlassen, auch nicht für die, die die Vorzüge des Himmels genießen wollen, aber nicht bereit sind, sich von ihrer Sünde abzuwenden und ihm nachzufolgen.

Das zweite Missverständnis: In der Hölle regiert der Teufel

Ich hatte immer irgendwie die Vorstellung, dass der Teufel in der Hölle seinen Spaß hatte – wie schon in der oben beschriebenen Theateraufführung, in der Satan aus seiner ewigen Feuerparty auftauchte, um die Seelen derer zu holen, die ihm gehörten. Auf einem roten Thron sitzend, mit Dreizack, dämonischen Dienern und einem endlosen Vorrat an Menschenseelen, die er foltern konnte, stellte ich mir einen Teufel vor, der sehr gerne den König der Unterwelt in seinem Inferno des Elends spielte.

Ist Ihnen schon einmal aufgefallen, dass der Teufel und die Hölle so ziemlich überall, wo sie in Filmen und im Fernsehen auftauchen, auf diese Weise dargestellt werden? Von Al Pacino in *Der Advokat des Teufels* aus den späten Neunzigern über Adam

Sandler in dem Film *Little Nicky* (2000) bis zu aktuelleren Titeln wie der Fernsehserie *Lucifer*. Sie alle senden eine klare Botschaft: Der Teufel ist sexy, smart und der Bürgermeister seiner Heimatstadt.

Aber das hat mit dem biblischen Bild der Hölle nicht das Geringste zu tun. Als Jesus in Matthäus 25 das Endgericht beschreibt, sagt er, er werde die Menschen voneinander scheiden, wie ein Hirte die Schafe von den Böcken trennt. Als er schildert, was mit den Böcken passieren wird, sagt er, sie würden von ihm gehen «ins ewige Feuer, das für den Teufel und seine Engel bestimmt ist» (Vers 41). Das macht deutlich, dass die Hölle nicht für Menschen erschaffen wurde. Sie wurde erschaffen als eine Art Quarantänestation für das Böse – nämlich den Teufel und die Dämonen.

Offenbarung 20,7–10 zeigt uns, wie Jesus den Teufel schließlich endgültig erledigt: «Er selbst, der sie verführt hatte, wurde nun auch in den See mit brennendem Schwefel geworfen, zu dem Tier und dem falschen Propheten. Immer und ewig müssen sie dort Tag und Nacht schreckliche Qualen erleiden.» Mit anderen Worten, der Teufel und seine Dämonen werden nicht herrschen oder irgendjemanden quälen oder ihren Spaß haben. Sie selbst werden für alle Ewigkeit gequält werden an diesem Ort, den Gott eigens für sie geschaffen hat – in der Hölle.

Das dritte Missverständnis: Jeder bekommt dieselbe Strafe

Als Kind hatte ich eine Babysitterin, die ein ziemliches Biest war. Nicht im popkulturellen Sinn – eine starke Frau –, sondern im herkömmlichen Sinn – eine kleinliche, strenge, kritische, kaltherzige, unangenehme Person. Sie war nicht nett. Einmal schimpfte sie mich aus und warf mir vor, ich würde mich benehmen wie ein Baby, weil ich mir auf der vergeblichen Suche nach der Toilette in einem unbekannten Haus in die Hose gemacht hatte. Sie bezeichnete sich als Christin.

In einem Artikel las ich von einem Mann, der seine gesamte irdische Habe verkaufte, um sich um Obdachlose zu kümmern. Jeden Tag ging er durch die Straßen, suchte sich die heruntergekommensten Leute, brachte sie zu sich nach Hause in seine kleine Wohnung, badete sie, gab ihnen zu essen und ließ sie bei sich übernachten. Sein ganzes Leben setzte er dafür ein, anderen zu helfen. Er war demütig und freundlich. Und er war Buddhist.

Welchen Reim sollte ich mir auf die Tatsache machen, dass nach meiner Glaubensüberzeugung die biestige Christin in den Himmel kommt, der wohltätige Buddhist aber in die Hölle? Das war schwer zu begreifen, denn obwohl ich den Gedanken der Gnade vom Verstand her durchaus erfasst hatte, war die Botschaft in meinem Herzen noch nicht angekommen. Gnade heißt nicht, dass man dafür belohnt wird, das Richtige zu tun und zu sagen. Sie bedeutet nicht, dass man bekommt, was man verdient. Sie bedeutet, dass man *nicht* bekommt, was man verdient. Gnade ist Jesus, der jeden Menschen ansieht und sagt: «Wegen der Sünde verdienst du den Tod, aber ich nehme auf mich, was du verdienst, und biete dir das ewige Leben an, das ich verdiene.»

Als ich mir den Buddhisten und die Babysitterin durch die Brille der Gnade anschaute, wurde mir klar, dass wir nicht dadurch Teil des Reiches Gottes werden, dass wir uns den Zutritt verdienen. Die Frage ist nicht, wer am meisten Geld verschenkt oder den meisten Obdachlosen zu essen gibt oder am nettesten ist. Im Fall des Buddhisten ist es so, dass es fester Bestandteil seines Glaubenssystems ist, sein schlechtes Karma abzuarbeiten und ins Nirwana einzutreten. Doch der Prophet Jesaja sagt uns, dass wir durch die Sünde so infiziert sind, dass das Gute, das wir tun, nur so ist wie ein schmutziges Kleid (64,5). In Römer 3,20 heißt es: «Denn kein Mensch wird jemals vor Gott bestehen, indem er die Gebote erfüllt.» Weiter wird dort erklärt, dass das Gesetz dazu da ist, uns unsere Sünde bewusst zu machen. Wir sind alle an der Sünde erkrankt, und Jesus ist das einzige Heilmittel.

Was wird also nun aus dem barmherzigen Buddhisten, der die Obdachlosen badete und ihnen zu essen gab? Sollte er sterben, ohne sein Vertrauen in Christus gesetzt zu haben, wird er dann dieselbe Strafe bekommen wie Hitler, während die biestige Babysitterin in die ewige Seligkeit eingeht (vorausgesetzt, sie war tatsächlich eine Christin)? Ich glaube nicht. Und zwar aus folgenden Gründen.

Im Alten Testament ziehen verschiedene Sünden auch verschiedene Strafen nach sich. Manche Strafen sind schwerer als andere. Je schwerwiegender die Sünde, desto härter ist auch die Strafe. Während seines Prozesses und seiner Verurteilung klingt dieser Gedanke in Johannes 19,11–12 auch an, wenn Jesus zu Pilatus sagt: «Deshalb hat der größere Schuld auf sich geladen, der mich dir ausgeliefert hat.» In Lukas 12,42–48 erzählt Jesus ein Gleichnis von verschiedenen Dienern, die unterschiedlich schwer bestraft werden, je nachdem, wie gut sie über den Willen ihres Herrn Bescheid wussten. Am Schluss sagt er: «Ein Verwalter, der den Willen seines Herrn kennt, sich aber bewusst nicht danach richtet, wird schwer bestraft werden. Wer dagegen falsch handelt, ohne es zu wissen, wird mit einer leichteren Strafe davonkommen. So wird von jedem, der viel bekommen hat, auch viel erwartet; und wem viel anvertraut wurde, von dem verlangt man umso mehr» (Verse 47–48).

In einem erschreckenden «Wehe»-Ruf in Matthäus 11 verurteilt Jesus zwei ganze Städte zu einem strengeren Gericht im Jenseits als Sodom. (Sagen Sie das mal jemandem, der behauptet, Jesus wäre ein toleranter «all inclusive»-Guru gewesen.) Die Bibel spricht regelmäßig mit unterschiedlichem Maß an Strenge und Strafe über Sünde und Gericht. Das zu erfahren und zu verstehen hat mir geholfen, mir einen Reim auf das zu machen, was ich über die Gerechtigkeit Gottes in der Bibel las. Gott ist nicht ungerecht oder pauschal in seinen Urteilen. Er ist vollkommen heilig und wird entsprechend mit der Sünde umgehen.

Und wie mir das Buch *Why Does God Allow Evil? Compelling Answers for Life's Toughest Questions* des Theologen Clay Jones in Erinnerung rief, neige ich wie viele andere dazu, den gefallenen Zustand der Menschheit auf die leichte Schulter zu nehmen. Ich denke an Leute, die als gute Menschen gute Dinge tun … solche, die Kekse backen, mit Kindern spielen und ihren Freunden in der Not beistehen. Doch Jones weist darauf hin, dass manche der größten Gräuel, die Menschen je begangen haben, bis hin zum Genozid, meistens von ganz normalen Menschen wie Ihnen und mir verübt wurden.

Selbst Nazis hatten liebe Großmütter, die für ihre Jugendtreffen Kekse backten.

«Werden nur wenige gerettet?»

Diese Frage stellte eines Tages eine der Teilnehmerinnen im Kurs. Ist der Gedanke, dass nur einige wenige Auserwählte ins

Himmelreich gelangen werden, realistisch? Ist das fair? Ist es plausibel? Interessanterweise ist das eine Frage, die die Jünger Jesu direkt an ihn richteten. Wir brauchen über die Antwort nicht zu rätseln. Jesus antwortete: «Setzt alles daran, durch das enge Tor in Gottes Reich zu kommen! Denn viele versuchen es, aber nur wenigen wird es gelingen» (Lukas 13,24). Dann schildert er, wie der Herr des Hauses die Tür schließt und verriegelt. Wer draußen ist, kommt nicht hinein.

Warum heißt es aber dann in Offenbarung 21,25: «Weil es keine Nacht gibt, werden die Tore niemals geschlossen; sie stehen immer offen»? Will Gott damit sagen: «Die Tür steht immer offen ... es ist nie zu spät?» Als ich darüber nachdachte, las ich im selben Kapitel noch etwas weiter. Der Text lässt uns wissen, dass diese große Stadt sehr hohe, starke Mauern hat. Mauern werden gebaut, um Leute draußen zu halten, die drinnen nichts zu suchen haben. Und wer hat drinnen nichts zu suchen? Vers 27 gibt die Antwort: «Doch wer sich durch Götzendienst verunreinigt hat, wer lügt und betrügt, der darf diese Stadt niemals betreten. Nur wer im Lebensbuch des Lammes steht, wird eingelassen.» In der Antike verschlossen Städte ihre Tore als Sicherheitsmaßnahme. Doch im neuen Himmel und auf der neuen Erde werden solche Maßnahmen nicht notwendig sein. Man braucht die Tore nicht zu schließen, weil die Sünde bereits gebannt und überwältigt ist. Niemand wird die Hölle verlassen und in den Himmel gelangen.

Letzten Endes habe ich eingesehen, dass die Hölle nicht nur notwendig ist, sondern im Grunde auch liebevoll und gerecht. Wenn jemand heute nach Sünde und Verderbtheit verlangt, wie komme ich dann auf die Idee, dass diese Person den Wunsch haben könnte, für alle Ewigkeit von Sünde und Verderbtheit getrennt zu sein? Wenn jemand sich beständig dafür entscheidet, Gott zu hassen und sein Geschenk der Versöhnung in diesem Leben zurückzuweisen, wie komme ich dann auf den Gedanken, diese Person würde im nächsten Leben danach verlangen, für immer in seinem Reich zu sein? Und hier ist noch ein Gedanke: Wenn jemand seine selbstsüchtige Sünde mit in den Himmel nehmen will, was wäre das dann für ein Gott, der sie hineinließe?

Ich sage jetzt etwas Unpopuläres. Wir leben in einer Kultur, in der es als arrogant, ja hasserfüllt gilt, wenn man dogmatische Aussagen über die Realität macht. Aber wenn wir glauben, dass die Bibel wahr ist – wenn wir unserem Herrn Jesus folgen –, dann müssen wir mit ihm dies bejahen: Der Himmel ist real. Die Hölle ist real. Und eines Tages wird die Tür sich schließen.

11
Kosmische Kindesmisshandlung?

Dass Gott mit Blut besänftigt werden musste, ist nicht schön. Es ist entsetzlich.

Michael Gungor, 2017

Ich, Alisa Childers, bin eine Sünderin. Ich würde mich die *Schlimmste* unter den Sündern nennen, hätte nicht schon der Apostel Paulus diesen Titel für sich beansprucht (siehe 1. Timotheus 1,15). Ich weiß, wie schwer ich gegen Gott rebelliert habe. Ich weiß, wie dringend ich einen Retter brauche.

Darum ist mir das Kreuz so kostbar. Darum ist ein Angriff gegen das Kreuz für mich ein Angriff gegen den innersten Kern dessen, was es bedeutet, Christ zu sein. Wie wir sehen werden, ist ein Angriff gegen das Kreuz ein Angriff gegen das Wesen Gottes selbst.

Musste Jesus sterben?

«Nach der religiösen Sichtweise der Menschen im antiken Mesopotamien waren die Götter zornig und konnten nur mit Blut besänftigt werden», formulierte der progressive Pastor eines Sonntagmorgens in seiner Predigt. Mit für ihn untypisch großer Geste breitete er die Arme aus und führte vor, wie ein antiker Jude versuchte, einen Stier zu bezwingen und zur Stiftshütte zu zerren. «Darum *dachten* die Israeliten, sie müssten Ziegen und

Stiere zum Altar zerren und Jahwe Opfer darbringen», sagte er. «Doch als Jesus kam und ihnen sagte, er habe das Gesetz erfüllt, sagte er ihnen damit, dass sie das nicht tun mussten. Sie hatten es nie tun müssen.» Dann öffnete er seine Hände und hob sie ein wenig, um die Erleichterung und Befreiung zu veranschaulichen, dass der Kampf zu Ende war. «Jesus ist nicht gekommen, um das Gesetz abzuschaffen.» Nach einer bedeutungsschweren Pause fuhr er ganz langsam fort: «Er ist gekommen, … um … es … zu … beenden.»

Unzählige Fragen wirbelten mir durch den Kopf, während ich mich umschaute, um zu sehen, ob noch jemand so schockiert war wie ich. Nein. Nur ich. Die meisten Gottesdienstbesucher schienen völlig gepackt zu sein von seiner leidenschaftlichen Ansprache.

Hat er wirklich gerade gesagt, die Israeliten hätten nur gedacht, sie müssten Opfer darbringen?

Will er damit sagen, dass das ganze Opfersystem des Alten Testaments nur eine gut gemeinte Nachahmung der umgebenden Kulturen war?

Heißt das, er meint, Mose habe sich geirrt?

Moment mal! Wir verstehen doch den Tod Jesu durch die Brille des Opfersystems. Wenn Gott es gar nicht eingesetzt hat, warum musste dann Jesus überhaupt sterben?

Das war die entscheidende Frage, und ein paar Tage später hatte ich Gelegenheit, den Pastor danach zu fragen. Er antwortete nachdenklich: «Nun, ich glaube, Jesus *musste* tatsächlich sterben. Er musste sterben wegen seiner Liebe zu uns. Er wusste, dass die Menschen blutdurstig und gewalttätig sind, und deshalb gab er sein Leben hin und gab uns unser Pfund Fleisch. Es war die höchste Liebestat.»

Mein Pastor nahm die Sühne vom Kreuz weg und hüllte es stattdessen in einen Mantel der «Liebe». Zu dem Zeitpunkt fand ich das schockierend. Ich konnte mir nicht vorstellen, wie ein Christ das Sühneopfer Jesu anders wahrnehmen konnte als als etwas unglaublich Schönes. Im Lauf der Zeit dann fiel mir immer mehr auf, wie progressive Christen sich kritisch über etwas äußerten, was sie «kosmische Kindesmisshandlung» nannten.

Erlösende Liebe oder kosmische Kindesmisshandlung?

Als ich mich eingehender mit dem Sühnetod zu beschäftigen begann, merkte ich, dass die Bibel verschiedene Metaphern und Beschreibungen verwendet, um zu veranschaulichen, was der Tod Jesu am Kreuz bewirkt hat. Da ich seit meiner Kindheit eifrig in der Bibel gelesen hatte, war mir das alles nicht neu, aber bisher war mir nie aufgefallen, dass viele Leute dazu neigen, eine dieser Metaphern gegenüber den anderen zu bevorzugen. Ich selbst hatte sie immer als verschiedene Facetten desselben wunderschönen Diamanten wahrgenommen.

Zum Beispiel nennt Markus 10,45 Christus unser «Lösegeld». In 1. Korinther 15,54–57 heißt es, dass Jesus die Mächte der Sünde und des Todes überwunden und uns den Sieg geschenkt hat. Philipper 3,10–12 stellt Jesus als moralisches Vorbild dar, dem wir folgen sollen, und fordert Christen auf, «seinem Tod gleich» (Elberfelder) zu werden. Galater 4,4–7 führt aus, dass Jesus uns vom Gesetz losgekauft hat, damit wir von

Gott als adoptierte Söhne und Töchter angenommen werden können.

Insbesondere eine biblische Formulierung, nämlich dass «Christus für unsere Sünden starb», ist ein Kernstück des historischen christlichen Glaubens. Diese Aussage findet sich bereits in dem frühen Glaubensbekenntnis, das Paulus in 1. Korinther 15,3–5 wiedergibt und von dem wir im dritten Kapitel bereits gesprochen haben. Diese Lehre wurde dann als *stellvertretender Sühnetod* bekannt. Der Terminus besagt, dass Jesus an unserer Stelle starb … als unser Stellvertreter. Laut Bibel hat Jesus auch die Strafe für unsere Sünde *bezahlt*, was unserem Verständnis noch ein tieferes Element hinzufügt. Das ist von allen biblischen Beschreibungen der Sühne diejenige, die progressive Christen am häufigsten ablehnen. Der progressive Autor Tony Jones nennt dies das «Bezahlungsmodell» und lehnt es rundheraus ab.[149] Es lässt sich folgendermaßen zusammenfassen:

- Wir Menschen sind von Natur aus gefallene Geschöpfe und Sünder (Römer 3,23; 5,12; Epheser 2,1–3).
- Unsere Sünde trennt uns von Gott (Jesaja 59,2; Epheser 2,12; 4,18).
- Die Konsequenz unserer Sünde ist der Tod (1. Mose 2,17; Hesekiel 18,20; Römer 5,12; 6,23).
- Jesus, der Mensch gewordene Gott, starb an unserer Stelle, als unser Stellvertreter, für unsere Sünden (Jesaja 53, Römer 3,21–25; 5,8–10; Apostelgeschichte 20,28; 1. Korinther 15,3; 2. Korinther 5,21; Galater 1,3–4; Epheser 5,1–2; Hebräer 9,26; 1. Timotheus 2,5–6; 1. Petrus 3,18).
- Jesus bezahlte den Preis für unsere Sünden (1. Korinther 6,20; 7,23; Galater 3,13; 1. Petrus 1,18–19; 2,24; 3,18).

- Sein Opfer schaffte dem Zorn Gottes Genugtuung (Johannes 3,36; Römer 3,24–25; 5,9; Hebräer 2,17; 1. Johannes 2,2; 4,10), sodass wir mit Gott versöhnt werden konnten (Römer 5,10–11; 2. Korinther 5,18–21; Kolosser 1,20; Epheser 2,16).

Dieser Glaube hat Christen über die Jahrhunderte und quer durch Kulturen und Kontinente geeint. Das ist die Geschichte, die die Heilige Schrift vom Untergang Edens im 1. Buch Mose bis zu seiner Wiederherstellung in der Offenbarung erzählt. In 1. Mose 3,21 gibt Gott einen Hinweis auf die Notwendigkeit von Opfern, indem er ein Tier tötet und mit seinem Fell Adams und Evas Nacktheit bedeckt. In der Offenbarung wird Jesus mehrere Male als das Lamm bezeichnet. Die Engel und die Ältesten singen sogar Jesus zu: «Mit deinem Blut hast du Menschen für Gott *freigekauft*, Menschen aller Stämme und Sprachen, aus allen Völkern und Nationen» (Offenbarung 5,9; Hervorhebung von mir). Vers 12 fährt fort: «Allein dem Lamm, das geopfert wurde, gehören alle Macht und aller Reichtum. Ihm allein gebühren Weisheit und Kraft, Ehre, Herrlichkeit und Anbetung!». Die Bezeichnung Jesu als «das Lamm» verweist zurück auf das Opfersystem des Alten Testaments.

Zum Beispiel sind in 3. Mose 4 und 5 zwei der Opfer beschrieben, die alttestamentliche Juden dem Herrn darbringen mussten – Sündopfer und Schuldopfer. Gemeinsam waren diese Opfer darauf ausgerichtet, Sühne zu schaffen für die Sünden des Opfernden. Für diese Opfer musste ein Stier (für den Hohepriester oder die ganze Gemeinde) oder ein Herdentier (für gewöhnliche Bürger) geschlachtet werden. Etwas von dem Blut wurde auf die Hörner des Altars gestrichen, der Rest am Fuß des Altars ausgegossen. In 3. Mose 4,32 wird konkret ein Lamm erwähnt, das als Sündopfer dargebracht wird.

Im Neuen Testament bringt Johannes der Täufer explizit Jesus mit diesem Brauch in Verbindung, wenn er ausruft: «Seht, das ist Gottes Opferlamm, das die Sünde der Menschen wegnimmt» (Johannes 1,29). In 1. Korinther 5,7 nennt der Apostel Paulus Jesus «unser Passahlamm», das «geopfert wurde». Das ist eine direkte Verbindung zu den geschlachteten Lämmern, deren Blut die Israeliten während der letzten Plage in Ägypten auf ihre Türpfosten strichen. Dieses Blut rettete ihre erstgeborenen Kinder vor dem Tod. Mit anderen Worten, das Lamm starb, damit ihre Kinder nicht sterben mussten.

Trotz dieser Fülle biblischer Zeugnisse ist das Einzige, worüber praktisch alle Wortführer des progressiven Christentums sich einig sind, dass Jesus nicht gestorben sei, um die Strafe für unsere Sünde zu bezahlen. Er wurde von einer wütenden Menschenmenge gekreuzigt, weil er den Mächtigen die Wahrheit ins Gesicht gesagt hatte, und seine Liebe und Vergebung gegenüber denen, die ihn töteten, ist das Vorbild, dem wir alle folgen sollten. Nach Ansicht der progressiven Christen hätte Jesus nicht sterben müssen, aber er ordnete sich dem Willen der Menschen unter. Ihrer Weisheit zufolge macht die historische Sichtweise aus Gott nichts als einen gewalttätigen Vater.

Der Gedanke einer «kosmischen Kindesmisshandlung» ist in theologisch liberalen Kreisen zwar schon seit einiger Zeit im Umlauf, aber in den evangelikalen Mainstream hat er sich erst durch das ungemein erfolgreiche Buch *Die Hütte* von William Paul Young eingeschlichen. Seit seinem Erscheinen 2007 wurde *Die Hütte* über zwanzig Millionen Mal verkauft, und das Buch stand 136 Wochen lang auf der Bestsellerliste der *New York Times.*[150] Hauptfigur des Buches ist Mack, ein Vater von fünf Kindern, dessen Tochter Missy von einem Serienkiller entführt und ermordet wurde. Während er um sie trauert, findet er eines Tages in seinem Briefkasten einen Brief von «Papa», der ihn zu einem Treffen in der Hütte einlädt, in der Missy vermutlich getötet wurde. Dort angekommen, begegnet Mack den Personen der Dreieinigkeit, jede verkörpert in einer anderen Figur. Papa, der Vater, ist eine afroamerikanische Frau. Jesus ist ein Tischler aus dem Nahen Osten. Der Heilige Geist ist eine asiatische Frau namens Sarayu. Während seiner Zeit in der Hütte führt Mack mit diesen Figuren etliche theologische Gespräche über das Böse, das Leid, Sühne und das Wesen Gottes.

Weil das Buch in Romanform geschrieben ist, hatten manche Christen Mühe, die Theologie dahinter zu entschlüsseln. Ich bin vielen Leuten begegnet, die zugeben, dass ihnen beim Lesen öfters rote Alarmlämpchen aufleuchteten, sie aber diese Bedenken schließlich verwarfen, weil sie von der emotionalen Handlung des Buches so tief bewegt waren. In einer Szene stellt Mack Papa die Frage, warum Jesus sterben musste. Die Begründung bleibt ein wenig im Unklaren, aber Papa sagt ihm, der Tod Jesu habe sie (den Vater) mit der ganzen Welt versöhnt. Als Mack zurückfragt, ob sie nur mit denen versöhnt sei, die an Jesus glauben, erwidert Papa: «Mit der ganzen Welt, Mack.»[151] Obwohl das noch keine ausdrückliche Bestätigung des Universalismus ist, kratzten sich bei Szenen wie dieser viele Christen am Kopf und fragten sich, was für eine Botschaft eigentlich in dem Buch steckte.

Einige Jahre nach dem Erscheinen von *Die Hütte* veröffentlichte William Paul Young einen theologischen Essay mit dem Titel *Lies We Believe about God.* Darin formuliert er die Dinge, die im Roman nur angedeutet und impliziert sind, mit Klarheit und Entschiedenheit. Young bejaht die

Allversöhnung und leugnet den stellvertretenden Sühnetod Jesu. Er schreibt:

> *Wer ist der Urheber des Kreuzes?*
>
> *Wenn es Gott ist, dann beten wir einen kosmischen Gewalttäter an, der in seiner göttlichen Weisheit ein Instrument erschuf, um Menschen auf die schmerzhafteste und entsetzlichste Weise zu foltern. …*
>
> *Die Alternative ist, dass das Kreuz seinen Ursprung bei uns Menschen hat. Dieses abscheuliche Gerät ist die ikonenhafte Manifestation unserer blinden Hingabe an die Finsternis. …*
>
> *Und wie reagierte Gott auf diese tiefe Zerbrochenheit?*
>
> *Gott ergab sich ihr. Gott stieg bereitwillig auf unser Foltergerät und begegnete uns am tiefsten und finstersten Ort unserer teuflischen Gefangenschaft durch unsere eigenen Lügen, und indem er sich ein für alle Mal ergab, vernichtete Gott ihre Kraft. …*
>
> *Und wie deuteten wir religiösen Leute dann dieses Opfer? Wir verkündeten, es sei Gott gewesen, der Jesus tötete, ihn schlachtete als unerlässliche Beschwichtigung seines blutdürstigen Drangs nach Gerechtigkeit.*[152]

Später erklärt er, warum der Gedanke, dass der Vater verlangt haben soll, dass der Sohn unsere Strafe auf sich nimmt, ihm so abscheulich vorkommt.

> *Eine der Erzählungen über Gott besagt, dass Gott wegen der Sünde ein Kindesopfer verlangte, um das Gefühl gerechter Empörung und das Wüten der Heiligkeit zu besänftigen – mit Jesus als dem höchsten Kindesopfer. Nun, wenn Gott so ist, liegt es dann nicht nahe, dass wir in Gottes Fußstapfen treten? Doch wir wissen intuitiv, dass ein solcher Gedanke falsch ist, entsetzlich falsch.*[153]

Wie mein früherer Pastor meinen viele progressive Christen, das Opfersystem sei nicht von Gott geplant gewesen; stattdessen hätten die Israeliten diese Praxis von anderen antiken Kulturen übernommen. Der britische progressive Geistliche Steve Chalke sagt:

> *Das stellvertretende Strafgericht ist gleichbedeutend mit «Kindesmisshandlung – ein rachsüchtiger Vater, der seinen Sohn für ein Vergehen bestraft, das er nicht einmal begangen hat». Wenn auch die schiere Unverblümtheit dieser Bildsprache (die natürlich nicht von mir stammt) manchen schockieren mag, ist sie in Wahrheit nur eine krasse «Demaskierung» des gewaltsamen, vorchristlichen Denkens hinter einer solchen Theologie.*[154]

Rob Bell fügt hinzu: «Nicht Gott hat das Opfersystem eingerichtet. Das haben Menschen getan. Das Opfersystem kam auf, als Menschen Riten und Rituale entwickelten, um mit ihrer Schuld und ihrer Angst umzugehen.»[155] Die ersten Christen, behauptet Bell, gingen noch einen Schritt weiter, als sie beschlossen, «den Tod Jesu durch die Brille des Opfersystems zu interpretieren, im Vertrauen darauf, dass der Friede mit Gott, nach dem sich die Menschen seit Jahrtausenden gesehnt hatten, tatsächlich Realität war».[156]

Brian Zahnd, der Autor von *Sinners in the Hands of a Loving God*, schreibt: «Golgata ist nicht der Ort, wo wir sehen, wie gewalttätig Gott ist; Golgata ist der Ort, wo wir sehen, wie gewalttätig unsere Zivilisation ist.»[157] Zahnd behauptet, das moderne Verständnis der stellvertretenden Strafe sei eine Lehre, die Johannes Calvin entwickelt habe, nachdem sie in anderer Form zuerst im elften Jahrhundert aufgetaucht sei.[158] Viele progressive Christen stimmen dem zu und verweisen auf den italienischen Mönch Anselm, der die sogenannte Satisfaktionslehre ausarbeitete, die auf dem Prinzip beruht, dass jemand, der einem anderen Unrecht getan hat, dem Geschädigten eine Wiedergutmachung zu leisten hat, die dem Status dieser Person entspricht. Als König der Könige erforderte Gott eine Entschädigung, die die Zahlungsfähigkeit der Menschen weit überstieg. Nur Jesus – jemand, der vollkommen göttlich (auf gleicher Stufe mit Gott stehend) und vollkommen menschlich (also zu den Schuldnern gehörig) war – konnte sich für uns opfern.

Richard Rohr und andere progressive Christen argumentieren, Anselm habe diese Lehre entwickelt, weil sie sich nahtlos in die mittelalterliche feudale Auffassung und Praxis des Rechtswesens einfügte.[159]

Nicht nur habe das Opfersystem seinen Ursprung bei den Menschen, so die Progressiven, sondern der Glaube, dass Christus sich für uns opferte, sei gefährlich, weil er unser Bild vom Vater verfälsche. «Gott brauchte keine blutigen Opfer. Die Menschen brauchten sie», sagt Bell. «Gott brauchte niemanden zu töten, um ‹happy› mit der Menschheit zu sein. Was wäre das denn für ein Gott? Schrecklich. Entsetzlich.»[160] Zahnd schreibt: «Das Einzige, was Gott Gerechtigkeit nennt, ist, die Welt in Ordnung zu bringen, nicht einen unschuldigen Stellvertreter um seiner kleinlichen Beschwichtigung willen zu bestrafen.»[161] Chalke fügt hinzu: «Die schlichte Wahrheit ist, wenn Gott sich seinem einzigen Sohn gegenüber nicht verhält wie ein vollkommener Vater, dann können wir uns ihm gegenüber auch nicht so verhalten.»[162]

Ein weiteres Problem mit dieser Auffassung des Sühnetodes, sagen manche progressive Christen, liegt darin, dass wir, wenn unsere Theologie den Tod Jesu in den Mittelpunkt stellt, die Bedeutung des Beispiels übersehen, das er uns durch sein Leben gegeben hat. Richard Rohr erklärt: «Ich glaube, der Tod Jesu am Kreuz ist eine Offenbarung der unendlichen und teilhabenden Liebe Gottes und nicht ein Blutzoll, den Gottes verletzte Gerechtigkeit erforderte, um das Problem der Sünde zu beseitigen. Eine solche Geschichte wäre viel zu klein und problemorientiert.»[163] An anderer Stelle sagt er: «Jesus kam, um die Meinung der Menschen über Gott zu ändern. … Es war keine Transaktion nötig, es war kein Blutopfer nötig.»[164] Über die Sühneauffassung «moderner Christen» schreibt Rachel Held Evans:

> *«Jesus kam, um zu sterben», sagen sie oft und beziehen sich damit auf eine Auffassung von Christentum, die das Evangelium auf eine Transaktion reduziert, bei der Gott ein makelloses Opfer brauchte, um die Sünden der Welt zu sühnen, und deshalb Jesus am Kreuz opferte, damit die Gläubigen in den Himmel kommen können. Nach dieser Anschauung taucht Jesus im Grunde auf, um die Kaution für uns zu entrichten.*[165]

Obwohl viele progressive Christen vorschlagen, wir sollten uns mehr auf das Leben und die Lehre Jesu fokussieren, streiten sie nicht ab, dass Jesus für uns gestorben ist. Die Gründe jedoch, die sie dafür nennen, sind ganz andere als bei denen, die glauben, Jesus habe sein Leben als Lösegeld für die Menschheit gegeben. Kurz gefasst, so sagen sie, habe Jesus sich von einer blutrünstigen Welt umbringen lassen, um uns zu zeigen, wie wir lieben und anderen vergeben können. Zahnd erklärt:

> *Das Kreuz ist kein Bild für eine Bezahlung; das Kreuz ist ein Bild der Vergebung. … Das Kreuz ist nicht der Ort, wo Gott einen Prügelknaben findet, an dem er seine Wut auslassen kann;*

das Kreuz ist der Ort, wo Gott die Welt durch selbstaufopfernde Liebe rettet. … Das Opfer Jesu war notwendig, um uns dazu zu bringen, dass wir aufhören, andere zu Opfern zu machen, aber es war nicht nötig, um Gott zur Vergebung zu bewegen.[166]

Diese Verständnis davon, warum Jesus starb, wirkt sich natürlich auch darauf aus, wie so manche progressive Christen zu verschiedenen kirchlichen Praktiken stehen – zum Beispiel zur Eucharistie. Aufgrund dieser neuen Interpretation schlägt Brian McLaren ein alternatives Verständnis der Kommunion vor:

In einem tisch-zentrierten Eucharistieverständnis sind sühnende oder besänftigende Opfer einfach unnötig. Es muss nichts getan werden, um einen feindseligen Gott zu besänftigen, weil Gott sich durch Christus selbst offenbart hat als von Grund auf gnädig und freundlich, nach Versöhnung strebend; nicht feindselig und rachsüchtig, der Besänftigung bedürfend.[167]

Der Zorn des Strohmanns

Fast jedes der obigen Zitate stellt die historische christliche Sicht des Kreuzes in irgendeiner Weise verzerrt dar. Zum Beispiel sagt Brian Zahnd: «Beim Karfreitag geht es nicht um den göttlichen Zorn; beim Karfreitag geht es um die göttliche Liebe.»[168] Nun haben Christen schon immer das Kreuz als das leuchtendste Bild der Liebe Gottes gesehen, aber sie erkennen auch, dass ein gerechter Gott sich nicht mit Sünde abfinden kann. – Nicht, weil er intolerant wäre, sondern aufgrund seiner Güte und Heiligkeit und wegen der Zerstörung, die die Sünde in seiner Schöpfung anrichtet. Der Alttestamentler Jay Sklar bezeichnet Sünde als eine «Säure, die alles verdirbt und zerstört, was sie berührt.» Er merkt an: «Der Herr ist kein Spielverderber, wenn er die Sünde verbietet; er ist ein liebender Retter.»[169]

Man beachte auch, wie progressive Christen Gott und sein Handeln mit Worten wie *feindselig*, *Folter*, *kleinlich*, *Gewalttäter*, *entsetzlich* und *blutdürstig* beschreiben, obwohl diese in krassem Gegensatz dazu stehen, wie Gott in der ganzen Bibel als Vater, Schöpfer, Geber, Versorger, Heiler und Hirte charakterisiert wird. Ebenso werden Begriffe wie *Prügelknabe* und *Kindesopfer* verwendet, um Jesus und sein Schicksal zu beschreiben. Diese ganze rhetorisch manipulative Wortwahl trägt zur Konstruktion eines Trugschlusses bei, den wir «Strohmann» nennen.

Im kritischen Denken wird ein Strohmann dann aufgebaut, wenn jemand die Sichtweise seines Gegners falsch darstellt und eine Version davon konstruiert, die leichter zu entkräften ist, so wie wenn man anstelle eines richtigen Menschen eine Vogelscheuche zu Boden schlägt. Demnach stimmen der Zorn und die Gerechtigkeit, die die Progressiven meist zurückweisen, nicht mit der biblischen Version überein, sondern sie sind ein Strohmann, basierend auf der Art des Zorns, den Menschen verspüren, und nicht auf dem wahren Zorn Gottes.

Was fällt Ihnen als Erstes ein, wenn Sie das Wort *Zorn* hören? Bei mir ist es ein Bild, in dem die Ringgeister aus *Der Herr der Ringe*, Ricardo Montalbán aus dem alten Star-Trek-Film *Der Zorn des Khan* und ein bärbeißiger Südstaatenprediger (vielleicht als Ringgeist verkleidet?), der von seiner Kanzel hoch über den Köpfen seiner verängstigten Gemeindeglieder geifert und brüllt, nahtlos miteinander verschmelzen.

Es ist verständlich, dass Gottes Zorn für viele Christen verwirrend ist. Bei manchen beschwört *Zorn* Erinnerungen an einen wütenden Vater herauf, der in seiner Trunkenheit über nichtigste Anlässe in Rage geriet. Bei anderen rührt das Wort Kindheitsgefühle der Angst und des Grauens vor einem tyrannisierenden Mitschüler oder einem überstrengen Lehrer auf. Unsere menschlichen Vorbilder für Zorn prägen oft unser Verständnis vom Zorn Gottes, der jedoch etwas völlig anderes ist.

In Kolosser 3,8 wird uns gesagt, dass *ungerechter, fleischlicher* Zorn eine Sünde ist: «Aber jetzt ist es Zeit, das alles abzulegen. Lasst euch nicht mehr zum Zorn und zu Wutausbrüchen hinreißen. Schluss mit aller Bosheit! Redet nicht schlecht übereinander und beleidigt niemanden!» Doch quer durch das Alte und Neue Testament gibt uns die Heilige Schrift eine Metapher, die uns helfen kann, Gottes Zorn zu verstehen.

Nicht diese Art von Zorn

Durch das ganze Alte Testament hindurch (und später auch im Neuen) vergleicht die Bibel Gottes Zorn mit einem Becher oder Kelch. Der Prophet Jesaja schrieb, die Leute von Jerusalem hätten aus Gottes Hand den *Becher* seines Zornes getrunken (Jesaja 51,17). Bei Jeremia findet sich eine ähnliche Wendung: «Der HERR, der Gott Israels, sprach zu mir: ‹Nimm diesen Kelch, den ich dir reiche! Er ist gefüllt mit meinem Zorn. Gib allen Völkern, zu denen ich dich sende, davon zu trinken!›» (Jeremia 25,15). Später, im Buch der Offenbarung, erfahren wir, dass alle, die das Zeichen des Tiers empfangen, «den Kelch, der mit Gottes Zorn gefüllt ist, bis zur bitteren Neige leeren müssen» (Offenbarung 14,9–10).

Jesus spricht ein weiteres Mal von diesem Kelch, als er im Garten Gethsemane am Abend vor seiner Kreuzigung betet: «Mein Vater, wenn es möglich ist, dann lass den Kelch an mir vorübergehen und erspare mir dieses Leiden! Aber nicht was ich will, sondern was du willst, soll geschehen» (Matthäus

26,39). Mit dem biblischen Verständnis des Kelches können wir Jesu Qualen im Garten besser verstehen. Sein Gebet bezog sich nicht nur auf die körperlichen Leiden, die er bald würde erdulden müssen. Er bereitete sich auch darauf vor, den Kelch des Zornes Gottes zu leeren – den Kelch, den Gott nun endlich über seinen Sohn ausgießen würde, nachdem er geduldig darauf gewartet hatte.

Der Zorn Gottes ist kein göttlicher Wutausbruch, ausgelöst durch unberechenbare Gefühle von Empörung und Hass. Der Zorn Gottes ist nicht kleinlich oder boshaft. Er ist das angemessene, gerechte Urteil über alles, was sich Gottes vollkommenem Wesen und seiner Liebe widersetzt. Wir sollten für den Zorn Gottes sehr dankbar sein. Der Zorn Gottes bedeutet, dass es Gerechtigkeit geben wird für die Opfer des Holocaust. Der Zorn Gottes bedeutet, dass der IS mit seinen Gräueltaten nicht davonkommen wird. Der Zorn Gottes bedeutet, dass eines Tages alles Böse und alle Sünde in Quarantäne gesteckt werden und dass alle, die ihr Vertrauen auf Jesus setzen, von der Bosheit völlig abgeschirmt und vor den Klauen des Leides und der Verderbnis für immer sicher sein werden. Gottes Zorn existiert, *weil* er Liebe ist.

Der kroatische Theologe Miroslav Volf erkannte das, nachdem er das Grauen des Bosnien-Krieges miterlebt hatte:

> *Ich dachte früher, Zorn sei Gottes nicht würdig. Ist denn Gott nicht Liebe? Sollte die göttliche Liebe nicht über Zorn erhaben sein? Gott ist Liebe, und Gott liebt jeden Menschen und jedes Geschöpf. Genau deshalb ist Gott zornig auf manche von ihnen. Der letzte Rest meines inneren Widerstandes gegen den Gedanken des Zornes Gottes wurde ein Opfer des Krieges im früheren Jugoslawien, der Gegend, aus der ich komme. Manchen Schätzungen zufolge wurden damals 200.000 Menschen getötet und über drei*

Millionen vertrieben. Meine Dörfer und Städte wurden zerstört, meine Leute tagein, tagaus mit Bomben behagelt, manche von ihnen mit unvorstellbarer Brutalität behandelt, und ich konnte mir nicht vorstellen, dass Gott darüber nicht zornig war. Oder denken wir an Ruanda im letzten Jahrzehnt des vergangenen Jahrhunderts, als innerhalb von hundert Tagen 800.000 Menschen zu Tode gehackt wurden! Wie reagierte Gott auf dieses Gemetzel? Indem er die Täter mit großväterlichem Wohlwollen betrachtete? Indem er sich weigerte, das Blutbad zu verurteilen, und stattdessen bekräftigte, die Täter seien doch im Grunde gute Menschen? War Gott etwa nicht heftig zornig auf sie? Früher hatte ich den Gedanken des Zornes Gottes unanständig gefunden, aber jetzt kam ich zu der Überzeugung, ich müsste gegen einen Gott rebellieren, der nicht zornig wäre angesichts des Bösen in der Welt. Gott ist nicht zornig, obwohl er Liebe ist. Gott ist zornig, weil er Liebe ist.[170]

Eine robuste Kreuzestheologie ist nötig, um den Stürmen, Leiden, Verfolgungen und Schikanen zu widerstehen, die Jesus seinen wahren Nachfolgern verheißen hat. Das ist eine schwere Verheißung – nicht die Sorte, die man in einem oberflächlichen Verheißungsbüchlein findet. Doch mit dieser Verheißung hinterließ uns Jesus diese großartige Zusicherung: «Lasst euch nicht entmutigen: Ich habe diese Welt besiegt» (Johannes 16,33).

Blöde Lampe

Eine Mutter aus meinem Bekanntenkreis hat einen kleinen Sohn mit einer Entwicklungsverzögerung namens Wernicke-Aphasie. Im Prinzip bedeutet das einfach, dass es ihm schwerfällt, zu verstehen, was Leute zu ihm sagen. Von klein auf beantwortete er Fragen nicht, sondern wiederholte einfach, was man ihn fragte. Wenn seine Mutter ihn fragte: «Möchtest du etwas essen?», erwiderte er: «Etwas essen?» Es dauerte lange, bis er den Unterschied zwischen einer Frage und einer Aussage begriff. Wegen seiner sprachlichen Begrenzungen hatte er oft mit Zorn und Frustration zu kämpfen.

Als er eines Tages fragte, ob er eine bestimmte Fernsehsendung sehen dürfe, sagte sie «Nein». Dieses Wort verstand er durchaus. Auf der Stelle wurde er rot wie ein Feuerwehrwagen, schaute sie direkt an und brüllte: *«Du blöde Lampe!»* Sie wusste gleich, dass er das richtige Schimpfwort im Kindergarten gehört haben musste und es nun zu Hause ausprobierte. Dass es keine nette Bezeichnung war, verstand er, aber was es genau bedeutete, war ihm nicht bewusst – oder auch nur, was es mit Schimpfwörtern eigentlich auf sich hatte.

Seine Mutter hatte alle Mühe, nicht laut aufzulachen.

Tut mir leid, aber es ist nun einmal wirklich lustig, wenn ein süßer kleiner Vierjähriger feuerrot anläuft und kräftig zu fluchen versucht (aber kläglich scheitert). Sie riss sich zusammen, erklärte ihm, dass er dieses Wort nie wieder sagen solle, und verpasste ihm für seine Respektlosigkeit eine Weile Stubenarrest. Es fiel ihr unglaublich leicht, ihm zu vergeben und die Sache hinter sich zu lassen, weil er so niedlich ist und weil sie ihn liebt und mit ihm durch all seine Kämpfe gegangen ist. Dass er für seine Sünde irgendeiner Form von *Zorn* ausgesetzt sein sollte, kam ihr nicht in den Sinn.

Die Frage ist, wenn diese Mutter ihrem Kind so leicht vergeben kann, ohne dass dafür irgendein Opfer oder eine Bezahlung nötig ist, warum kann Gott das nicht auch? Ist Gott ihr denn nicht moralisch überlegen? Steht er nicht auch moralisch höher als ich, wenn ich *meinen* Kindern vergebe? Warum musste er jemanden für unsere Sünden bestrafen? Warum ausgerechnet seinen eigenen Sohn?

Die Realität ist, dass die Sünden des Sohnes meiner Freundin tatsächlich *nicht* ungestraft blieben. Obwohl sie ihm vergab und die Sache auf sich beruhen ließ, war ja ein Schaden entstanden. *Jede Sünde richtet Schaden an, und jedes Mal muss irgendjemand für den Schaden aufkommen.* In diesem Fall ließ sie *ihn* für den Schaden bezahlen, indem sie ihn auf sein Zimmer steckte. Doch auch wenn sie es hätte durchgehen lassen, hätte der Schaden auf die eine oder andere Weise bezahlt werden müssen. Entweder müsste sie ihn bezahlen, indem sie die Beleidigung schluckte, oder er müsste ihn bezahlen, indem er nichts dazulernte und dann vielleicht irgendwann seine Lehrerin «blöde Lampe» nannte und beschämt und verwirrt beim Schuldirektor vorsprechen müsste. Hätte sie ihm einfach vergeben und ihm die Sache durchgehen lassen, so wäre sie nicht besser gewesen als eine co-abhängige Mutter, die ihren Kindern deren falsches Verhalten ermöglicht.

Der Philosoph und Theologieprofessor R. Scott Smith führt dieses Argument in seiner Analyse der progressiven Kreuzestheologie an. Mit Bezug auf McLarens Ablehnung der stellvertretenden Sühne schreibt er:

> *McLarens Gott kommt mir vor wie ein Ermöglicher mit schwachen Abgrenzungen, der praktisch jeden in seine Familie lässt. …*
>
> *Wie gut und hilfsbereit sie auch erscheinen mögen, Ermöglicher sind keine moralischen Helden. …*
>
> *Ich glaube nicht, dass wir einen so mangelhaften Gott wirklich wollen. Tief im Innern, glaube ich, wollen wir einen Gott, der der Anbetung würdig ist – der vollkommen ist, dem es an keiner*

guten Eigenschaft mangelt, rein in seiner Liebe, Barmherzigkeit und Gnade, aber auch allmächtig, allwissend und heilig, gerecht, gut, einer, der die Kontrolle hat, sodass er eines Tages alles Unrecht beseitigen und das Böse zunichtemachen, ja auslöschen wird. McLarens Gott hingegen hat dem Bösen nichts Endgültiges entgegenzusetzen. Er lässt das Böse einfach weitermachen.[171]

Um es ganz einfach zu sagen: Ohne Gottes Zorn gegen die Sünde wäre der Himmel voller Hölle.

Gottes Prügelknabe?

In seinem Buch *The Reason Why Faith Makes Sense* weist Mark Mittelberg darauf hin, dass im Mittelalter ein «Prügelknabe» ein Sklave war, der herbeigeholt wurde, um ausgepeitscht zu werden, wenn ein Prinz aus der Königsfamilie gegen eine Regel verstieß. Da der Tutor den Prinzen selbst nicht schlagen durfte, weil er von königlichem Geblüt war, musste der Prinz zuschauen, wie der Sklave an seiner Stelle bestraft wurde. Angeblich wurde damit die Strafe für die Übertretung beglichen und der Prinz davon abgehalten, es wieder zu tun.[172] Aber ist *dies* das Bild des Kreuzes, das die Bibel uns vor Augen malt?

Absolut nicht, und zwar aus folgendem Grund: Jesus ist nicht etwa irgendein wehrloses Opfer oder ein unbeteiligter Passant, der keinen Einfluss darauf hat, was mit ihm geschieht. *Jesus ist Gott. Er ist derjenige, gegen den wir gesündigt haben.* Und er kam aus freien Stücken, um sein Leben für uns hinzugeben. Im Johannesevangelium sagt er: «Niemand nimmt mir mein Leben, ich gebe es freiwillig. Ich habe die Macht und die Freiheit, es zu geben und zu nehmen. Das ist der Auftrag, den ich von meinem Vater bekommen habe» (Johannes 10,18). Jesus ist nicht Gottes Prügelknabe. Jesus ist Gott in menschlicher Gestalt, und er liebte die Welt so sehr, dass er freiwillig kam, um die Strafe für unsere Sünden auf sich zu nehmen.

Sehen Sie es einmal so: Die Leute, die Gottes Zorn anprangern oder dem biblischen Gott vorwerfen, er sei ein moralisches Monster, sind oft dieselben, die sich darüber beklagen, dass er das Leid und das Böse in der Welt zulässt. Die Heilige Schrift jedoch berichtet von einem Gott, der nicht nur eine Antwort auf das Problem des Bösen gibt, sondern buchstäblich selbst diese Antwort *wird.* Gott sah das Böse und die Sünde der Welt an, trat in seine eigene Schöpfung hinein und nahm unsere Sünden auf sich, um die Sünde und das Böse für immer wirksam zu *beenden.*

Ein gerechter und heiliger Gott kann Sünde nicht einfach durchgehen lassen – das liegt auf der Hand. Dazu kommt jedoch, dass sich sowohl im Alten als auch im Neuen Testament etliche Passagen finden, die von Opfern handeln, davon, dass Gott Blut verlangt, von Gottes Zorn gegen die Sünde und davon, dass Jesus die Strafe für unsere Sünde bezahlt. Hebräer 9,22 sagt uns rundheraus: «Denn ohne Blut ist eine Vergebung der Schuld nicht möglich.» Das baut auf dem auf, was das Gesetz in 3. Mose 17,11 sagt: «Denn im Blut ist das Leben, und ich habe angeordnet, dass es auf dem Altar dargebracht wird, um euch von eurer Schuld zu befreien. Weil im Blut das Leben ist, darum werdet ihr durch das Blut mit mir, dem Herrn, versöhnt.»

Wir kommen nicht drum herum. Wer es dennoch versucht, bastelt sich selbst ein Christentum, das nicht echt ist. Es ist ein Imitat, erschaffen nach ihrem eigenen Bild … und ein heftiger Zusammenstoß mit dem Leid oder ein schwerer Wind des Zweifels werden es sofort umstoßen.

WWJD? [What Would Jesus Do?]

Auf der Suche nach eigenen Antworten zu Sühne wollte ich wissen, wie Jesus die Dinge sah. Genauso wie ich meine Sicht der Bibel daran ausrichten wollte, was Jesus darüber lehrte, wollte ich auch hier meine Auffassung in Einklang mit der seinen bringen. Und was *hat* Jesus darüber gelehrt? In Kapitel 9 haben wir festgestellt, dass Jesus als Jude des ersten Jahrhunderts überzeugt war, dass das gesamte Alte Testament, auch der Alte Bund genannt, das inspirierte und maßgebliche Wort Gottes war. Er bestätigte Mose, durch den Gott sprach, um das Opfersystem einzusetzen (Johannes 5,46).

Das hebräische Wort, das wir im Deutschen mit «Sühne» wiedergeben, ist *kaphar*, das vor allem bedecken, reinigen und läutern bedeutet. Doch dieser Gedanke wurde schon lange vor Mose vorgeprägt und eingeführt. Nachdem sie die erste Sünde begangen hatten, erkannten Adam und Eva sofort, dass sie nackt waren, schämten sich und versteckten sich vor Gott. Gott *bedeckte* sie mit Tierhäuten vom ersten Blutopfer der Geschichte. Für Adam und Eva wurde das Blut eines unschuldigen Tieres vergossen.

Gott versprach, der Nachwuchs der Frau werde in die Ferse gebissen werden, aber er werde auch dem Feind den Kopf zertreten (1. Mose 3,14–15). Kurz darauf bedeckte er das Paar mit aus Tierhäuten gefertigten Kleidern (Vers 21).

Später, bei der Einsetzung des ersten Bundes, wies Gott die Israeliten an, Tieropfer zu erbringen, um ihre Sünden zu bedecken oder zu sühnen. Doch Hebräer 10 sagt uns, dass diese Opfer letzten Endes die Sünden des Volkes nicht wegnehmen konnten. Wer ist der Nachkomme Adams und Evas, der in die Ferse gebissen wird? Die Antwort finden wir im Buch Jesaja:

Dabei war es unsere Krankheit, die er auf sich nahm; er erlitt die Schmerzen, die wir hätten ertragen müssen.

Wir aber dachten, diese Leiden seien Gottes gerechte Strafe für ihn. Wir glaubten, dass Gott ihn schlug und leiden ließ, weil er es verdient hatte.

Doch er wurde blutig geschlagen, weil wir Gott die Treue gebrochen hatten; wegen unserer Sünden wurde er durchbohrt.

Er wurde für uns bestraft – und wir? Wir haben nun Frieden mit Gott! Durch seine Wunden sind wir geheilt.

Wir alle irrten umher wie Schafe, die sich verlaufen haben; jeder ging seinen eigenen Weg. Der HERR *aber lud alle unsere Schuld auf ihn. …*

Doch es war der Wille des HERRN*: Er musste leiden und blutig geschlagen werden.*

Wenn er mit seinem Leben für die Schuld der anderen bezahlt hat, wird er Nachkommen haben. Er wird weiterleben und den Plan des HERRN *ausführen.*

Wenn er dieses schwere Leid durchgestanden hat, sieht er wieder das Licht und wird für sein Leiden belohnt.

Der Herr sagt: «Mein Diener kennt meinen Willen, er ist schuldlos und gerecht. Aber er lässt sich für die Sünden vieler bestrafen, um sie von ihrer Schuld zu befreien.

Deshalb gebe ich ihm die Ehre, die sonst nur mächtige Herrscher erhalten. Mit seinen starken Kämpfern wird er sich die Beute teilen.

So wird er belohnt, weil er den Tod auf sich nahm und wie ein Verbrecher behandelt wurde.

Er hat viele von ihren Sünden erlöst und für die Schuldigen gebetet.»

Jesaja 53,4–6.10–12

Dies ist eine der Prophezeiungen, aufgrund derer die Israeliten nach einem Messias Ausschau hielten … einem, der ihre Sünden tragen und für sie Sühne schaffen würde vor Gott. Beachten Sie die Formulierung in diesem Abschnitt: «Doch es war der Wille des HERRN: Er musste leiden und blutig geschlagen werden.» In Apostelgeschichte 2,23 bekräftigt Petrus, dass die Auslieferung Jesu «nach dem bestimmten Ratschluss und nach Vorkenntnis Gottes» geschah. Mit anderen Worten: Der Messias würde nicht nur wegen einer wütenden Menschenmenge gekreuzigt werden, sondern auch, weil es Gottes Wille war. Und wegen dieses verheißenen Messias, schreibt Jesaja, würden viele von ihrer Schuld befreit werden. Das bedeutet, dass seine Gerechtigkeit ihnen zugerechnet wird. Anders ausgedrückt: Die Schuld für ihre Sünden wird beglichen sein. (Das Buch Jesaja, geschrieben etwa 700 Jahre vor Christus, ist eine der Stellen, wo der «Strafaspekt» der stellvertretenden Sühne erörtert wird. Im Gegensatz zu dem, was man von vielen progressiven Christen immer wieder hört, ist die Lehre vom stellvertretenden Strafgericht nicht erst im elften Jahrhundert erfunden worden.)

Gehen wir eingedenk dieser Passagen noch einmal zurück zu dem Abend, bevor Jesus starb, und schauen wir uns an, wie er das Kreuz sah. Im Obergemach brach Jesus mit seinen Jüngern das Brot und sagte: «Das ist mein Leib, der für euch hingegeben wird.» Dann nahm er den Becher mit Wein und sagte: «Dieser Becher ist der neue Bund zwischen Gott und euch, der durch mein Blut besiegelt wird. Es wird zur Vergebung eurer Sünden vergossen» (Lukas 22,19–20). Genau in diesem Moment verglich Jesus das, was sein Tod bewirken würde, mit dem, was der Opfertod von Tieren im Alten Bund bewirkt hatte. Damit setzte er den Neuen Bund ein.

Später am selben Abend zitierte Jesus direkt aus Jesaja 53 und sagte: «Denn jetzt ist die Zeit da, in der sich auch dieses Wort an mir erfüllen muss: ‹Er wurde wie ein Verbrecher behandelt.› Alles, was in der Heiligen Schrift von mir geschrieben steht, geht nun in Erfüllung» (Lukas 22,37). Klarer hätte Jesus es nicht ausdrücken können. Die Prophezeiung über den Messias, die davon sprach, dass Gott unser aller Sünden auf ihn legen würde, *bezog sich auf Jesus.*

Jesus sah sich selbst als das höchste Opferlamm. Der Verfasser des Hebräerbriefes bestätigt das, was Jesus sagte: «Christus opferte auch nicht das Blut von Böcken und Kälbern für unsere Sünden. Vielmehr opferte er im Allerheiligsten sein eigenes Blut ein für alle Mal. Damit hat er uns für immer und ewig von unserer Schuld vor Gott befreit. … Aber er ist jetzt, am Ende der Zeit, erschienen, um ein für alle Mal durch seinen Opfertod die Sünden zu tilgen» (Hebräer 9,12.26).

Dies sind nur einige von vielen Gründen, warum Christen seit zweitausend Jahren bekennen, dass Jesus für unsere Sünden gestorben ist. Manche empfinden das als eine furchtbare Nachricht. Aber ich vermute, letzten Endes kommt es darauf an, ob Sie tatsächlich glauben, dass Sie ein Sünder sind – oder nicht. Wenn Sie der Meinung sind, dass Sie im Grunde gut und freundlich und anständig sind, dann muss es sich entsetzlich und unnötig anhören, dass jemand für Sie einen qualvollen und blutigen Tod gestorben sein soll. Doch wenn Sie *wissen*, dass Sie ein Sünder sind, der es verdient, die äußerste Strafe für seine Sünden zu bezahlen, so wie ich es von mir weiß, dann ist das die großartigste Nachricht, die Sie je erhalten können.

Progressive Christen glauben, sie stellen Gott in einem toleranteren Licht dar, indem sie den stellvertretenden Sühnetod Jesu verneinen. Aber in Wirklichkeit konstruieren sie damit nur einen co-abhängigen und ohnmächtigen Gott, der dem Bösen nichts entgegenzusetzen hat. Dieser Gott ist nicht wirklich gut. Dieser Gott ist nicht der Gott der Bibel.

Dieser Gott kann niemanden retten.

12
Rekonstruktion

Ich glaube nicht, dass der Glaube einer Reihe von Aussagen gleichkommt. Und wenn wir zurück zu den Evangelien gehen … Jesus hat schließlich nie jemanden aufgefordert, irgendeine behauptete Wahrheit über Gott oder den Himmel oder was auch immer zu glauben. Jesus hat Menschen zu einer Lebensweise berufen. Er sagte: «Folgt mir nach, seid meine Jünger.» Und zwar zu einer Lebensweise, einer Art und Weise, hier in der Welt zu sein. Das ist etwas anderes als ein Glaube, der sich durch eine Reihe von verstandesmäßigen Aussagen definiert.

Dave Tomlinson

Ich erinnere mich an fast nichts mehr von jenem Tag. Ich fuhr aus irgendeinem Grund irgendwohin, aber weiß nur noch zwei Dinge über diese Fahrt: Die Sonne schien, und diese Stimme im Radio. Es war vielleicht erst ein paar Wochen her, dass ich mitten in der tiefsten Finsternis Choräle gesungen und in die stumme Leere gerufen und Gott gebeten hatte, sich zu zeigen. Vielleicht auch ein paar Monate. War es Herbst? Ich glaube ja, aber ich weiß es nicht genau. Wenn man am Ertrinken ist, schaut man nicht auf den Kalender.

Viele Einzelheiten aus jenen Monaten haben es nie bis ins Archiv meiner Erinnerungen geschafft. Die ersten Lebenswochen meines Sohnes. Ein nach der Geburt zerschlagener Körper. Eine kaputte Seele. Erschöpfung.

Und dann Licht.

Immerhin weiß ich noch, dass an jenem Tag die Sonne schien. Ich spüre noch, wie die Wärme durch die Windschutzscheibe strahlte und sich auf meinem Gesicht verteilte. Und diese Stimme. Ich bin keine große Radiohörerin. War ich noch nie. Aber an diesem Tag schaltete ich das Autoradio ein und drückte auf Scan. Ein Sender nach dem anderen verströmte seinen nervtötend seichten Junkpop wie ein Spaßvogel, der auf einem mittelalterlichen Fest den Hofnarren spielt. Nicht einmal die Troubadoure hatten mir etwas zu geben.

Und dann die Stimme. In mein Gedächtnis eingegraben hat sich die ruhige, freundliche, intelligente Stimme eines Mannes, der auf einem säkularen College-Campus die Fragen der Studenten beantwortete. Einer nach dem anderen brachte seine besten skeptischen Einwände gegen das Christentum vor – und jeder dachte, er hätte sich nun endlich *die* Frage einfallen lassen, die dem Redner die Sprache verschlagen und die Religion für immer zu Grabe tragen würde. Und eine Frage nach der anderen beantwortete dieser präzise und geschickt, klug und logisch und mit der Gelassenheit einer Person, die die Frage schon tausendmal gehört hat. Nahezu jeden cleveren Einwand des progressiven Pastors in dem Kurs beantwortete er mit kristallklarem Verstand.

Mir war, als käme ein Rettungsboot auf mich zugeschossen, und der Kapitän rief mir zu: «Es gibt Antworten! Steig ins Boot! Es gibt Antworten!»

Wenn Sie auch das Gefühl haben, Ihr Schiff reißt sich aus der Verankerung aufgrund von tiefen Verletzungen, Zweifeln oder den überzeugend klingenden Einwänden eines progressiven Christen, dann hören Sie bitte genau hin:

Es.

Gibt.

Antworten.

Ich begann sie zu entdecken, indem ich mir die tägliche Radiosendung eines begabten Apologeten anhörte. Als Mutter eines Neugeborenen und eines Kleinkindes hatte ich nicht viel Zeit zum Lesen. Aber zuhören konnte ich. Also hörte ich mir jeden Tag seine Sendung an, während ich das Geschirr spülte, die Windeln wechselte, Babynahrung zubereitete, im Auto fuhr oder die Wäsche machte.

Dann stieß ich auf weitere apologetische Ressourcen – Apps, Blogs und Podcasts –, die etliche meiner Fragen beantworteten. (In der Ressourcenliste ab S. 277 finden Sie eine Auswahl.) In diesen Jahren hörten meine Kinder keine Pop-CDs für Kinder oder Freddy-der-Esel-Hörspiele, wenn wir im Auto unterwegs waren. Sie hörten Vorträge über genetische Entropie, Schöpfung versus Evolution und Textkritik. Oft bestand ihre Geräuschkulisse aus Auslegungspredigten und Audiobüchern über die historische Zuverlässigkeit der Evangelien, Kirchengeschichte und Theologie. (Vielleicht hat meine Tochter – inzwischen beinahe im Teenageralter – mich deshalb gerade gebeten, ihr ein T-Shirt mit der Aufschrift «Eine durchgeknallte Mutter zu haben stärkt den Charakter» zu kaufen.) Als meine Kinder etwas älter waren, begann ich alles zu lesen, was ich in die Finger bekam, und besuchte als Gasthörerin theologische Seminare.

Langsam und stetig baute Gott meinen Glauben wieder auf. Die Fragen, die meinen Überzeugungen den Boden unter den Füßen weggezogen hatten – Fragen, auf die ich nie gekommen wäre, deren Existenz mir gar nicht bewusst gewesen war –, wurden nicht einfach nur beantwortet. Sie schrumpften unter handfesten Belegen und einer wasserdichten Logik zusammen, die so robust war, dass ich mir vorkam wie ein Kind im Süßigkeitenladen, das eben erst herausgefunden hat, dass es Süßigkeiten gibt. Doch jedes Mal, wenn eine Frage beantwortet war, traten zehn neue an ihre Stelle. Es war kein rascher Prozess.

Stärker als je zuvor

Falls Sie sich fragen, ob meine Kinder je ihren Spaß hatten, muss ich Ihnen noch etwas gestehen: Es gehört zu meinem heimlichen Vergnügen, mit ihnen etwas aus Lego zu bauen. Dabei ist mir gar nicht wichtig, was wir bauen, mir macht einfach die Bauerei Spaß – die Anleitungen, die endlose Suche nach den letzten winzigen Teilen, die Begeisterung über das vollendete Werk. Meine Tochter und ich haben einmal tagelang an einem Lego-Drachen mit langem Schweif und wild grinsendem Maul voller scharfer Zähne gebastelt. Es war einer der kompliziertesten Bausätze, an die wir uns je gewagt hatten, vor allem wegen all der Drehungen und Wendungen im Körper des Drachen. Als das Werk vollendet war, stellte sie es stolz ganz oben auf ihr Bücherregal.

Als ich wenige Stunden später wieder in ihr Zimmer kam, fand ich ihren Drachen auf dem Fußboden wieder. Der Schwanz war ab, und Dutzende von Teilen des Torsos waren herausgebrochen. Das Ding sah aus, als wäre es heruntergefallen, und dann wäre jemand darauf getreten – und dann noch ein Auto darübergefahren. Bis heute wissen wir nicht, was passiert ist, außer dass *vielleeeiiiicht* ein Hund oder ein kleiner Bruder oder irgendwelche Zauberelfen im Spiel waren. Auf weitere Spekulationen verzichten wir. Aber wir mussten eine Entscheidung treffen. Sollten wir den Drachen abwracken, auseinandernehmen und die Teile in den gigantischen Eimer mit den Überresten kaputtgegangener und abgelegter Lego-Bausätze werfen? Sollten wir annehmen, dass wir mit einer fehlerhaften Bauanleitung gearbeitet hatten? Und wenn ja, sollten wir die Anleitung einfach wegwerfen und etwas ganz Neues erschaffen? Oder sollten wir die Teile sorgfältig einsammeln, den Schaden begutachten, die Anleitung studieren, unseren neuen Ausgangspunkt finden und dann wieder mit dem Bauen beginnen?

Die meisten anderen Bausätze hätten wir zerlegt und die Teile in die Lego-Todes-Tonne geworfen. Aber dieser Bausatz war etwas Besonderes. Er bedeutete uns beiden etwas. Sie hatte lange und mühevoll das Geld dafür angespart, und gemeinsam hatten wir uns mächtig ins Zeug gelegt, um ihn zusammenzubauen. Also beschlossen wir, ihn so weit wie nötig abzubauen und ihn von dort aus wieder zusammenzubauen. Um einen brauchbaren Ausgangspunkt zu finden, mussten wir noch mehr Teile aus dem Leib des Drachen herausnehmen und ins Innere sehen, wie viele stabilisierende Teile angebracht waren.

Wir inspizierten jedes Teil, untersuchten, ob es dazugehörte, und prüften, ob es an der richtigen Stelle saß. Dabei fanden wir heraus, dass wir ganz am Anfang einen Schritt ausgelassen hatten, wodurch die ganze Struktur geschwächt war. Dieser Fehler war nach dem Zusammensetzen nicht mehr erkennbar. Wir mussten also fast bis an den Anfang zurückgehen und dann den Drachen mit großer Sorgfalt und unter Beachtung aller Details neu zusammenbauen.

Nachdem wir diese Korrektur vorgenommen hatten, sah der Drache am Ende nicht nur gut aus, sondern er war auch richtig gebaut – stabil und schön. Nicht die Bauanleitung war fehlerhaft – nur mit unserem handwerklichen Geschick war es nicht weit genug her gewesen. Und nachdem wir den Drachen zum zweiten Mal fertiggestellt hatten, war er uns wegen des Schweißes und der Tränen, die wir zusätzlich investiert hatten, noch kostbarer geworden.

Eines Tages, als ich den restaurierten Drachen auf dem Regal meiner Tochter bewunderte, wurde mir klar, dass es mir mit meiner persönlichen Dekonstruktion und Rekonstruktion ähnlich ergangen war. Bevor ich diesen Kurs besuchte, war meine Weltsicht wie ein fertiger Lego-Bausatz gewesen, den ich für stabil und schön hielt. Die Form kam insgesamt hin. Sie sah aus wie das Foto auf dem Deckel der Schachtel. Die richtige Motivation fürs Bauen hatte ich auch. Aber als mein Glaube in die Krise geriet, war es, als hätte ihn jemand auf dem Fußboden zerschlagen, wäre darauf herumgetrampelt und mit einem Auto darübergefahren. Und ich musste eine Entscheidung treffen.

Stellen Sie sich vor, der Lego-Bausatz ist die Wirklichkeit. Alle bekommen denselben Bausatz – dieselben Teile, dieselbe Bauanleitung, dasselbe Foto auf dem Deckel. Aber es bleibt jedem Einzelnen überlassen, was er daraus macht. Man kann entscheiden, das Ganze so zusammenzubauen, wie es der Designer ersonnen hat, und die Weisheit nutzen, die er in seinem Wort zur Verfügung stellt – oder man kann sein eigenes Ding machen. Man kann sogar behaupten, es gäbe gar keinen Designer – es sei nur eine Schachtel mit irgendwelchen Teilen. Diese Wahl hat man.

Aber wenn der Bausatz stimmt, dann hält er allen Fragen stand. Jede Zeile in der Anleitung kann gefahrlos genau unter die Lupe genommen werden. Und wenn man sich entscheidet, das Ganze nach dem Plan des Designers zusammenzubauen, bekommt man eine starke, robuste Struktur, die auch der stärkste Wind (oder kleine Bruder) nicht auseinanderhauen kann. Wenn Sie die Wahrheit über die Wirklichkeit glauben, wird Ihr Glaube Sie nicht in die Irre führen.

Unverzichtbare Bauteile

Bei einem Lego-Bausatz sind nicht alle Teile gleich wichtig. Manche Teile können abgehen, ohne dass es überhaupt jemand merkt. Manche könnte man wegnehmen oder austauschen, ohne dass sich die Gesamtkonstruktion verändern würde. Man könnte sogar einige Teile zuletzt umgekehrt oder auf der falschen Seite einbauen, ohne das Endprodukt zu schwächen oder wesentlich zu verändern. Doch die fundamentalen Bauteile – diejenigen, auf die alles Übrige aufbaut –, die muss man richtig hinkriegen. Wenn man diese nicht an die richtige Stelle setzt, wird die Konstruktion am Ende nicht stabil stehen oder so aussehen wie auf dem Foto.

So war bei meinen Recherchen zum historischen Christentum eine der wichtigsten Fragen, die ich beantworten sollte, diese: Welche Bauteile unseres Glaubens sind unverzichtbar? Anders gefragt, welche sind heilsnotwendig? Muss man an die Dreieinigkeit glauben, um gerettet zu sein? An die Jungfrauengeburt? Was ist, wenn jemand seinen rettenden Glauben auf Jesus setzt, aber von der Dreieinigkeit oder der Jungfrauengeburt noch nie gehört hat?

Fragt man zehn Christen, was die unverzichtbaren Bestandteile des Glaubens seien, so bekommt man wahrscheinlich zehn verschiedene Antworten. Bei meinen Recherchen zu diesem Kapitel habe ich einmal bei Google die Frage «Was sind die unverzichtbaren Aussagen des Christentums?» eingegeben, und, kein Witz, alle fünf Artikel, die als Erstes angezeigt wurden, enthielten unterschiedliche Listen. Der Artikel ganz oben nannte zehn Überzeugungen. Der zweite und der dritte hatten jeweils sieben – aber sieben verschiedene. Der vierte Artikel nannte fünf. Der fünfte nannte ebenfalls fünf, mit Dutzenden von Unterpunkten.

Manche Christen verweisen auf das Apostolische oder das Nizäische Glaubensbekenntnis. Sie können es sich ungefähr vorstellen.

Aber sind denn nicht alle Lehren gleichermaßen wichtig? Diese Behauptung begegnet mir in den sozialen Medien immer wieder. Der Apostel Paulus hat dazu etwas zu sagen. Erinnern Sie sich noch an jenes frühe Glaubensbekenntnis aus 1. Korinther 15,3–5, von dem wir im dritten Kapitel gesprochen haben? Schauen wir es uns noch einmal an:

> *Zuerst habe ich euch weitergegeben, was ich selbst empfangen habe: Christus ist für unsere Sünden gestorben. Das ist das Wichtigste, und so steht es schon in der Heiligen Schrift. Er wurde begraben und am dritten Tag vom Tod auferweckt, wie es in der Heiligen Schrift vorausgesagt ist. Er hat sich zuerst Petrus gezeigt und später allen aus dem engsten Kreis der Jünger.*

Diese Überzeugungen kommen «zuerst», schreibt Paulus. Das bedeutet, sie waren wichtiger als andere. Ja, sie waren das Wichtigste überhaupt. Diese wesentlichen Glaubensinhalte einten die Christen überall. Jeder Christ bejahte sie. Hier fand ich also einen guten Ausgangspunkt hinsichtlich der unverzichtbaren Aussagen. Aber natürlich reicht das nicht. Dieses Bekenntnis sagt nichts über die Göttlichkeit Jesu. Es ist keine Rede von Monotheismus oder der Jungfrauengeburt. Die Sündlosigkeit Christi oder seine Wiederkunft werden nicht berührt. Was sollte ich davon halten?

Genau diese Frage brachte den Theologen Norman Geisler dazu, sich eingehend mit der Frage nach den heilsnotwendigen Dingen zu befassen. Jahrelang beschäftigte ihn die Frage: Was muss man bejahen, um gerettet zu sein? Er studierte diese

Frage anhand der Bibel und verfolgte sie durch die Kirchengeschichte. Ich werde mein Bestes tun, um seine Sicht zusammenzufassen, aber wenn Sie es ausführlich möchten, sollten Sie unbedingt zu seinem theologischen Band über Sünde und Errettung greifen.[173]

Zunächst einmal gestand Geisler zu, dass diese Frage im Lauf der Weltgeschichte ein wenig unterschiedlich beantwortet werden könnte. Heute haben wir Gottes geschriebenes Wort – seine endgültige Offenbarung. Abraham wusste nicht alles, was Gott Mose offenbaren würde. Mose hatte keinen Zugriff auf das Johannesevangelium. Dennoch wurden die Gläubigen des Alten Testaments auf dieselbe Weise gerettet wie wir heute: aus Gnade durch den Glauben. 1. Mose 15,6 sagt uns, dass Abraham glaubte und dass ihm das als Gerechtigkeit angerechnet wurde. Auch wenn er von den Feinheiten der Trinität oder der priesterlichen Fürsprache Christi vielleicht nichts wusste, wurde er aus Gnade durch Glauben gerettet.

Heute haben wir Gottes abschließende Offenbarung, und Geisler kommt zu dem Schluss, dass die unverzichtbaren Punkte, an die man heute (zumindest implizit) glauben muss, um gerettet zu sein, folgende sind:

1. die Verderbtheit des Menschen (Ich bin ein Sünder);
2. Gottes Einheit (Es gibt einen Gott);
3. die Notwendigkeit der Gnade (Ich werde aus Gnade gerettet);
4. die Göttlichkeit Christi (Christus ist Gott);
5. die Menschlichkeit Christi (Christus ist ein Mensch);
6. der Sühnetod Christi (Christus ist für meine Sünden gestorben);

7. die leibliche Auferstehung Christi (Christus ist von den Toten auferstanden); und
8. die Notwendigkeit des Glaubens (Ich muss glauben).[174]

Um sich Christen zu nennen, müssen Menschen also zumindest implizit diese acht Dinge glauben. (Man beachte, wie stark diese Punkte mit den wesentlichen Glaubensinhalten der frühen Kirche übereinstimmen, die wir in Kapitel 3 betrachtet haben.) Gewiss gibt es mehr Wahrheiten über Gott, die die Voraussetzung für diese acht Glaubensinhalte darstellen. Wenn Christen zum Beispiel rettenden Glauben an Jesus haben, aber von der Jungfrauengeburt noch nie gehört haben, disqualifiziert sie das nicht vom Heil. Wenn sie aber wahrhaft gerettet sind, dann werden sie die Jungfrauengeburt (die wesentlich ist, weil sie auf die Göttlichkeit Jesu verweist) nicht bestreiten können, nachdem sie mehr Wissen gewonnen haben. Das scheint vielleicht viel zu sein, aber das ist es eigentlich nicht. Fragen wie «Frauen im Pastorendienst?», «Das Alter der Erde?» oder «Anwesenheit oder Verschwinden der Geistesgaben?» haben wir nicht einmal berührt. Der Grund ist, dass solche Lehren zwar nicht unwichtig sind (ich habe Meinungen dazu!), aber auch nicht *unverzichtbar*. Über sie sollten Christen sich nicht entzweien.

Sollten sie darüber handfest debattieren? – Ja. Sollten sie für ihre Sichtweise eintreten? – Absolut.

Aber was ist mit der Bibel? Ist es notwendig, daran zu glauben, dass die Bibel das irrtumslose und inspirierte Wort Gottes ist, um gerettet zu sein? Der Glaube an die Bibel ist nicht das, was uns rettet, aber das Evangelium wird nur vollkommen erkennbar, wenn die Bibel *tatsächlich* das irrtumslose und inspirierte Wort Gottes *ist*. Die Chicagoer Erklärung zur Irrtumslosigkeit der Bibel erkennt an, dass es nicht heilsnotwendig ist, sich zum Glauben an die Irrtumslosigkeit zu bekennen, sagt aber, dass es nicht ohne schwerwiegende Konsequenzen möglich ist, ihn abzulehnen.[175]

Sind nun die Lehren, die ich aufgelistet habe, lediglich «intellektuelle Aussagen», wie es im Zitat des progressiven britischen Pastors Dave Tomlinson heißt, das diesem Kapitel vorangestellt ist? Die Lehren selbst mögen Wahrheiten darüber beinhalten, wer Gott ist und wie er in der Welt wirkt, aber ich stimme Tomlinson zu, dass der *Glaube* keineswegs eine Reihe von Aussagen ist. Glaube ist Vertrauen zu einer Person – Jesus. Dieses Vertrauen basiert auf Wahrheit und deren Belegen. Man muss ein paar Dinge über ihn wissen, um ihm nachfolgen und ihm vertrauen zu können. Sehen Sie es einmal so: Wenn Sie jemanden lieben, möchten Sie die Wahrheit über diese Person glauben. Wahre Dinge über sie zu wissen und zu glauben ist nicht gleichbedeutend damit, «intellektuelle Aussagen» zu akzeptieren, selbst wenn sie in Listen aufgeführt werden.

Wenn Sie die Wahrheit über sich selbst erkennen, wissen Sie, wie verzweifelt Sie auf Gott angewiesen sind (die Verderbtheit des Menschen). Wenn Sie danach schreien, dass er Sie von Ihrer Sünde errettet (der Sühnetod Christi) und auf sein Heil vertrauen (die Notwendigkeit des Glaubens), während Sie zugleich tief im Innersten wissen, dass Sie sich nicht selbst retten können (die Notwendigkeit der Gnade), dann werden die Dinge real. Dies sind keine intellektuellen Denkspielchen. Mit diesen herrlichen Wahrheiten über die Wirklichkeit beginnt die Rettung unserer Seelen, durch die unsere gefallenen Herzen mit Gott selbst versöhnt werden! Diese «Aussagen» sind für verzweifelte Sünder aufregende Nachrichten. Wie sollte man denn auch Jesus richtig nachfolgen, wenn man nicht weiß, wer er ist und was er vollbracht hat? Wie wird man ein Jünger, wenn einem nicht beigebracht wird, wie das Evangelium zu verstehen ist?

Verrückte Schönheit

Als ich meinen metaphorischen Lego-Bausatz auseinandernahm und die Teile wieder zusammensetzte, entdeckte ich, dass die inneren Teile an der richtigen Stelle saßen. Jemand anderes dekonstruiert vielleicht seinen Bausatz und merkt, dass ein wichtiges Teil fehlt oder an der falschen Stelle steckt. Doch nachdem ich alle Teile an ihren richtigen Platz gesteckt hatte, wurde die fertige Konstruktion stärker und schöner als je zuvor. Heute hält mein Glaube unerschütterlich den stürmischen Wellen des Zweifels stand, die die Existenz Gottes, die Zuverlässigkeit der Bibel und den Wahrheitsgehalt des Christentums infrage stellen. Er sieht ein bisschen anders aus als zuvor, aber wenn ich auf mein ganzes Leben zurückblicke, sehe ich Gottes vorsorgende Hand, die alle Situationen zusammenwirken ließ und mich bei jedem Schritt leitete.

Die verrückte Schönheit dieser Erfahrung liegt darin, dass Gott mich zu dem Kurs mit dem progressiven Pastor geführt hat. Er wusste von Anfang an, wie das ausgehen würde. In seiner unermesslichen Liebe und Gnade führte er mich geradewegs in diesen Kurs und hielt die ganze Zeit über meine Hand. Ich bin gewiss, stünde mir jede Begegnung und jeder düstere Moment des Zweifels vor Augen – in dem ich mit den Armen ruderte, um mich in den stürmischen Wellen über Wasser zu halten –, sähe ich, was ich im betreffenden Moment nicht wahrnehmen konnte: ihn. Er war da. Er hat mich nie verlassen. Ja, der einzige Grund, warum ich nicht in den Wogen versank, war, dass seine starken Arme mich über Wasser hielten. Während ich nach einem Rettungsboot schrie, war er meine Rettungsweste.

Heute kann ich mit einem Lächeln auf diesen Kurs zurückblicken. Sicher, ein wenig pikst mich die Erinnerung noch. Etwas trauere ich der Arglosigkeit nach, die ich verloren habe. Beim Gehen humpele ich jetzt ein bisschen. Wenn ich die Bibel lese, lese ich nicht mehr mit dem arglosem, von keiner Skepsis und keinem Zweifel getrübten Blick. Aber lieber humpele ich auf festem Boden, als dass ich mit starken Beinen auf brüchigem Eis renne. Mein Gesang hat sich auch verändert, als ich im Kampf die Schönheit fand:

Du hast mich arm gemacht, um mir zu zeigen,
dass du alles bist, was ich brauche
Du hast mich in die Tiefe geführt,
damit ich dich in deinem Leiden erkenne
Damit ich mich nur meiner Schwäche rühme,
brachst du mein Herz, um es zu reinigen
Deine Gnade genügt mir

Du hast zugelassen, dass feurige Pfeile mich versengen,
um Schönheit aus der Asche zu machen
Du hast zugelassen, dass mein Glaube schier zertrampelt wird,
damit er sich aus dem Staub erhebt
Du hast mein dummes Herz auf Wanderschaft geschickt,
damit ich weiß, wie hoch und weit und tief
Deine Gnade mir genügt
Du ließest mich im Warten stolpern,
damit sich meine Stärke erneuert

Hast alle meine Weltweisheit zunichtegemacht,
damit ich eine Närrin für dich sein kann
Du ließest mich durch eine Wüste kriechen, damit ich weiß,
dass ich frei bin
Deine Gnade ist genug für mich

Die Belege für die christliche Sicht auf die Welt sind so stark, dass man schon willentlich die Augen vor ihnen verschließen muss. Doch zum Entdecken der Informationen braucht es Zeit und Mühe und Entschlossenheit. Es ist nicht leicht, Logik und Philosophie zu lernen. Die Indizien zu untersuchen und nach der Wahrheit zu graben erfordert geistige Energie. Das Studium der Bibel kann entmutigend und verwirrend sein. Aber ist nicht der Schatz die Suche wert? Ich fand es belebend und erfrischend, auf meiner Suche in den Schriften von Christen, die vor Jahrhunderten lebten, Blicke auf den lebendigen Gott zu erhaschen. Ich machte die aufregende Entdeckung, dass die detaillierte wissenschaftliche Prüfung des christlichen Weltbildes deren Wahrheit nur unterstreicht.

Es gibt nichts Schöneres, als zu empfinden, dass mein Leben und das Leben meiner Familie tief in der Wahrheit der Heiligen Schrift verwurzelt sind. Heute betrachte ich es als ein Vorrecht, alle, die ich kenne, auf die Entdeckungsreise zur Gnade Gottes einzuladen, denn der Lohn dafür im Leben ist riesig. Ich habe es mit eigenen Augen gesehen.

Und ist auch die Gnade Gottes umsonst, billig ist sie deswegen nicht. Der deutsche Theologe und Märtyrer Dietrich Bonhoeffer schrieb einmal:

Billige Gnade ist Predigt der Vergebung ohne Buße, ist Taufe ohne Gemeindezucht, ist Abendmahl ohne Bekenntnis der

Sünden, ist Absolution ohne persönliche Beichte. Billige Gnade ist Gnade ohne Nachfolge, Gnade ohne Kreuz, Gnade ohne den lebendigen, menschgewordenen Jesus Christus. …

Teure Gnade ist das Evangelium, das immer wieder gesucht … werden muss. …

Teuer ist sie, … weil sie Gott das Leben seines Sohnes gekostet hat – «ihr seid teuer erkauft» – und weil uns nicht billig sein kann, was Gott teuer ist. Gnade ist sie vor allem darum, weil Gott sein Sohn nicht zu teuer war für unser Leben, sondern er ihn für uns hingab. Teure Gnade ist Menschwerdung Gottes.[176]

Bonhoeffer hat für diese Worte glaubhaft eingestanden, als die Nazis ihn zu seiner Hinrichtungsstätte führten und aufhängten. Seine letzten Worte waren: «Das ist das Ende. Für mich aber der Beginn des Lebens.»[177] Er hatte verstanden, was es heißt, sich selbst zu verleugnen, sein Kreuz auf sich zu nehmen und Jesus nachzufolgen. Er erkannte die Schönheit im Evangelium.

Alles zu verlieren

Der berühmte Atheist Christopher Hitchens gab der Zeitschrift *Portland Monthly* ein Interview zu seiner Ablehnung der Religion und speziell des Christentums. Die Pastorin, die ihn befragte, merkte an, er kritisiere in einem seiner Bestseller die «fundamentalistische» Seite des Christentums, während sie sich selbst als «liberale Christin» bezeichnete. Nachdem sie erklärt hatte, sie nehme die Geschichten in der Heiligen Schrift nicht wörtlich und lehne den Sühnegedanken ab, fragte sie Hitchens, ob er einen Unterschied zwischen einem fundamentalistischen Glauben und einer eher liberalen (vielleicht könnten wir auch sagen: «progressiven») Religion sehe. Seine Antwort war überraschend: «Ich würde sagen, wenn Sie nicht glauben, dass Jesus von Nazareth der Christus und Messias war, dass er von den Toten auferstand und dass durch sein Opfer unsere Sünden vergeben sind, dann sind Sie im eigentlichen Sinne des Wortes kein Christ.»[178]

Ich stimme Hitchens zu. Käme ich zu der Überzeugung, der christliche Glaube wäre nicht wahr, würde ich kein progressiver Christ. Wenn ich mich davon überzeugen ließe, Jesu wäre nie auferstanden oder lediglich ein guter Lehrer oder weiser Mensch gewesen, dem wir nacheifern sollten, würde ich mich nicht dem progressiven christlichen Verständnis von Evangelium, Kreuz oder Bibel anschließen. Ich würde mich einfach vom Glauben abwenden. Denn das progressive Christentum hat mir nichts von Wert und Belang zu bieten. Es weckt nicht meine Hoffnung auf das Leben nach dem Tod und die Freude über das jetzige Leben. Es bietet mir lediglich hundert Negationen, ohne irgendetwas konkret zu bejahen.

Wenn ich in Gedanken zu jenem Moment im Schaukelstuhl zurückkehre – zu dieser Dunkelheit und Stille –, frage ich mich: *Warum war ich so außer mir? Warum hat der Gedanke, der christliche Glaube könnte nicht wahr sein, meine Seele so tief erschüttert? Warum hätte mich die Entdeckung, eine Lüge zu leben, in solche Verzweiflung gestürzt? Warum konnte ich mich nicht einfach abwenden und weitergehen?* Diese Fragen habe ich mir schon zigfach gestellt. Die Antwort ist einfach. Der Schmerz quälte meine Seele deswegen in solcher Tiefe, weil ich etwas ungemein Gewichtiges zu verlieren hatte. Glaubte ich, die Heilige Schrift sei nur eine Erzählung eines antiken Volkes über Gott, würde ich die lebendigen Worte Gottes verlieren. Jene Worte, die mir eröffneten, wer Gott ist, warum er auf diese Erde gekommen ist und wie viel er auf sich genommen hat, um mich zu retten.

Ich habe in diesem Buch eine Menge Tinte verbraucht, um zu erörtern, was mit dem progressiven Christentum nicht stimmt und wie es sich vom historischen Christentum unterscheidet, doch letzten Endes sind es die progressiven Christen, die alles zu verlieren haben.

Mir war das Herz damals so schwer, weil ich Gott zu verlieren hatte. Das verzehrende Feuer, das die Schöpfung ins Dasein sprach und sich dabei als liebender Vater vorstellt. Ich hatte Jesus zu verlieren, den Messias, den die alttestamentlichen Propheten angekündigt hatten und der nach vierhundert Jahren Schweigen Gottes mit Fanfarenschall ausgerufen wurde als «Gottes Opferlamm, das die Sünde der Menschen wegnimmt» (Johannes 1,29).

Ich hatte meinen Retter zu verlieren. Die Gewissheit, dass für meine Sünden bezahlt worden war – dass ich teuer erkauft war. Dass er an meiner statt gestorben ist. Ich hatte die Schönheit des Evangeliums zu verlieren. Ich hatte die Zuversicht zu verlieren, dass alles, was schief liegt in dieser elenden Welt, eines Tages gerade gerückt wird. Ich hatte die Hoffnung auf ein Ende der Tränen, des Weinens, der Schmerzen zu verlieren. Ich hatte die geheimnisvolle Beständigkeit des Wortes Gottes in der Schrift zu verlieren. Meines Fußes Leuchte. Das Licht auf meinem Weg.

Es kommt uns nicht zu, komplett umzudefinieren, wer Gott ist und wie er in der Welt wirkt, und das dann «christlich» zu nennen. Es kommt uns nicht zu, die Regeln zu bestimmen und zu tun, was uns selbst richtig erscheint, und uns dabei als Nachfolger Jesu zu bezeichnen. Das können wir entweder auf seine Weise – oder gar nicht. Er ist Liebe. Sein Name ist Wahrheit.

Sein Evangelium ist blutig. Sein Weg ist voller Schönheit. Denn so sehr hat Gott die Welt geliebt.

Ich möchte gemeinsam mit den Heiligen, die mir vorausgegangen sind, meine Stimme erheben. Ich möchte mich eins machen mit Petrus und Paulus, Athanasius, Ignatius und Augustinus. Ich möchte anbeten mit Thomas von Aquin, Spurgeon und Tozer. Ich möchte neben meinem Mann stehen, meinen Kindern und allen, die Gott erretten wird, und das Lob unseres Schöpfers singen. Es ist meine innige Hoffnung und mein Gebet, dass ich auch Sie – meine Leserinnen und Leser – an jenem herrlichen Tag sehe, von Schuld befreit, reingewaschen, fest in der Wahrheit stehend und voller Jubel über die unermessliche Schönheit all dessen. Und dann stimmen wir ein mit unzähligen Heiligen aus allen Stämmen, Völkern und Sprachen – mit jedem Geschöpf im Himmel und auf Erden und unter der Erde und im Meer:

Allein dem Lamm, das geopfert wurde, gehören alle Macht und aller Reichtum. Ihm allein gebühren Weisheit und Kraft, Ehre, Herrlichkeit und Anbetung! …

Anbetung und Ehre, alle Herrlichkeit und Macht gebühren dem, der auf dem Thron sitzt, und dem Lamm für immer und ewig![179]

Amen!

Danksagungen

Meine Familie und Freunde:
Mike, danke, dass du mich liebst und mein größter Unterstützer und Cheerleader bist. Du lebst Epheser 5,25 jeden einzelnen Tag. Mychael und Wyatt, danke, dass ihr mich in eure Familie aufgenommen habt und mich ein Teil eures Lebens sein lasst. Eure Anwesenheit in meinem Leben hat mir mehr Tiefgang gegeben und mich so viel über Liebe gelehrt. Dyllan und Ayden, es gibt nichts, was ich nicht für euch tun würde. Mein größtes Gebet ist, dass ihr Jesus liebt und alle Tage eures Lebens mit ihm geht. Ich liebe euch alle von ganzem Herzen.

Meinen Schwestern Kristin, Cherie und Nikki danke ich dafür, dass ihr meine besten Kumpels wart, als wir aufwuchsen, meine engsten Freunde und die Menschen, die mich am besten verstehen. Danke an meine Nichten und Neffen, Lauren, Ryan, Kailyn, Leona, Ava und Charlize, dass ihr unvorstellbare Freude in mein Leben gebracht habt. Matthew, allein deine Existenz war ein unbeschreibliches Geschenk. Es trifft uns tief ins Herz, dass du fehlst, aber wir werden dich wiedersehen. Du hast mich gelehrt, was es heißt, Hoffnung zu haben. Clyde, Thelma, Mark und Ivey, wir danken euch für eure Liebe.

Teasi Cannon, Carianne Long, Michelle Bagnasco, Chrissy Katina, Kristin Schweain, Amber Brandt, Elizabeth Stewart und Tammy Trent, eure Freundschaften haben mein Leben zu verschiedenen Zeiten und in verschiedenen Jahreszeiten bedeutsam geprägt. Diane Woerner, du warst in den letzten Jahren mit mir in den Schützengräben, hast gelesen, redigiert, ermutigt, zurückgestoßen oder meine Blogbeiträge geglättet. Meine Lektorin und Freundin … (Ich habe den letzten Satz absichtlich unvollständig gelassen, in Erinnerung an unsere stundenlangen Diskussionen darüber, ob unvollständige Sätze etwas Bestimmtes gut betonen oder einfach nur schlechte Grammatik sind).

Meine Apologetik-Gemeinschaft:
Frank Turek und J. Warner Wallace: Ihr wart die ersten «großen» Apologeten, die mich ermutigten, diesen Weg zu verfolgen. Ihr habt geglaubt, dass ich etwas einzubringen habe, und eure Mentorschaft, eure Anleitung und euer weiser Rat haben mich bis hierher geführt.

Eric Gustafson, Adam Tucker und alle am Southern Evangelical Seminary, vielen Dank, dass ihr mich in eure Familie aufgenommen habt, obwohl ich nicht einmal meine Kurse für die Anrechnung genommen habe! Eure Großzügigkeit, einer Vollzeit-Mutter mit ihren Zweifeln und Fragen zu helfen, werde ich nie vergessen. Ich danke Gott für euch.

Andere, die mich während dieses Prozesses maßgeblich ermutigt haben, sind Hillary Ferrer und alle anderen Mama Bears, David Young, Michael Goff, Jonathan Morrow, Mark Mittelberg, Greg Koukl, Brett Kunkle, Rebekah und Richard Howe, Scott Williamson, Jan Williamson, alle bei Women in Apologetics, Amy Hall, Tim Barnett, Jorge Gil, Sean McDowell, Bobby Conway, Jay Strother und unzählige andere, deren Bücher, Blogs und Podcasts wie Rettungsboote waren, als mein Glaube unterging. Natasha Crain, wenn du mich nicht so stark ermutigt hättest, dieses Buch zu schreiben, wäre es vielleicht nicht passiert. Danke für den Anstoß. Mr. Weitzel, mein Englischlehrer in der siebten und zwölften Klasse, Sie haben mich dazu gebracht, das Schreiben zu lieben, und mich irgendwie glauben lassen, dass ich es schaffen kann.

All den Gelehrten und klugen Freunden, die zur Verfügung standen, um alles von einzelnen Absätzen bis hin zu ganzen Kapiteln auf Richtigkeit zu überprüfen – Dr. Mel Winstead, Dr. Peter J. Williams, Dr. Peter Gurry, Dr. Patrick Sawyer, Clark Bates, Dr. R. Scott Smith, Clay Jones, Jean E. Jones und Benjamin J. Nickodemus – bin ich zutiefst zu Dank verpflichtet.

Das Verlagsteam:
Ron Beers und allen bei Tyndale, danke, dass Sie an dieses Buch geglaubt haben. Jon Farrar, danke für Ihre ständige Ermutigung, Unterstützung, Bearbeitung und Ihr Feedback. Kim Miller und Annette Hayward, danke für Ihre unerschütterliche Liebe zum Detail, die hartnäckige Überprüfung der Fakten, die unermüdliche Recherche und Ihr Engagement, dieses Buch so gut zu machen wie nur möglich. Kara Leonino und Jillian Schlossberg, danke für Ihre Hilfe, dieses Buch durch den Veröffentlichungsprozess zu leiten. Eva Winters, ich bin dankbar für Ihre künstlerische Gestaltung des Umschlags und der Innenseiten des Buches.

Meinem Agenten, Bill Jensen: Kaum jemand hat mehr dazu beigetragen, dass dieses Buch zustande gekommen ist, als du. Vom ersten Telefonat mit dir bei Costco über das Angeln am McKenzie River bis hin zu deinem unwiderstehlichen Grillgemüse, über das ich mich mit peinlicher Gier hermachte – du und Sheila, ihr seid mir zur Familie geworden. Du hast überall in diesem Buch deine Fingerabdrücke hinterlassen, und ich bin so dankbar für deine wegweisende Begleitung (sowohl geistlich als auch literarisch) und dein beharrliches Engagement, den Leib Christi mit Ressourcen zu versorgen, die ihm helfen, das wahre Evangelium von einem anderen Evangelium zu unterscheiden.

Weitere Ressourcen

Bücher

Apologetik

Craig, William Lane. *Reasonable Faith: Christian Truth and Apologetics*, 3. Aufl. Crossway: Wheaton, IL 2008.

Geisler, Norman, und Frank Turek. *I Don't Have Enough Faith to Be an Atheist.* Crossway: Wheaton, IL 2004.

Habermas, Gary R., und Michael R. Licona. *The Case for the Resurrection of Jesus.* Kregel: Grand Rapids, MI 2004.

Keller, Timothy. *Making Sense of God: Finding God in the Modern World.* Penguin Books: New York 2016.

Keller, Timothy. *The Reason for God: Belief in an Age of Skepticism.* Penguin Books: New York 2008.

Koukl, Greg. *Tactics: A Game Plan for Discussing Your Christian Convictions*, Ausgabe zum 10. Jubiläum, Zondervan: Grand Rapids, MI 2018.

Lewis, C. S. *Mere Christianity.* HarperCollins: New York 2015.

Strobel, Lee. *The Case for Christ: A Journalist's Personal Investigation of the Evidence for Jesus.* Zondervan: Grand Rapids, MI 1998.

Wallace, J. Warner. *Cold-Case Christianity: A Homicide Detective Investigates the Claims of the Gospels.* David C. Cook: Colorado Springs 2013.

Wright, N. T. *The Resurrection of the Son of God.* Fortress: Minneapolis 2003.

Die Bibel / Neutestamentliche Dokumente

Bauckham, Richard. *Jesus and the Eyewitnesses: The Gospels as Eyewitness Testimony*. Eerdmans: Grand Rapids, MI 2017.

Bruce, F. F. *The New Testament Documents*, 6. Aufl. Eerdmans: Grand Rapids, MI 1981.

Gallagher, Edmon L., und John D. Meade. *The Biblical Canon Lists from Early Christianity: Texts and Analysis*. Oxford University Press: Oxford, UK 2017.

Geisler, Norman L., und Thomas A. Howe. *The Big Book of Bible Difficulties: Clear and Concise Answers from Genesis to Revelation*. Baker: Grand Rapids, MI 1992.

Geisler, Norman, und William E. Nix. *A General Introduction to the Bible*. Moody: Chicago 1986.

Gurry, Peter J., und Elijah Hixson, (Hg.). *Myths and Mistakes in New Testament Textual Criticism*. IVP Academic: Downers Grove, IL 2019.

Kruger, Michael. *The Question of Canon: Challenging the Status Quo in the New Testament Debate*. IVP Academic: Downers Grove, IL 2013.

Williams, Peter J. *Can We Trust the Gospels?* Crossway: Wheaton, IL 2018.

Wilson, Andrew. *Unbreakable: What the Son of God Said about the Word of God*. 10Publishing: La Grange, KY 2014.

Geistliche Literatur / Christliches Leben

Augustinus. *The Confessions*. Oxford University Press: Oxford, UK 1992.

Bonhoeffer, Dietrich. *Nachfolge*. Touchstone: New York 1995.

Chesterton, G. K. *Orthodoxy*. Penguin: New York 1991.

Guinness, Os. *The Call: Finding and Fulfilling the Central Purpose of Your Life*. Thomas Nelson: Nashville 2003.

Packer, J. I. *Knowing God.* IVP: Downers Grove, IL 1973.

Tozer, A. W. *The Pursuit of God.* Regal: Ventura, CA 2013.

Tozer, A. W. *Voice of a Prophet: Who Speaks for God?* Bethany House: Bloomington, MN 2014.

Historisches Christentum / Theologie

Berkhof, Louis. *The History of Christian Doctrines.* Banner of Truth: Carlisle, PA 1996.

Craig, William Lane. *The Atonement.* Cambridge University Press: Cambridge, UK 2018.

Evans, Craig A. *Fabricating Jesus: How Modern Scholars Distort the Gospels.* IVP: Downers Grove, IL 2009.

Gathercole, Simon. *Defending Substitution: An Essay on Atonement in Paul.* Baker Academic: Grand Rapids, MI 2015.

Keener, Craig S. *The Historical Jesus of the Gospels.* Eerdmans: Grand Rapids, MI 2009.

Köstenberger, Andreas J., und Michael J. Kruger. *The Heresy of Orthodoxy: How Contemporary Culture's Fascination with Diversity Has Reshaped Our Understanding of Early Christianity.* Crossway: Wheaton, IL 2010.

Kruger, Michael J. *Christianity at the Crossroads: How the Second Century Shaped the Future of the Church.* IVP: Downers Grove, IL 2018.

Machen, J. Gresham. *Christianity and Liberalism.* GLH Publishing: Louisville, KY 1923.

Schaff, Philip (Hg.). *The Complete Ante-Nicene & Nicene and Post-Nicene Church Fathers Collection.* Catholic Way Publishing: London 2014.

Shelley, Bruce L. *Church History in Plain Language*, 4. Aufl. Thomas Nelson: Nashville 2013.

Shenvi, Neil, und Pat Sawyer. *Engaging Critical Theory and the Social Justice Movement.* Ratio Christi, 2019.

Smith, R. Scott. *Authentically Emergent: In Search of a Truly Progressive Christianity.* Cascade: Eugene, OR 2018.

Sexualethik

Allberry, Sam. *Is God Anti-Gay? And Other Questions about Homosexuality, the Bible and Same-Sex Attraction.* The Good Book Co.: Charlotte, NC 2013.

Butterfield, Rosaria Champagne. *The Secret Thoughts of an Unlikely Convert: An English Professor's Journey into Christian Faith.* Pittsburgh: Crown & Covenant Publishing 2012.

Cook, Becket. *A Change of Affection: A Gay Man's Incredible Story of Redemption.* Thomas Nelson: Nashville 2019.

DeYoung, Kevin. *What Does the Bible Really Teach about Homosexuality?* Crossway: Wheaton, IL 2015.

Gagnon, Robert A. J. *The Bible and Homosexual Practice: Texts and Hermeneutics.* Abingdon Press: Nashville 2001.

Yuan, Christopher. *Holy Sexuality and the Gospel: Sex, Desire, and Relationships Shaped by God's Grand Story.* Multnomah: Colorado Springs 2018.

Yuan, Christopher. *Out of a Far Country: A Gay Son's Journey to God. A Broken Mother's Search for Hope.* WaterBrook: Colorado Springs 2011.

Podcasts

The Alisa Childers Podcast
The Bible Recap
Bible Thinker mit Mike Winger

The Cold-Case Christianity Podcast mit J. Warner Wallace
Defenders Podcast mit William Lane Craig
I Don't Have Enough Faith to Be an Atheist mit Frank Turek
Mama Bear Apologetics Podcast
The Naked Bible Podcast mit Michael Heiser
Reasonable Faith Podcast mit William Lane Craig
RZIM (Ravi Zacharias International Ministries) Podcasts: *Ask Away; The Defense Rests; Just Thinking; Let My People Think*
Stand to Reason mit Greg Koukl
Why Do You Believe?, der offizielle Podcast des Southern Evangelical Seminary

Diskussionsleitfaden

1. Haben Sie oder jemand, der Ihnen nahesteht, jemals «geistliche Wehen» durchgemacht? Wenn ja, wie würden Sie den Prozess beschreiben? Das Ergebnis?

2. Alisa beschreibt ihren Glauben als intellektuell schwach und unerprobt, bevor sie den Kurs mit dem progressiven Pastor begann. Inwiefern könnte Ihr Glaube anfällig für Fragen, Zweifel oder Versuchungen sein?

3. Wie Alisa entdeckte, bedeutet Gott treu zu sein nicht, dass wir niemals Teile unserer Glaubenstradition in Frage stellen können. Als Beispiel beschreibt sie ihr Unbehagen an manchen Formen des «Rufs zum Altar». Gibt es irgendetwas in Ihrer religiösen Tradition, das Sie ins Grübeln bringt?

4. Dekonstruktion ist der Prozess, «bei dem alle Überzeugungen, mit denen man aufgewachsen ist und die man nie infrage gestellt hatte, systematisch auseinandergepflückt werden» (Kapitel 1). In welcher Hinsicht kann dieser Prozess gesund sein? In welcher ungesund?

5. Warum, glauben Sie, fühlen sich so viele Menschen zum progressiven Christentum hingezogen?

6. In Kapitel 4 nennt Alisa eine Reihe von Faktoren, die dazu führen, dass Menschen beginnen, ihren Glauben infrage zu stellen: Missbrauch innerhalb der Kirche; Zweifel, die unterdrückt oder abgetan werden; die moralischen Anforderungen des historischen Christentums; Zweifel an der Bibel; säkulare Philosophien (wie die Kritische Theorie); Gesetzlichkeit und das Problem des Leides. Hat eines dieser Themen Ihren Glauben beeinflusst? Wenn ja, wie? Welche anderen Faktoren können Menschen dazu bringen, ihren Glauben zu hinterfragen?

7. Wenn Sie sich in unserer Gemeindekultur umsehen, denken Sie, dass die Menschen eher dazu neigen, der Botschaft des Evangeliums etwas hinzuzufügen oder etwas von ihr wegzunehmen? Erklären Sie das.

8. Stimmen Sie zu, dass das progressive Christentum eine Form dessen anwendet, was C. S. Lewis «chronologischen Snobismus» genannt hat (siehe Kapitel 6)? Warum oder warum nicht?

9. Hatten Sie jemals Fragen zur Bibel, die Sie an ihrer Zuverlässigkeit zweifeln ließen? Wenn ja, welche waren das? Wie geht Alisa in ihrer Nachforschung mit diesen Fragen um?

10. Was würden Sie nach der Lektüre dieses Buches zu einem Freund sagen, der fragt, warum wir dem Zeugnis der vier Evangelien vertrauen können?

11. Warum, glauben Sie, ist die Hölle für viele Menschen ein so unangenehmes Thema? Hat sich Ihr Verständnis davon geändert, nachdem Sie Kapitel 10 gelesen haben? Wenn ja, wie?

12. Alisa meint, dass Progressive eine verzerrte Sicht des Gottes haben, der sich in der Bibel offenbart. Sind Sie der gleichen Meinung? Wenn ja, inwiefern würden Sie sagen, dass Gott von progressiven Christen unzutreffend dargestellt wird?

13. Wie bringen Sie Gottes Zorn mit seiner liebenden Güte in Einklang?

14. Für welche Fragen oder Zweifel haben Sie in diesem Buch Antworten gefunden? Welche Schritte werden Sie in Zukunft unternehmen, um zu versuchen, alle verbleibenden Fragen, die Sie über Ihren christlichen Glauben haben, zu klären?

Über die Autorin

Alisa Childers [ausgesprochen: «Tschilders»] ist Ehefrau, Mutter, Autorin, Bloggerin, Vortragsrednerin und Lobpreisleiterin. Sie ist die Tochter des bekannten christlichen US-Musikers Chuck Girard und gehörte der preisgekrönten christlichen Popband ZOEgirl an. Auf Konferenzen zu Apologetik und christlicher Weltanschauung, etwa bei der STR Reality Conference, ist sie eine beliebte Referentin. Alisas Texte erschienen bei The Gospel Coalition, The Christian Post, Crosswalk, The Stream, For Every Mom und im Magazin *Decision*, und ihr Blogeintrag «Girl, Wash Your Face? What Rachel Hollis Gets Right … And Wrong» wurde über eine Million Mal gelesen. Sie finden Alisa online unter alisachilders.com.

Nachwort zur deutschen Ausgabe von Dr. Dominik Klenk

Dieses Buch ist ein starker Anker gegen gewisse Unterströme der postevangelikalen Theologie, die seit Jahren die apologetischen Fundamente der Kirche unterspülen und mittlerweile zu einer bedenklichen Erosion des Glaubens im evangelikalen Umfeld geführt haben. Alisa Childers beschreibt eindrücklich, was ihren eigenen Glauben ins Wanken gebracht hat, welche konstruktivistischen Denkfiguren hier toxisch und destabilisierend wirkten und wie sie durch den Zweifel hindurch einen gefestigten Jesus-Glauben zurückgewinnen konnte. Sie liefert ein gut reflektiertes und gründlich recherchiertes Handwerkszeug für theologische Laien, um im Ozean wechselnder Strömungen und Meinungen einen guten Grund zu finden: Christus.

Das Buch ist inspirierend und informativ und füllt eine klaffende Lücke im evangelischen und evangelikalen Argumentationsgefecht. Ich habe davon profitiert, weil es einen erhellenden, wenn auch unangenehmen Blick in die Abwärtsspirale der sich selbst zersetzenden post-evangelikalen Denke gibt. Was dogmatische Detailfragen angeht, bin ich selbst von einer liberalen Dickfelligkeit. Kritische Anfragen an Kanon und Lehre sind mir als Irritation und Anregung zum Abgleich falscher und echter Gewissheiten willkommen, um das eigene Credo zu klären und das christliche Profil in der Auseinandersetzung mit Fragen und Nöten der Zeit und mit den säkularen Antworten darauf zu schärfen. Das Buch hat mir eindrücklich vor Augen geführt, in welchen tiefen Zwiespalt oder gar Abgrund solche uferlosen Skeptizismen mit ihren sirenenhaften Beschwichtigungsformeln fromme Seelen stürzen können. Die Antworten, die Childers erarbeitet, sind nicht neu, aber auf originelle und authentische Weise neu einsichtig gemacht. Sie offenbaren zugleich den dringenden Bedarf an neuen theologischen Ansätzen, die nicht nur das Verbürgte verteidigen, sondern die biblische Botschaft mit frischen Augen und einer frischen Denkart neu einsichtig machen. Das allein kann der grassierenden post-faktischen und post-pharisäischen Wortklauberei wohlstandsverwöhnter Evangelikalen-Enkel im privilegierten Westen – durch die eigene «wokeness» gegen wahre Selbsterkenntnis immunisiert – den Wind aus den Segeln nehmen. Childers' Buch hilft hier, einen Anker in den Meeresgrund zu rammen.

Drei Fragehorizonte scheinen mir im Besonderen wichtig, wenn wir der evangelikalen Nabelschau einerseits und der kulturellen Depression als Christen andererseits entgehen und eine nächste Generation von Jesus-Nachfolgern prägen wollen:

Erstens: Wie verlässlich waren die Vorfahren im Glauben?

Hier geht es um den Kanon, also um die Zeugnisse derer, die den Strom der Tradition gebildet haben. Glaube ist immer überliefert, muss aber von jeder Generation angeeignet werden! Ich kann mich mit dem Erbe der Vorfahren erst dann kritisch und fruchtbar auseinandersetzen, wenn ich es antrete. Ich muss die Kontinuität des Denkens und der Zugehörigkeit wahren. Das Erbe kann nur antreten, wer es bejaht und es weitergibt. Das ist die Voraussetzung dafür, die Erbmasse verantwortungsbewusst zu analysieren und auch etwaige Hypotheken, die sich in der Geschichte der Kirche angesammelt haben, abzugelten.

Goethe hält uns diese Christenpflicht großartig in seinem «West-östlichen Divan» vor Augen: «Wer nicht von dreitausend Jahren sich weiß Rechenschaft zu geben, bleibt im Dunkeln unerfahren, mag von Tag zu Tage leben.»

Gefährdet ist die Integrität des Glaubens immer dann, wenn er zu kurz greift, wenn Reichtum und Breite verkürzt oder schlichtweg nicht ausreichend gekannt werden. Eine solche Verkürzung kann sich im evangelikalen wie im charismatischen Selbstverständnis finden – mit dem einseitigen Betonen personaler Frömmigkeit, dem unmittelbaren Anknüpfen an erlebnishafte Glaubensmanifestationen der «Urgemeinde» oder dem Außer-Acht-Lassen gründlich erarbeiteter theologischer Bezüge der Apostel zum Glauben der Väter im Alten Bund.

Der innerevangelikale Konflikt des letzten Jahrhunderts zwischen Biblizisten und Charismatikern, der zugunsten letzterer weitgehend beigelegt wurde, hat an der Basis die Tendenz verstärkt, die eigene, subjektive Bibelinterpretation oder die eigene Glaubenserfahrung für maßgeblich zu halten und das korrektive Moment der Sortierung und Bewährung in der Tradition zu unterschätzen.

Es wäre überaus lohnend, hier einen neuen und wertschätzenden Umgang mit Kontinuität, Kanonbildung und Kirchenlehre zu finden. Dies ist der gemeinsame geistliche Stammbaum, jener Identität stiftende Adel, dem wir verpflichtet sein sollten, wenn wir nicht im Goetheschen Sinne im Dunkel unserer Zeit nur von Tag zu Tage leben wollen. Gott hat zwar keine Enkelkinder, aber er will gewiss auch keine Waisenkinder.

Zweitens:
Wie verlässlich sind die Heilsaussagen der Bibel?

Die Konturen des christlichen Glaubens sind unstrittig: Die Bekenntnisse zu Gott als Vater, Sohn und Geist zuvorderst und dann auch über Schöpfung, Sünde, Sühne, Heil, Tod, Auferstehung und ewiges Leben durch Jesus Christus. Das sind die Grundbausteine und zugleich die Verheißungen der christlichen Hoffnung, die uns Glauben und Heilsgewissheit verschaffen. Wenn diese Parameter relativiert werden, dann verlassen wir den Boden des biblisch-christlichen Glaubens und können unseren Anspruch auf ihre Verheißungen nicht geltend machen. Wenn ich die Verheißung, versöhnt mit Gott, den Menschen, der Schöpfung und mit mir selbst zu leben, als selbstverständlich trivialisiere und das Gericht über die Sünde, den stellvertretenden Sühnetod von Jesus Christus am Kreuz und seine leibliche Auferstehung zum symbolischen Gemeinplatz oder mythologischen Rankwerk erkläre, kann ich an der Verheißung eines versöhnten Lebens in Christus nicht teilhaben.

Es erscheint unter dem herrschenden Zeitgeist weitreichender Wahlfreiheit durchaus stringent, von den Verheißungen zum Frieden, Versöhnung und Segen uneingeschränkt profitieren zu wollen. Es ist dann naheliegend, das Schöne, Gute, Wahre in großer Selbstverständlichkeit universalisiert und als spirituelles Produkt feilgehalten. Schönheit, Güte und Wahrheit sind aber keine Produkte, sondern Früchte, die reifen. Und zwar an dem spezifischen Baum des christlichen Glaubens, der tief in der Heilsgeschichte wurzelt und vom konkreten Boden bezeugter Christusnachfolge genährt wird. Er lässt sich nicht umtopfen, und wer – wie manche post-evangelikalen Ansager –

meint, seine tragenden Äste einfach vom Stamm trennen zu können, der wird keine weitere Erne mehr erleben.

Der Soziologe Ulrich Beck hat die Grundbefindlichkeit unserer Zeit in ein eindrückliches Bild gefasst: Der postmoderne Mensch reißt sich gerne selbst mit seinen Wurzeln aus dem Boden heraus, um sich dann neugierig zu vergewissern, ob diese auch wirklich gesund sind.

Drittens: Wie verlässlich und wie zukunftsweisend ist eine Denkfigur, die Kritik absolut setzt?

Ein kurzer Blick in die Geschichte zeigt Folgendes: In vormodernen Epochen ging man fest davon aus, es gäbe *eine* Wahrheit, der hätten wir zu folgen. In der Moderne dominierte die Überzeugung, es gäbe miteinander konkurrierende Wahrheiten, über deren Gewicht man miteinander zu verhandeln habe. Für die Postmoderne scheint nur eines sicher: Es gibt keine Wahrheit. Dieses Postulat bringt eine neue Denkfigur zum Tragen: die Dekonstruktion. Alles muss zerlegt und zerredet werden, nichts, was einen Wahrheitsanspruch in sich trägt, darf ungeschoren davonkommen. Das Verfahren setzt sich absolut und entfaltet schlussendlich totalitäre Züge, wenn jegliches Suchen und Formulieren von Wahrheit verunmöglicht, lächerlich gemacht oder sanktioniert wird.

Der Unterboden einer solchen geistigen Haltung und Praxis ist vielschichtig. Oft führt die Angst vor dem Ungewissen, gepaart mit dem Trauma der Enttäuschung zum chronischen Hinterfragen und zwanghaften Entlarven «falscher Sicherheiten». Die Skepsis wird zum intellektuellen und der Vorbehalt zum moralischen Gebot. Ein solcher Vorbehalt aber kann das ganze Sein durchdringen und sich zum tiefen Misstrauen auswachsen. Das kann in einen Glaubenszweifel münden, der sich durch alle Pfähle des Lebens nagt, bis das Lebenshaus unter diesem sich ausbreitenden Nichts zusammenstürzt.

«Ich zweifle, also bin ich» lautet die Inschrift über dem letzten Türbalken, der den Haussegen aus alten Zeiten ersetzt hat. Wer sich in diese Spirale der Dekonstruktion hineinlebt und hineinsteigert, dem wird der Zynismus zum Anker in der Not. Eben jener Zynismus entwickelt nicht selten eine Dynamik, die auch den Glauben der anderen anzweifeln und angreifen muss. Vermutlich leben wir mehr denn je in Zeiten, die Jesus als das Erkalten der Liebe ankündigt (Matthäus 24). Mir scheint, wir haben uns im postmodernen Denken zunehmend im Zwielicht zwischen Herzenserhärtung und Hirnerweichung eingerichtet.

Gegen Zynismus und nicht enden wollende Selbstumkreisung helfen Gebet, profunde Theologie und eine gute Portion Humor. Humor, der das blasierte Ideal des Selbst entlarvt und damit die wahre, im Schöpfer gründende Würde des Geschöpfs freilegt. Mit Jesus schmunzeln, bei Jesus ankern. So wächst das Rettende auch.

Dr. Dominik Klenk
Verlagsleiter & CEO Fontis-Verlag

Anmerkungen

[1] Charitie Lees Bancroft, «Before the Throne of God Above», 1863 (Deutscher Text von Frank Huck).

[2] Pavlovitz, John: «Progressive Christianity – Is Christianity», *Stuff That Needs to Be Said* (Blog), 5. Oktober 2016, https://johnpavlovitz.com/2016/10/05/explaining-progressive-christianity-otherwise-known-as-christianity/.

[3] Alisa Childers, «I Say», Vintage Street Music, Copyright © Alisa Childers 2007.

[4] Alisa Childers, «Baptize Me», Vintage Street Music, Copyright © Alisa Childers 2007.

[5] McLaren, Brian D.: *A Generous Orthodoxy*, Zondervan: Grand Rapids, MI 2004, S. 44.

[6] Siehe mein Artikel «3 Beliefs Some Progressive Christians and Atheists Share», The Gospel Coalition, 13. November 2018, https://www.thegospelcoalition.org/article/3-beliefs-progressive-christians-atheists-share/.

[7] Der atheistische Neutestamentler Gerd Lüdemann datiert es auf zwei bis drei Jahre nach der Kreuzigung. Der nichtchristliche Bibelwissenschaftler und Gründer des «Jesus Seminar», Robert Funk, und der weltbekannte Neutestamentler N. T. Wright stimmen zu. Siehe Lüdemann, Gerd: *The Resurrection of Jesus*, Fortress Press: Minneapolis 1992, S. 171–72; Funk, Robert Walter, und das Jesus Seminar: *The Acts of Jesus*, Polebridge Press: New York 1998, S. 466; Wright, N. T.: *The Resurrection of the Son of God*, Fortress Press: Minneapolis 2003, S. 319.

[8] Ehrman, Bart: «The Core of Paul's Gospel», *The Bart Ehrman Blog*, 2. Juni 2016, https://ehrmanblog.org/the-core-of-pauls-gospel/.

[9] Ehrman, «The Core of Paul's Gospel».

[10] Zum Beispiel verstanden die ersten Christen das Opfersystem des Alten Testaments als Hinweis auf «Christus als unser Passahlamm» (1. Korin-

ther 5,7), das unsere Sünde auf sich nahm. Weitere Abschnitte, die sie auf Jesus hin deuteten, finden Sie in 1. Mose 3,15, Psalm 22,14–18 und Jesaja 53.

11 Habermas nennt mehrere Abschnitte, darunter Römer 1,3–4 und 10,8–9; 1. Korinther 8,6 und Philipper 2,6–11. Siehe sein Buch *The Uniqueness of Jesus Christ among the Major World Religions* (Selbstverlag, 2016), S. 29, http://www.garyhabermas.com/Evidence2/. Siehe auch Oscar Cullmann, *The Earliest Christian Confessions*, hg. v. Gary Habermas und Benjamin Charles Shaw, übers. v. J. K. S. Reid (Eugene, OR: Wipf and Stock, 2018).

12 Plinius der Jüngere, Buch 10, Brief 96.

13 Johannes 8,53.

14 Johannes 8,58; SLT.

15 2. Mose 3,14.

16 Deepak Chopra ist ein populärer zeitgenössischer Autor von Büchern über Spiritualität, alternative Medizin und Ayurveda.

17 Thomas 14; 3; 114.

18 Kruger, Michael J.: «The Heresy of Orthodoxy: Who Is Walter Bauer and Why Write a Book about Him?» Canon Fodder, 6. November 2017, https://www.michaeljkruger.com/the-heresy-of-orthodoxy-who-is-walter-bauer-and-why-write-a-book-about-him/.

19 Siehe Köstenberger, Andreas J., und Kruger, Michael J.: *The Heresy of Orthodoxy: How Contemporary Culture's Fascination with Diversity Has Reshaped Our Understanding of Early Christianity*, Crossway: Wheaton, IL 2010, und meinen Artikel «When Was the New Testament Considered Scripture? 5 Facts That Point to an Early Canon», 16. Januar 2017, https://www.alisachilders.com/blog/when-was-the-new-testament-considered-scripture-5-facts-that-point-to-an-early-canon.

20 J. Warner Wallace hat in Form von Artikeln und Podcasts ausführliche Beiträge zur Inhaltsanalyse, Datierung und den theologischen Denkvoraussetzungen der nichtkanonischen Evangelien geliefert. Siehe zum Beispiel «A Thorough Guide to the Non-Canonical Gospels», *Cold-Case Christianity* (Blog), 17. Januar 2018, https://coldcasechristianity.com/writings/a-thorough-guide-to-the-non-canonical-gospels/.

21 Wallace, «A Thorough Guide to the Non-Canonical Gospels».

[22] Geisler, Norman L., und Turek, Frank: *I Don't Have Enough Faith to Be an Atheist*, Crossway: Wheaton, IL 2004, S. 364, 586–87.

[23] Bolz-Weber, Nadia: *Unverschämt schamlos. Mein Plädoyer für eine sexuelle Reformation*, Brendow: Moers 2019, S. 244–252; Website des «House for All Sinners and Saints», http://houseforall.org/whoweare/.

[24] Gray, Lisa: «Nadia Bolz-Weber Urges Christians to Be ‹Shameless› in Their Sexuality», *Houston Chronicle*, 15. Februar 2019, https://www.houstonchronicle.com/life/houston-belief/article/Nadia-Bolz-Weber-urges-Christians-to-be-13619448.php.

[25] Powell, Kara: «Steve Jobs, Back to School, and Why Doubt Belongs in Your Youth Group Curriculum», *Christianity Today*, September 2012, https://www.christianitytoday.com/women/2012/september/steve-jobs-back-to-school-and-why-doubt-belongs-in-your.html.

[26] Die Quellen dafür sind zu zahlreich, um sie hier zu erwähnen, aber zwei Beispiele sind die Podcasts *The Airing of Grief* und *#Exvangelical.*

[27] Smith, R. Scott: *Authentically Emergent: In Search of a Truly Progressive Christianity*, Cascade Books: Eugene, OR 2018, S. 99, Hervorhebung im Original.

[28] Allberry, Sam: *Is God Anti-Gay?: And Other Questions about Homosexuality, the Bible and Same-Sex Attraction*, The Good Book Company: Charlotte, NC 2015, S. 11–12.

[29] Evans, Rachel Held: *Inspired: Slaying Giants, Walking on Water, and Loving the Bible Again*, Thomas Nelson: Nashville 2018, S. xi.

[30] Evans: *Inspired*, S. xii.

[31] Jones, Clay: «We Don't Hate Sin So We Don't Understand What Happened to the Canaanites», *Philosophia Christi* 11, Nr. 1 (2009), https://ibs.cru.org/files/5214/3336/7724/We-Dont-Hate-Sin-PC-article.pdf.

[32] Copan, Paul: *Is God a Moral Monster?: Making Sense of the Old Testament God*, Baker Publishing Group: Grand Rapids, MI 2011, S. 175–77.

[33] Eine vollständige Erklärung der Kritischen Theorie würde hier den Rahmen sprengen, aber für eine ausführliche Darlegung zu Kritischer Theorie und Christentum verweise ich auf Shenvi, Neil, und Sawyer, Patrick: «Engaging Critical Theory and the Social Justice Movement», Ratio Christi, 5. Juni 2019, https://ratiochristi.org/engaging-critical-theory-and-the-social-justice-movement/.

[34] Tatum, Beverly Daniel: «The Complexity of Identity: ‹Who Am I?›», *Readings for Diversity and Social Justice*, hg. v. Maurianne Adams u. a., Routledge: New York 2000; Sensoy, Özlem, und DiAngelo, Robin: *Is Everyone Really Equal?: An Introduction to Key Concepts in Social Justice Education*, Teachers College Press: New York 2017.

[35] Levinson, Bradley A. U.: «Exploring Critical Social Theories and Education», in: *Beyond Critique*, hg. v. Bradley A. U. Levinson, Paradigm Publishers: Boulder, CO 2011, S. 2.

[36] Sawyer, Pat, und Shenvi, Neil: «Gender, Intersectionality, and Critical Theory», in *Eikon* 1, Nr. 2 (Herbst 2019): S. 74–81, https://cbmw.org/2019/11/20/gender-intersectionality-and-critical-theory/.

[37] Ebenda.

[38] Hatmaker, Jen: Facebook, 7. Oktober, 2019, https://www.facebook.com/jenhatmaker/posts/2385914171507564.

[39] Bessey, Sarah: «Penny in the Air: My Story of Becoming Affirming», SarahBessey.com, 5. Juni 2019, https://sarahbessey.com/penny-in-the-air-my-story-of-becoming-affirming/.

[40] Lexico.com, Stichwort «fundamentalism», Zugriff am 17. Dezember 2019, https://www.lexico.com/en/definition/fundamentalism.

[41] Anspielung auf den Film «Der Zauberer von Oz» von 1939, in dem Dorothy sagt: «Toto, ich habe das Gefühl, wir sind nicht mehr in Kansas.»

[42] Aus einem Statement von LeRon Shults, in: «Doctrinal Statement(?)», Emergent Village, 4. Mai 2006, https://emergent-us.typepad.com/emergentus/2006/05/doctrinal_state.html.

[43] McLaren, Brian: «Q & R: Is the Emerging Church Movement Fizzling Out?», BrianMcLaren.net, 14. April 2012, https://brianmclaren.net/q-r-is-the-emerging-church-movement-fizzling-out/.

[44] Kennedy, Anne: «Answering a Kind Comment», *Preventing Grace with Anne Kennedy* (Blog), 7. Mai 2019, https://www.patheos.com/blogs.

[45] Mattson, Brian: «Sympathy for the Devil», 31. März 2014, http://drbrianmattson.com/journal/2014/3/31/sympathy-for-the-devil.

[46] Tertullian: «Die Prozesseinreden gegen die Häretiker» 32, in: *Bibliothek der Kirchenväter*, https://bkv.unifr.ch/works/76/versions/89/divisions/46729.

[47] Clemens: «Erster Brief an die Korinther» 13 und 45, in: *Bibliothek der*

Kirchenväter, https://bkv.unifr.ch/works/1/versions/1/divisions/93597 und https://bkv.unifr.ch/works/1/versions/1/divisions/93629.

48 Justin der Märtyrer: «Erste Apologie» 36, in: *Bibliothek der Kirchenväter*, https://bkv.unifr.ch/works/41/versions/53/divisions/92988.

49 Irenäus: «Gegen die Häresien», Drittes Buch 3.4, in: *Bibliothek der Kirchenväter*, https://bkv.unifr.ch/works/18/versions/30/divisions/112176.

50 Irenäus: «Gegen die Häresien», Zweites Buch 28.2, in: *Bibliothek der Kirchenväter*, https://bkv.unifr.ch/works/18/versions/30/divisions/112114.

51 Augustinus: «Letters, 23.3.3», in: *The Church Fathers*, Kindle, Pos. 212108 und 190661.

52 Walsh, Johnny: «Nadia Bolz-Weber Does Ministry Differently», Out in Jersey, 21. Oktober 2018, https://outinjersey.net/nadia-bolz-weber-does-ministry-differently/.

53 Augustinus: «Contra Faustum, Buch XVII», in: *The Church Fathers*, Kindle, Pos. 248970.

54 Clemens: «Erster Brief an die Korinther» 49, in: *Bibliothek der Kirchenväter*, https://bkv.unifr.ch/works/1/versions/1/divisions/93633.

55 Barnabas: «Barnabasbrief» 5,1, in: *Bibliothek der Kirchenväter*, https://bkv.unifr.ch/works/103/versions/116/divisions/94132

56 «Der Brief an Diognet», http://ivv7srv15.uni-muenster.de/mnkg/pfnuer/diognet.html.

57 Athanasius: «Über die Menschwerdung des Logos und dessen leibliche Erscheinung unter uns», in: *Bibliothek der Kirchenväter*, Kap. 8, https://bkv.unifr.ch/works/82/versions/95/divisions/103202, und Kap. 37, https://bkv.unifr.ch/works/82/versions/95/divisions/103231.

58 Augustinus: «Contra Faustum, Book XIV,» in: *The Church Fathers*, Kindle, Pos. 248058–59.

59 Michael Gungor (@Michael Gungor), Twitter, 25. Februar 2017, 9.57 Uhr, https://twitter.com/michaelgungor/status/835549384079093760.

60 Michael Gungor (@Michael Gungor), Twitter, 25. Februar 2017, 10.08 Uhr, https://twitter.com/michaelgungor/status/835552177582034944?lang=en.

61 Michael Gungor (@Michael Gungor), Twitter, 26. Februar 2017, 16:31 Uhr, https://twitter.com/michaelgungor/status/836010890566725632?lang=en.

[62] Zahnd, Brian: *Sinners in the Hands of a Loving God: The Scandalous Truth of the Very Good News*, Waterbrook: New York 2017, Kindle, Pos. 100.

[63] Augustinus: «Contra Faustum, Book XIV», in: *The Church Fathers*, Kindle, Pos. 248063–64.

[64] Siehe Grudem, Wayne A.: *Systematic Theology: An Introduction to Biblical Doctrine*, Zondervan: Grand Rapids, MI: 1994, Kindle, Pos. 490–514.

[65] Grudem: *Systematic Theology*, Kindle, Pos. 202.

[66] Kruger, Michael J.: *Christianity at the Crossroads: How the Second Century Shaped the Future of the Church*, IV Press: Downers Grove, IL 2017, S. 136.

[67] Irenäus beruft sich «ihnen [den Häretikern] gegenüber auf die apostolische Tradition, die durch die Nachfolge der Priester in der Kirche bewahrt wird».

[68] Tertullian: «Die Prozeßeinreden gegen die Häretiker», Kap. 13, in: *Bibliothek der Kirchenväter*, https://bkv.unifr.ch/works/76/versions/89/divisions/46710

[69] Kruger: *Christianity at the Crossroads*, S. 136–37, S. 143.

[70] Kruger: *Christianity at the Crossroads*, S. 144.

[71] McLaren, Brian: *A New Kind of Christianity*, HarperOne: San Francisco 2010, Kindle, Pos. 139.

[72] Irenäus: «Gegen die Häresien», Erstes Buch, Vorrede, in: *Bibliothek der Kirchenväter*, https://bkv.unifr.ch/works/18/versions/30/divisions/111765.

[73] Die Bibelzitate aus diesem Abschnitt stammen aus Matthäus 13,36–43 (Hfa).

[74] Blomberg, Craig L.: *Interpreting the Parables*, IVP: Downers Grove, IL 2. Aufl. 2012, S. 246.

[75] Piper, John: «Should We Call Out False Teachers or Ignore Them?», Desiring God, 4. Oktober 2019, https://www.desiringgod.org/interviews/should-we-call-out-false-teachers-or-ignore-them.

[76] Fallon, Francis T.: «The Gnostics: The Undominated Race», *Novum Testamentum* 21, Nr. 3 (Juli 1979), S. 283, https://doi.org/10.2307/1560836.

[77] Irenäus: «Gegen die Häresien», Erstes Buch, Kap. 3,6, in: *Bibliothek der Kirchenväter*, https://bkv.unifr.ch/works/18/versions/30/divisions/111783.

[78] St. Irenaeus: *Against Heresies*, ursprünglich erschienen in «Gnosticism», *The Catholic Encyclopedia*, Bd. 6, Robert Appleton Co.: New York 1909, S. 29.

[79] In der Einleitung zu *Against Heresies* berichtet John Arendzen, dass die Gnostiker ihre eigenen Versionen der Taufe, der Salbung mit Öl und der Eucharistie hatten.

[80] Zmirak, John: «Today's Progressive Christians Are the Best Christians in History. Just Ask Them!», The Stream, 31. Januar 2017, https://stream.org/todays-progressive-christians-best-christians-history-just-ask/.

[81] McLaren, Brian D.: *A New Kind of Christianity*, HarperOne: San Francisco 2010, S. 98.

[82] Ebenda, S. 103.

[83] Lewis, C. S.: *Überrascht von Freude*, Brunnen Verlag: Gießen 1992, S. 251.

[84] McLaren: *A New Kind of Christianity*, S. 278.

[85] McLaren: *A New Kind of Christianity*, S. 98–99.

[86] Diese Sichtweise wird in dem Roman *Die Hütte* angedeutet, wo die Kreuzigungswunden sowohl an Papa (dem Vater) als auch an Jesus zu finden sind.

[87] M'Cheyne, Robert Murray, und Bonar, Andrew Alexander: *Memoir and Remains of the Rev. Robert Murray M'Cheyne*, Oliphant, Anderson, and Ferrier: Edinburgh 1883, S. 64.

[88] Esther 4,16; Prediger 12,1; Hoheslied 5,9.

[89] Johannes 19,30.

[90] Köstenberger, Andreas J., und Kruger, Michael: *The Heresy of Orthodoxy: How Contemporary Culture's Fascination with Diversity Has Reshaped Our Understanding of Early Christianity*, Crossway: Wheaton, IL 2010, S. 197.

[91] Puskas, Charles B., und Robbins, C. Michael: *An Introduction to the New Testament*, Cascade Books: Eugene, OR 2. Aufl. 2011, S. 53.

[92] «The St. John Fragment, the Earliest Known Fragment from a Papyrus Codex of the New Testament», Jerry Normans HistoryofInformation.com, http://www.historyofinformation.com/detail.php?id=1410.

[93] Hixson, Elijah, und Gurry, Peter J. (Hgg.): *Myths and Mistakes in New Testament Textual Criticism*, IVP Academic: Downers Grove, IL 2019, S. 193–94.

[94] Ehrman, Bart: «Why Would I Call Myself Both an Agnostic or an Atheist?: A Blast from the Past», *The Bart Ehrman Blog: The History and Literature of Early Christianity*, 4. Juli 2017, https://ehrmanblog.org/am-i-an-agnostic-or-an-atheist-a-blast-from-the-past/.

[95] Ehrman, Bart: «New Testament Manuscripts: Good News and Bad News», *The Bart Ehrman Blog: The History and Literature of Early Christianity*, 18. Juli 2015, https://ehrmanblog.org/new-testament-manuscripts-good-news-and-bad-news/.

[96] Wallace, Daniel B: «My Favorite Passage That's Not in the Bible», Disputed New Testament Passages: Textual Criticism Put into Practice, iTunes U, Vortrag, 26. Juni 2011, siehe Track 3 unter https://itunes.apple.com/ua/itunes-u/disputed-new-testament-passages/id446655229?mt=10.

[97] Wallace, Daniel B.: «My Favorite Passage That's Not in the Bible», Bible.org, 25. Juni 2008, https://bible.org/article/my-favorite-passage-thats-not-bible.

[98] Stewart, Robert B. (Hg.): *The Reliability of the New Testament: Bart D. Ehrman and Daniel B. Wallace in Dialogue*, Fortress: Minneapolis 2011, S. 12.

[99] Ehrman, Bart D.: *Misquoting Jesus: The Story behind Who Changed the Bible and Why*, HarperSanFrancisco: San Francisco 2005, S. 7, kursive Hervorhebung im Original.

[100] Gurry, Peter (@pjgurry): «Last night I showed this slide to a group of Christians», 9. März 2019, 10.46 Uhr, https://twitter.com/pjgurry/status/1104453336638447617?s=21.

[101] Ordway, Holly: *Not God's Type: An Atheist Academic Lays Down Her Arms*, Ignatius Press: San Francisco 2014, S. 122.

[102] Ehrman, Bart: *The New Testament: A Historical Introduction to the Early Christian Writings*, Oxford University Press: Oxford 1997, S. 40–41.

[103] Williams, Peter J.: *Glaubwürdig. Können wir den Evangelien vertrauen?*, Christlicher Veranstaltungs- und Mediendienst e. V.: Neuried bei München 2020, S. 47.

[104] Williams, Peter J.: «Can We Trust the Gospels?», Vortrag in der Second Baptist Church, Woodway, Texas, 4. April 2014, YouTube-Video, 1:01:27, https://www.youtube.com/watch?v=wi2_VNz_pKw.

[105] Josephus war ein bekannter jüdischer Historiker des ersten Jahrhun-

derts. Er schrieb: «Doch das Zeugnis von Frauen soll man nicht zulassen, wegen der Leichtfertigkeit und Dreistigkeit ihres Geschlechts, und auch Dienstboten sollen keine Zeugenaussagen machen dürfen wegen der Schändlichkeit ihrer Seele; denn es ist damit zu rechnen, dass sie nicht die Wahrheit sagen, sei es, weil sie etwas zu gewinnen hoffen oder weil sie eine Strafe fürchten», in: Josephus: *Antiquities of the Jews*, 4.8.15. Josephus, Flavius: *Josephus Flavius: Complete Works and Historical Background (Annotated and Illustrated)*, Kindle, Pos. 12299.

106 Wallace, J. Warner: *Cold-Case Christianity: A Homicide Detective Investigates the Claims of the Gospels*, David C. Cook: Colorado Springs 2013, S. 75.

107 Ebenda, S. 79.

108 Ausführlicher dazu: Stob, William S.: *The Four Gospels: A Guide to Their Historical Background, Characteristic Differences, and Timeless Significance*, Ambassador International: Greenville, SC 2007, Kindle, Pos. 6749.

109 Eusebius von Cäsarea, «Kirchengeschichte», Sechstes Buch, Kapitel 14, in: *Bibliothek der Kirchenväter*, https://bkv.unifr.ch/works/147/versions/166/divisions/108358.

110 Geisler, Norman, und Howe, Thomas: *When Critics Ask: A Popular Handbook on Bible Difficulties*, Victor Books: Wheaton, IL 1992. Siehe https://defendinginerrancy.com/bible-solutions/Matthew_21.2_(cf._Mark_11.2;_Luke_19.30).php.

111 Enns, Peter: *The Bible Tells Me So: Why Defending Scripture Has Made Us Unable to Read It*, HarperOne: San Francisco 2014, S. 11–12.

112 Ebenda, S. 17.

113 Ebenda.

114 Ebenda.

115 Evans, Rachel Held: *Inspired: Slaying Giants, Walking on Water, and Loving the Bible Again*, Thomas Nelson: Nashville 2018, S. xx.

116 Enns: *The Bible Tells Me So*, S. 231.

117 McLaren, *A New Kind of Christianity*, HarperOne: San Francisco 2010, S. 103.

118 Zahnd, Brian: *Sinners in the Hands of a Loving God*, Crown Publishing: New York 2017, S. 30.

119 Rohr, Richard: *Falling Upward*, Jossey-Bass: San Francisco 2011, S. 62–63.

120 Bell, Rob: *What Is the Bible?*, HarperOne: San Francisco 2017, S. 271.

121 Bolz-Weber, Nadia: *Unverschämt schamlos. Mein Plädoyer für eine sexuelle Reformation*, Brendow: Moers 2019, S. 22.

122 Ebenda, S. 96f.

123 Rohr, Richard: *The Divine Dance*, Whitaker House: New Kensington, PA 2016, Kindle, Pos. 2827–28.

124 Wilson, Andrew: *Unbreakable: What the Son of God Said about the Word of God*, 10Publishing: La Grange, KY 2015, Kindle, Pos. 142–43.

125 Matthäus 22,43; Hervorhebung der Verfasserin.

126 Kruger, Michael J.: «Is the Church over the Bible or Is the Bible over the Church?», in: Canon Fodder, 6. Oktober 2014, https://www.michaeljkruger.com/there-is-no-bible-in-the-bible-really/.

127 Wenham, John: *Christ and the Bible*, Wipf & Stock: Eugene, OR 2009, S. 28.

128 Siehe Kruger, Michael J.: *The Question of Canon: Challenging the Status Quo in the New Testament Church*, IVP: Downers Grove, IL 2013. S. 19.

129 Enns, Pete: «I Love You, Bible… Just Not That Way», Blogeintrag, https://peteenns.com/i-love-the-bible/.

130 McLaren, Brian D.: *A New Kind of Christianity*, HarperOne: San Francisco 2010, S. 80.

131 Ebenda, S. 78.

132 Ebenda. S. 79.

133 Chesterton, Gilbert Keith: *The Autobiography of G. K. Chesterton*, San Francisco: Ignatius Press: San Francisco 2006, S. 217.

134 Bell, Rob: *Love Wins*, HarperOne: San Francisco 2011, S. 81.

135 Ebenda, S. vi.

136 Zahnd, Brian: *Sinners in the Hands of a Loving God*, Crown Publishing Group: New York 2017, S. 126.

137 Rohr, Richard: «A Toxic Image of God», Center for Action and Contemplation, 28. Januar 2016, https://cac.org/a-toxic-image-of-god-2016-01-28/.

138 Young, William Paul: *Lies We Believe about God*, Atria Books: New York 2017, S. 118.

139 DeConto, «For All the Sinners and Saints: An Interview with Nadia Bolz-Weber», *Religion & Politics*, 28. Juli 2015, https://religionandpolitics.org/2015/07/28/for-all-the-sinners-and-saints-an-interview-with-nadia-bolz-weber/.

140 McClymond, Michael: «How Universalism, ‹the Opiate of the Theologians›, Went Mainstream», Interview mit Paul Copan, in: *Christianity Today*, 11. März 2019, https://www.christianitytoday.com/ct/2019/march-web-only/michael-mcclymond-devils-redemption-universalism.html.

141 Bauckham, Richard: «Universalism: A Historical Survey», *Themelios* 4, Nr. 2 (September 1978), S. 47–48, https://www.theologicalstudies.org.uk/article_universalism_bauckham.html.

142 Rohr, Richard: «A Toxic Image of God.»

143 Ebenda.

144 Geisler, Norman, und Howe, Thomas: *When Critics Ask: A Popular Handbook on Bible Difficulties*, Victor Books: Wheaton, IL 1992.

145 Packer, J. I.: «What Is Hell?» *100 Huntley*, 21. April 2009, YouTube-Video, 2:37, https://www.youtube.com/watch?v=rMyWd4rTMD0.

146 Ebenda.

147 Siehe z. B. Chan, Francis, und Sprinkle, Preston: *Erasing Hell: What God Said about Eternity, and the Things We've Made Up*, David C. Cook Colorado Springs 2011, S. 52.

148 Lewis, C. S.: *Über den Schmerz*, Brunnen: Gießen 1988, S. 128 (Hervorhebung im Original).

149 Jones, Tony: *Did God Kill Jesus? Searching for Love in History's Most Famous Execution*, HarperOne: San Francisco 2015, Teil 4.

150 Getlen, Larry: «This Man Wrote a Small Book for His Family–and It Became a Best-Seller», *New York Post*, 25. Dezember 2016, https://nypost.com/2016/12/25/this-man-wrote-a-small-book-for-his-family-and-it-became-a-best-seller/.

151 Young, William Paul: *Die Hütte*, Allegria: Berlin 2009, S. 222.

152 Young, William Paul: *Lies We Believe about God*, Atria Books: New York 2017, S. 149–51.

153 Ebenda, S. 169.

154 Siehe Taylor, Justin: «Response to Wright from the Authors of ‹Pierced for Our Transgressions›», Blog der Gospel Coalition, 24. April 2007, https://www.thegospelcoalition.org/blogs/justin-taylor/response-to-wright-from-authors-of/.

155 Bell, Rob: *What Is The Bible?*, HarperOne: San Francisco 2017, S. 244.

156 Ebenda, S. 245.

157 Zahnd, Brian: *Sinners in the Hands of a Loving God*, Crown Publishing Group: New York 2017, S. 86.

158 Zahnd, Brian: «Monster God or Monster Man» (Debatte zwischen Zahnd und Michael Brown), International House of Prayer Symposium, 13. September 2014, YouTube-Video, 14:54, https://www.youtube.com/watch?v=aGYFjKa5n0Y.

159 Rohr, Richard: «Jesus and the Cross: Changing Perspectives», Center for Action and Contemplation, 5. Februar 2019, https://cac.org/changing-perspectives-2019-02-05/.

160 Bell: *What Is the Bible?*, S. 244–45.

161 Zahnd: *Sinners in the Hands of a Loving God*, S. 86.

162 Siehe Mohler, Albert: «Has the Message of Jesus Been Lost?», AlbertMohler.com, 27. April 2005, https://albertmohler.com/2005/04/27/has-the-message-of-jesus-been-lost/.

163 Rohr, Richard: «Jesus and the Cross: Substitutionary Atonement», Center for Action and Contemplation, 3. Februar 2019, https://cac.org/substitutionary-atonement-2019-02-03/.

164 Rohr, Richard: «New Orthodoxy in Light of Emerging Faith», YouTube-Video, 17. Januar 2015, https://www.youtube.com/watch?v=dHTty9l6Btw (8:40).

165 Evans, Rachel Held: *Inspired: Slaying Giants, Walking on Water, and Loving the Bible Again*, Thomas Nelson: Nashville 2018, S. 154.

166 Zahnd: *Sinners in the Hands of a Loving God*, S. 86–87.

167 McLaren, Brian: *Why Did Jesus, Moses, the Buddha, and Mohammed Cross the Road?*, Jericho Books: New York 2012, S. 212.

168 Zahnd: *Sinners in the Hands of a Loving God*, S. 86.

169 Sklar, Jay: *Leviticus: An Introduction and Commentary*, IVP Academic: Downers Grove, IL 2014, S. 42.

170 Volf, Miroslav: *Free of Charge: Giving and Forgiving in a Culture Stripped of Grace*, Zondervan: Grand Rapids, MI 2005, S. 138–39.

171 Smith, R. Scott: *Authentically Emergent: In Search of a Truly Progressive Christianity*, Cascade Books: Eugene, OR 2018, S. 160–161.

172 Mittelberg, Mark: *The Reason Why Faith Makes Sense, Tyndale:* Carol Stream, IL 2001, S. 78.

173 Oder sich seine eigene Zusammenfassung in seinem Vortrag «The Essentials of the Faith» anhören: Education Underground, 17. Juni 2013,

YouTube-Video, 52:29, https://www.youtube.com/watch?v=pjdy-VWXrik.

[174] Siehe Römer 2,23; 1. Timotheus 2,5; Epheser 2,8–9; Römer 10,9; 1. Johannes 4,2; Johannes 3,16; 1. Korinther 15,12; Apostelgeschichte 16,31; Hebräer 11,6.

[175] Siehe «The Chicago Statement on Biblical Inerrancy», Artikel XIX, unter https://www.etsjets.org/files/documents/Chicago_Statement.pdf. Mehr über die Geschichte und den Hintergrund dieser Erklärung bei Stonestreet, John: «Chicago Statement on Biblical Inerrancy an Evangelical Milestone», in: *The Pathway*, 18. Januar 2019, https://mbcpathway.com/2019/01/18/chicago-statement-on-biblical-inerrancy-an-evangelical-milestone/.

[176] Bonhoeffer, Dietrich: *Nachfolge*, Gütersloher Verlagshaus: Gütersloh 1. Taschenbuchauflage 2002, S. 30f.

[177] Bethge, Eberhard: *Dietrich Bonhoeffer. Eine Biographie*, Chr. Kaiser: München 1989, S. 1037.

[178] «The Hitchens Transcript», *Portland Monthly*, Januar 2010, https://www.pdxmonthly.com/news-and-city-life/2009/12/christopher-hitchens.

[179] Offenbarung 5,12–13.